Urs Eigenmann

Kirche in der Welt dieser Zeit

TVZ

Studiengang Theologie
Herausgegeben von theologiekurse.ch

Redaktion:
Sabine Bieberstein, Dr. theol.,
Professorin für Exegese des Neuen Testaments und Didaktik
an der Kath. Universität Eichstätt-Ingolstadt
Stephan Leimgruber, Dr. theol.,
Professor für Religionspädagogik und Didaktik
des Religionsunterrichts an der Kath.-Theol. Fakultät
der Ludwig-Maximilians-Universität München
und Rektor bei theologiekurse.ch
Felix Senn, Dr. theol., Studienleiter
bei theologiekurse.ch in Zürich

Band X
Praktische Theologie

theologiekurse.ch vermittelt als katholische Bildungsinstitution seit über einem halben Jahrhundert in ökumenischer Offenheit theologische Grundkenntnisse an interessierte Frauen und Männer in der deutschsprachigen Schweiz. Ihre Lehrgänge eröffnen den Zugang zu verschiedenen kirchlichen Funktionen und Berufen. Die kontinuierlich erneuerten Lehrunterlagen des vierjährigen berufsbegleitenden Studiengangs Theologie STh bilden die Grundlagen dieser Reihe.

Urs Eigenmann

Kirche in der Welt dieser Zeit

Praktische Theologie

Theologischer Verlag Zürich

Bibliografische Information der Deutschen Nationalbibliothek
Die Deutsche Nationalbibliothek verzeichnet diese Publikation in der Deutschen Nationalbibliografie; detaillierte bibliografische Daten sind im Internet über http://dnb.d-nb.de abrufbar.

Umschlaggestaltung: Simone Ackermann, Zürich
Satz und Layout: Claudia Wild, Konstanz
Druck: ROSCH-BUCH GmbH Scheßlitz

ISBN: 978-3-290-20067-1

© 2010 Theologischer Verlag Zürich
www.tvz-verlag.ch

Geleitwort zur Reihe

Sie halten einen weiteren Band der Reihe *Studiengang Theologie* in den Händen. Entlang der Fächer des Theologiestudiums führt die Reihe ein in den aktuellen Stand theologischen Nachdenkens über Sinn- und Gottesfragen, über die Bibel und deren Deutung, über Jesus von Nazaret und seine Reich-Gottes-Verkündigung, über Glaubenspraxis und Spiritualität, über die Entwicklung des Christentums und dessen Verhältnis zu anderen Religionen, über Kirche und Kirchen, Tradition und Innovation, über das Leben im Hier und Jetzt – und über den Tod hinaus.

Hervorgegangen ist diese Reihe aus dem vierjährigen berufsbegleitenden Studiengang Theologie STh, den die katholische Bildungsinstitution *theologiekurse.ch* seit über fünf Jahrzehnten für theologisch interessierte Frauen und Männer in der deutschsprachigen Schweiz anbietet. Die kontinuierlich erneuerten Lehrunterlagen bilden die Grundlage dieser Veröffentlichung. Gründlich überarbeitet sollen sie hiermit allen Interessierten im deutschen Sprachraum zugänglich gemacht werden.

Eine Studienreihe mit sechzehn Bänden zu planen, ist angesichts der rückläufigen Verkaufszahlen theologischer Literatur ein nicht zu unterschätzendes Wagnis. Andererseits ist das Interesse an elementarer Glaubensinformation und Theologie nach wie vor gross. Aber heute, da die wirtschaftlichen und sozialen Bedingungen wieder härter werden, lassen sich manche interessierten Frauen und Männer besser über theologisch aktuelle und gehaltvolle Bücher erreichen als über zeitintensive Studienangebote. Zugleich ist die Reihe für Studierende der Theologie an Hochschulen und Bildungsinstituten als Orientierungshilfe gedacht.

Voraussetzung ist freilich, dass der theologische Stoff interessant und gut lesbar vermittelt wird und in ökumenischer Offenheit einen verlässlichen Einblick in die Fragen, Problemstellungen und Antwortrichtungen heutiger Theologie gibt. Theologisch interessierte Laien, Theologiestudierende an Hochschulen und Fakultäten sowie Lehramtsstudierende sollen sich nicht im Labyrinth der wissenschaftlichen Detaildiskussionen verirren, sondern mit den grossen Linien, den elementaren Methoden, den biblischen, systematischen und praktischen Grundfragen und den existenziellen Herausforderungen theologischen Fragens vertraut werden. Kurz: Es geht um einen fundierten und zugleich gut verständlichen Einblick in den aktuellen Stand der Theologie in ihren einzelnen Fachdisziplinen.

Diesem Ziel ist die vorliegende Reihe verpflichtet. Sie erleichtert das Selbststudium wie die Vorbereitung auf Prüfungen im theologischen Grundstudium; sie richtet sich darüber hinaus auch an ausgebildete Theologinnen und Theologen, Lehrerinnen und Lehrer, die sich nach Jahren in der Praxis ein fachliches Update wünschen. Mit voraussichtlich zwei Bänden jährlich bietet sie so im Laufe der nächsten Jahre gleichsam einen *Studiengang Theologie* zwischen Buchdeckeln.

Wir danken der Edition NZN beim Theologischen Verlag Zürich (TVZ) für den Mut zu diesem Projekt und für die angenehme Zusammenarbeit. Wir hoffen, dass diese Reihe – die auch als Ganze zu attraktiven Subskriptionskonditionen abonniert werden kann – vielen theologisch Interessierten einen Dienst erweist und zu einem verantwortlichen Leben in der heutigen pluralen Gesellschaft beiträgt.

Zürich, im Advent 2010
    Vorstand und Geschäftsstelle *theologiekurse.ch*
    Redaktionsteam der Reihe *Studiengang Theologie*

Inhaltsübersicht

Geleitwort zur Reihe 5
Inhaltsübersicht 7
Vorwort 9

1 Geschichte der Pastoraltheologie bzw. Praktischen Theologie 13
1.1 Die Anfänge als Universitätsdisziplin 13
1.2 Ansätze im 18. und 19. Jahrhundert 15
1.3 Vom Handbuch der Pastoraltheologie zur Praktischen Theologie als Handlungstheorie ... 16

2 Wissenschaftstheoretische Begründung der Praktischen Theologie 21
2.1 Praktische Theologie – Klärung der Begriffe 21
2.2 Das Zweite Vatikanische Konzil und seine Impulse für die Kirche und die Praktische Theologie 31
2.3 Praktische Theologie und Human- und Sozialwissenschaften 72
2.4 Die Praktische Theologie als Reich-Gottes-Theologie 76
2.5 Die zentralen Dimensionen der Praktischen Theologie 78

3 Pastoralkonzeption zwischen Weltsituation und Glaubenstradition 83
3.1 Elemente einer pastoralen Konzeption 83
3.2 Zwei idealtypische Ansätze und deren Zuordnung im Rahmen der Konzeption 90

4 Kairologie – Erforschung der Zeichen der Zeit und der Lage der Kirche 113
4.1 Quellen zur Erforschung der Zeichen der Zeit .. 114
4.2 Aspekte der gesellschaftlichen und globalen Verhältnisse 115
4.3 Die Kirche im Rahmen der sozio-historischen Entwicklungen 142

5	**Kriteriologie – Auslegung der Zeichen der Zeit im Licht des Evangeliums vom Reich Gottes** . .	171
5.1	Das Reich Gottes und seine Gerechtigkeit als zentrale kriteriologische Bezugsgrösse	173
5.2	Kriterien aus der kirchlichen Sozialverkündigung	206
5.3	Beurteilung des neoliberalen Anti-Reichs als Beispiel hermeneutischer Vermittlung	213
5.4	Die unausweichliche Entscheidung zwischen Gottes- und Götzendienst als Kernfrage der Kriteriologie	216
6	**Praxeologie – Handeln im Dienst am Reich Gottes**	221
6.1	Kirchliche Praxis im Dienst am Reich Gottes . . .	222
6.2	Im Dienst am Reich Gottes durch die Wahrnehmung der Grundfunktionen im Sinne des Reiches Gottes	225
6.3	Reich-Gottes-Verträglichkeitsprüfung für die Kirche	258
6.4	Zum Umgang mit aktuellen Herausforderungen	264
6.5	Ein dem Reich Gottes verpflichtetes pastorales Arbeitsinstrument	272
7	**Ausblick – Die Macht der Schmetterlinge und der Osterglaube**	277

Benutzte Literatur 283
Abkürzungen 293
Detailliertes Inhaltsverzeichnis 295

Vorwort

Gegenstand der Praktischen Theologie ist die kritische Reflexion der konkreten, empirisch feststellbaren bisherigen bzw. der künftig zu realisierenden Praxis der Kirche. Diese Reflexion bezieht ebenso die Bedingungen der gegenwärtigen Gesellschafts- und Weltsituation ein wie sie der biblisch bezeugten Glaubenstradition verpflichtet ist. Die Reflexion der Praxis der Kirche hat es mit einem breiten und komplexen Tätigkeitsfeld zu tun. Sie bezieht sich auf das Gesamt von Denken und Handeln der Kirche in allen Formen, wie der Glaube gelebt, verkündigt und gefeiert, wie zu ihm hingeführt und wie er verantwortet wird. Sie umfasst die Art und Weise, wie sich die Kirche selbst als Gemeinschaft von Glaubenden versteht und organisiert und wie sie sich in der Gesellschaft und Welt positioniert und darin ihre Verantwortung wahrnimmt. Sie schliesst das Handeln und Denken der Akteure und Gremien in allen Bereichen und auf allen Ebenen sowie die Strukturen und Sozialformen der Kirche ein. Die so verstandene Praktische Theologie muss als «kritische Theorie kirchlicher Praxis in der Gesellschaft» (Norbert Greinacher) die Praxis der Kirche sowohl im Rahmen einer umfassend-komplexen Gesellschaftsformationstheorie als auch auf der Grundlage einer biblisch fundierten Theologie reflektieren, damit sie ebenso situationsgerecht wie evangeliumsgemäss ist.

Mit dem Titel des Buches «Kirche in der Welt dieser Zeit» übernimmt die hier vorliegende Praktische Theologie die Neuübersetzung der Umschreibung der Pastoralkonstitution «Gaudium et spes» (GS) des Zweiten Vatikanischen Konzils. Sie weiss sich der pastoralen Konstitution im Besonderen und dem Zweiten Vatikanum insgesamt verpflichtet. Dazu gehört, dass sie sich als biblisch begründete Theologie im Sinne des Konzils versteht, wonach das «Studium der Heiligen Schriften [...] die Seele der gesamten Theologie sein muss»[1]. «Pas-

---

1   Zweites Vatikanisches Konzil: Dekret über die Ausbildung der Priester «Optatam totius» (28. Oktober 1965) 16.

toral» im Verständnis des Zweiten Vatikanischen Konzils meint weder bloss die Aktivitäten von Pastoren noch einfach Seelsorge, sondern mit «pastoral» meint das Konzil das Verhältnis der Kirche insgesamt zur Welt. Als «pastoral» qualifizierte «Konstitution», für die die Zeichen der Zeit ein theologischer Ort und Ausgangspunkt theologischer Reflexion (vgl. GS 4) sind, verpflichtet sie die Kirche zum methodischen Dreischritt von «sehen – urteilen – handeln». Damit nimmt sie einen grundlegenden Paradigmenwechsel vor und stellt so «ein neues Genus lehramtlicher Äusserungen» (Hans-Joachim Sander) dar, das eine «hermeneutische Revolution» (Friedhelm Hengsbach) beinhaltet. Kurz: Die Pastoralkonstitution ist ein in der Geschichte der Kirche bisher nicht gekanntes «revolutionäres Dokument» (Erik Borgman) und enthält «die Fundamentaltheologie» (Elmar Klinger) des Zweiten Vatikanischen Konzils. Dieses geht aufgrund der «innigsten Verbindung der Kirche mit der ganzen Völkerfamilie» (GS 1) davon aus, dass «Freude und Hoffnung, Trauer und Angst der Menschen dieser Zeit, besonders der Armen und Bedrängten aller Art» (ebd.) auch jene der Jüngerinnen und Jünger Christ sind. Damit trifft das Konzil eine Option für die Armen und Bedrängten aller Art und verzichtet zugleich auf alle Ausschliessungsmechanismen.

Die hier vertretene Praktische Theologie versteht sich auch als Beitrag zu einer Rezeption des Zweiten Vatikanischen Konzils, die in der Kirche und in der Theologie – vor allem der systematischen – des deutschsprachigen Raums nur zögerlich erfolgt ist bzw. weitgehend noch aussteht. Diese Rezeption sieht im Zweiten Vatikanischen Konzil einen – im Sinne eines *aggiornamento*, eines «neuen Pfingsten» und eines «Sprungs nach vorn» (Johannes XXIII.) – notwendigen Bruch. Dieser Bruch meint den Bruch mit der neuscholastischen Theologie des 19. Jahrhunderts. Es ist der Bruch mit dem in der zweiten Hälfte des 20. Jahrhunderts sich auflösenden Milieukatholizismus. Vor allem aber ist es der Bruch mit jenem «imperialisierten Christentum» (Franz Hinkelammert), das sich als Christenheit im Laufe des 4. Jahrhunderts von seinen jüdischen Wurzeln getrennt hatte. Diese Christenheit machte – entgegen Jesu Eintreten für Arme, Gefangene und Blinde (vgl. Lk 4) und anders als Maria in ihrem Magnifikat (vgl. Lk 2) – gemeinsame Sache mit den Gewaltigen und Reichen und wurde zur Stütze der herrschenden Verhältnisse. Gewichtigster und wirkungsgeschichtlich einflussreichster theologischer Zeuge dieses imperialisierten Christentums ist Augustinus (354–430). Dieser relative – d. h. grundsätzliche, aber nicht totale – Bruch ist Bedingung und Ausdruck der Kontinuität mit der grossen Tradition der Jesusbewegung vor der Konstantinischen Wende und der mit dieser verbundenen Imperialisierung des Christentums. Dieser Bruch steht im Dienst der Kontinuität mit dem Gott des Exodus und jenes Jesus, der das Reich Gottes mit seinem Leben bis in den Tod am Kreuz bezeugt hat. Der Gott des Exodus optierte für die in Ägypten versklavten Hebräerinnen und Hebräer. Deswegen sprach er nicht zuerst von sich selbst, sondern – im Sinne des methodischen Dreischritts von «sehen – urteilen – handeln» – vom Elend, Geschrei und Leiden seines Volkes, mit dem er sich aber nicht abfand. Deshalb fuhr er hernieder, um das Volk zu erretten und herauszuführen in ein gutes und weites Land (vgl. Ex 3,7 f.).

Beleg für die Kontinuität des Zweiten Vatikanums mit dem Gott des Reiches ist seine Sicht der Kirche: Das Zweite Vatikanum versteht die Kirche sowohl in der dogmatischen Konstitution «Lumen gentium» wie in der pastoralen Konstitution «Gaudium et spes» zentral vom Reich Gottes her; sie gründet in dem von Jesus bezeugten Reich Gottes, soll dieses ankündigen und in allen Völkern begründen und ist auf seine verheissene Erfüllung hin ausgerichtet (vgl. LG 5; GS 39). Die Rezeption dieser Sicht der Kirche steht in der Kirche und in der Theologie des deutschsprachigen Raums noch aus.

Die hier vorliegende Einführung in die Praktische Theologie versteht sich als «Fundamentalpastoral», die nicht alle einzelnen Praxisbereiche und komplexen Tätigkeitsfelder der Kirche auf allen Ebenen erörtert, die aber einen kategorialen Rahmen für deren kritische Reflexion bereitstellt. Das erste Kapitel beschreibt den geschichtlichen Weg der Pastoral- bzw. Praktischen Theologie als jüngste theologische Disziplin. Das zweite Kapitel klärt das Verständnis zentraler Begriffe und begründet im Rückgriff auf das Zweite Vatikanische Konzil die Praktische Theologie wissenschaftstheoretisch. Im dritten Kapitel werden vor diesem Hintergrund eine umfassende

Pastoralkonzeption entwickelt sowie die zwei idealtypischen Ansätze «institutionsbezogen» und «Reich-Gottes-orientiert» charakterisiert und einander gegenübergestellt. Das vierte Kapitel ist unter dem Stichwort «Kairologie» der Erforschung der Zeichen der Zeit gewidmet. Das fünfte Kapitel beinhaltet unter dem Stichwort «Kriteriologie» die Kriterien für die Auslegung der Zeichen der Zeit im Licht des Evangeliums vom Reich Gottes und wendet diese an. Das sechste Kapitel zeigt unter dem Stichwort «Praxeologie» Wege und Formen auf, wie die Kirche das Werk Christi im Dienst am Reich Gottes weiterführen kann. Das siebte Kapitel beschliesst das Buch mit dem Ausblick auf eine chaostheoretisch-theologisch begründete Spiritualität.

Diese Praktische Theologie sei gewidmet dem Andenken an Papst Johannes XXIII., dem mutigen Initiator und pastoralen Inspirator des Zweiten Vatikanischen Konzils, dem wahrhaften Christen auf dem Stuhl Petri, sowie dem Andenken an den prophetischen Erzbischof Dom Helder Camara, dem Anwalt der Armen, auf dessen unermüdliches Engagement hin das Konzil die Pastoralkonstitution erst in Angriff genommen und verabschiedet hat.

Geschichte der Pastoraltheologie bzw. Praktischen Theologie 1

Die Anfänge als Universitätsdisziplin 1.1

Die Pastoraltheologie oder Praktische Theologie[2] ist zwar die jüngste unter den Disziplinen der Theologie, doch sind Reflexionen über Seelsorge und Gemeindeleben so alt wie die Kirche selbst. Dies bezeugen schon im Neuen Testament die Briefe an Philemon und an die Hebräer sowie die Pastoralbriefe (1 und 2 Tim, Tit) und weiter die zwölf als Kirchenordnungen bezeichneten Texte der ersten vier Jahrhunderte (deren vier wichtigste: die «Didache» Ende 1. Jahrhundert, die «Traditio apostolica» Anfang 3. Jahrhundert, die «Didaskalie» Mitte 3. Jahrhundert und die «Apostolische Kirchenordnung» Ende 3. Jahrhundert)[3] und die «Regula Pastoralis» von Papst Gregor dem Grossen (540–604). Auch im Mittelalter war die pastorale Perspektive für viele theologische Ansätze leitend:

> «Theologen des frühen 13. Jahrhunderts wie Wilhelm von Auxerre (gest. 1231 oder 1237), Alexander von Hales (1185–1245) und Bonaventura (1217/18–1274) betonten sehr stark [die] praktische Ausrichtung der Theologie hin auf die Erweckung von Furcht und Liebe gegenüber Gott als dem höchsten Gut und sahen in der alten Selbstbezeichnung der Theologie als sapientia (und nicht als doctrina) eine Verbindung theoretischer und praktischer Komponenten.»[4]

---

2   Bedeutung und Zuordnung der beiden Bezeichnungen «Pastoraltheologie» und «Praktische Theologie» haben eine wechselvolle Geschichte. Bis in die Mitte des 19. Jahrhunderts konnten sie dieselbe Bedeutung haben. Stand «Pastoral» lange Zeit für die Reflexion des Handelns des «Pastors», verstand das Zweite Vatikanische Konzil unter Pastoral das Verhältnis der Kirche insgesamt zur Welt.
3   Vgl. *Steimer*, Kirchenordnung 34.
4   Vgl. *Greinacher*, Weg 47.

Der Begriff Pastoraltheologie

«taucht dann zum ersten Mal in der katholischen Tradition als Buchtitel im 1591 erschienenen ‹Enchiridion theologiae pastoralis› von Peter Binsfeld [Weihbischof in Trier und Rektor der dortigen Universität] (ca. 1546–1598) auf».[5]

Selbständiges Lehrfach an den theologischen Hochschulen wurde die Pastoraltheologie im Zuge der Neuordnung der Hochschulstudien in den österreichischen Erblanden unter Kaiserin Maria Theresia (1717–1780). Der vom Benediktinerabt Stephan Rautenstrauch (1734–1785) vorgelegte «Entwurf einer besseren Einrichtung theologischer Schulen» wurde 1774 genehmigt, und nach einer Übergangszeit von der alten zur neuen Studienordnung wurde die Pastoraltheologie 1778 als Universitätsdisziplin eingeführt.[6]

«Die Initiative zu dieser Neuordnung lag eindeutig beim damaligen absolutistischen Staat. Er sah in dem ‹Religionsdiener› einen entscheidenden erzieherischen Faktor, insofern er nämlich als ‹Diener und Schützer der Religion› zugleich für die damals hochbewertete zivile Ordnung und Sittlichkeit sorgen sollte. Dieses Anliegen entsprach jedoch auch weitgehend den Vorstellungen damaliger kirchlicher Kreise, wobei ja zu beachten ist, dass der ‹Landesherr›, der auf die Durchführung der zivilen Ordnung sah, in vielen Fällen zugleich kirchlicher Oberhirte war.»[7]

Abt Rautenstrauch verstand

«die Pastoraltheologie als den zusammenhängenden Unterricht aller Pflichten des Pastoralamtes und deren Erfüllung. [...] *Alle* Tätigkeiten des künftigen Geistlichen sollen in ihr zur Sprache kommen. Darüber hinaus soll der Theologe schon in seiner Studienzeit mit der faktischen Situation seiner Zeit, seiner Welt, seines zukünftigen seelsorglichen Wirkungsfeldes vertraut gemacht werden. Die Hereinnahme dieser Reflexion in den theologischen Studiengang darf in ihrer Bedeutung für die Zukunft der Pastoraltheologie nicht übersehen werden. [...] Andererseits wird schon bei diesem ersten Entwurf einer Pastoraltheo-

---

5 Ebd.
6 Vgl. *Müller*, Pastoraltheologie 43 f.
7 *Schuster*, Pastoraltheologie 42 f.

logie die Zukunft und das zukünftige Selbstverständnis dieses Lehrfaches in einer bestimmten Richtung festgelegt: Wie der einzelne Seelsorger als *der* ‹Träger der Religion›, als Unterweiser, Lehrer, Spender, Erbauer ohne einen reflexen Zusammenhang mit der Kirche als ganzer steht, so wird auch seine Person allein als Gegenstand der neuen theologischen Disziplin gesehen.»[8]

Ansätze im 18. und 19. Jahrhundert 1.2

Nach der Etablierung der Pastoraltheologie als Universitätsdisziplin in den 1770er Jahren wurden in der Geschichte des Fachs unterschiedliche Ansätze entwickelt.

Der *biblisch-theologische Ansatz* war entscheidend von den Arbeiten Johann Michael Sailers (1751–1832) getragen und gilt als erster Höhepunkt in der Entwicklung der katholischen Pastoraltheologie. Adressat dieser Pastoraltheologie war nicht mehr wie bei Rautenstrauch der «Religionsdiener», der vor allem «Diener der Obrigkeit» ist, sondern der Seelsorger als amtlicher Vertreter der Kirche.[9] Neu bei Sailer war die biblische Begründung des Verständnisses von Kirche und Seelsorge. Sailer war Vorläufer der Tübinger Schule, deren Begründer bzw. Hauptvertreter Johann Sebastian Drey (1777–1853), Johann Baptist von Hirscher (1788–1865) und Johann Adam Möhler (1796–1838) waren. Drey und Hirscher entwickelten ihre geschichtlich konzipierte Theologie im Unterschied zur aufkommenden Neuscholastik und deren Vorstellung einer überzeitlichen *theologia perennis* (immerwährende Theologie) zentral vom Reich Gottes her.

Als kongenialer Schüler von Hirscher und Möhler und beeinflusst von Drey vertrat Anton Graf (1811–1867) als bedeutendster praktischer Theologe der Tübinger Schule einen *ekklesiologischen Ansatz* und legte einen unvollendet gebliebenen Entwurf einer praktischen Theologie vor. Darin integrierte er die praktische Theologie in die Gesamttheologie, konzipierte sie von der Idee der Kirche her und überwand so die bis dahin vorherrschende klerikalistische Engführung

---

8   Ebd. 46.
9   Vgl. *Schuster*, Geschichte 52.

der Pastoraltheologie, indem er grundsätzlich alle Glieder der Kirche als Träger ihres Wirkens bezeichnete.[10]

Der Schüler Grafs, Joseph Amberger (1816–1889), beharrte wie sein Lehrer zwar noch auf dem wissenschaftlichen Charakter der Pastoraltheologie, gab aber den ekklesiologischen Ansatz auf und führte die Pastoraltheologie wieder zurück auf die Darstellung der Tätigkeit des einzelnen Seelsorgers.[11] In der Folge erschienen seit Mitte des 19. Jahrhunderts mehrere Werke, die im Sinne des *unekklesiologischen Ansatzes* die Pastoraltheologie lediglich als Sammlung und Darstellung der Vorkommnisse im praktischen Leben und Wirkens des Seelsorgers verstanden.[12]

Zu Beginn des 20. Jahrhunderts durchbrach Cornelius Krieg (1838–1911)

> «das rigide deduktive Schema der neuscholastisch orientierten Pastoraltheologie […]. Zwar ist auch bei ihm noch so gut wie ausschliesslich der Geistliche Subjekt der kirchlichen Tätigkeiten. Aber ihm ist es zu verdanken, dass Anfragen aus der Praxis aufgegriffen und in der Pastoraltheologie behandelt wurden, die bis dahin weitgehend vernachlässigt oder nur am Rande behandelt worden waren: die soziale Frage, das Vereinswesen, die Gemeinschafts- und die Gefangenenseelsorge, vor allem aber die Individualseelsorge.»[13]

1.3 Vom Handbuch der Pastoraltheologie zur Praktischen Theologie als Handlungstheorie

Im Laufe des 20. Jahrhunderts konzipierten Constantin Noppel (1883–1945), Linus Bopp (1887–1971) und Michael Pflieger (1891–1972) die Pastoraltheologie theologisch mit der vorherrschenden dogmatischen Ekklesiologie – die Kirche als mystischer Leib Christi – und führten sie damit aus der Enge der Beschränkung auf das geistliche Amt und dessen Tätigkeit heraus und forderten zudem eine zeit-, sach-

---

10 Vgl. *Mette*, Theorie 35 f.
11 Vgl. *Schuster*, Geschichte 65.
12 Vgl. ebd. 70.
13 *Mette*, Theorie 51.

und menschengerechte Pastoraltheologie. Nachdem Robert Füglister (1924–2005) in seiner Dissertation 1951 den Versuch einer wissenschaftstheoretischen Bestimmung der Pastoraltheologie als praktische Wissenschaft unternommen hatte, erschien zwischen 1964 und 1974 das «Handbuch der Pastoraltheologie. Praktische Theologie der Kirche in ihrer Gegenwart»[14]. Das von Franz Xaver Arnold, Karl Rahner, Viktor Schurr, Leonhard M. Weber und Ferdinand Klostermann herausgegebene Werk stellte einen neuen Durchbruch auf katholischer Seite dar. Programmatisch schrieb darin Karl Rahner:

> «Die Kirche ist also gerade als sie selbst die Institution des Kampfes gegen jenes bloss Institutionelle, das beansprucht, Platzhalter und Repräsentant Gottes zu sein; wenn ‹Revolution› die kämpferische Verneinung eines bestimmten Abgegrenzten als des Endgültigen ist, dann ist die Kirche die Revolution in Permanenz. […] Dass sie diese beständige Revolution und Destruktion der Götzen bleibt und nicht am Ende ihren ganzen ‹Religionsbetrieb› mit Gott selbst verwechselt (ihre wesenhafte Versuchung), das ist das bleibende Wunder der Gnade, das ihr verheissen ist und das sie immer staunend entdeckt, um es zur Kritik an sich selbst zu kehren, mit dem gelassenen Bewusstsein, dass diese Kritik am Selbstvollzug ihres faktischen Wesens ein Stück ihres Wesens selbst ist, in ihr selbst liegt und keines ausser ihr liegenden Horizontes bedarf, weil der unendliche kritische Horizont, Gott selbst, sich ihr in Gnade schenkt, und zwar auch als Kritik an ihr selbst.»[15]

Mit dem Handbuch der Pastoraltheologie hat

> «eine Entwicklung dieser Disziplin [Pastoraltheologie bzw. Praktische Theologie] ihren vorläufigen Höhepunkt und eine seitdem nicht wieder erreichte Entfaltung gefunden […], die sich knapp mit den Schlagworten ‹Von der Praxisanleitung zur Praxistheorie› oder besser ‹Von der Pastoraltheologie zur Praktischen Theologie› umreissen lässt»[16].

---

14 Vgl. *Arnold u. a. (Hg.)*, Handbuch.
15 *Rahner*, Grundlegung 122.
16 *Mette*, Theorie 132.

Und weiter schreibt Norbert Mette:

> «Die Pastoraltheologie – oder besser: praktische Theologie – stellte sich als ebenbürtig neben die übrigen theologischen Disziplinen. Ihr den Wissenschaftscharakter abzusprechen, war von nun an kein so leichtes Unterfangen mehr. Das neu erworbene Selbstbewusstsein dieser Disziplin ging sogar so weit, dass sie nun den Spiess umdrehte und ihrerseits ihre theologischen Fakultätsschwestern aufgrund ihres mangelhaften Praxisbezuges kritisierte.»[17]

Vor dem Hintergrund der Reflexion der Theorie-Praxis-Problematik in der zweihundertjährigen Geschichte der Praktischen Theologie[18] und im Anschluss an das wissenschaftstheoretische Grundlagenwerk von Helmut Peukert[19] konzipierte Norbert Mette die praktische Theologie «als theologische Handlungswissenschaft innerhalb einer als praktische Wissenschaft begriffenen Theologie»[20] bzw. «als *explizite* theologische Theorie kommunikativen Handelns»[21].

Eine so verstandene Praktische Theologie als Handlungswissenschaft[22] muss u. a. dreierlei leisten:

Sie muss zum Ersten nach der *Struktur* eines als christlich zu qualifizierenden Handelns fragen, indem sie sich an der Diskussion über den normativen Kern einer kommunikativen Handlungstheorie beteiligt.

Zum Zweiten hat sie sich mit den *konkreten Vollzugsformen* einer christlichen Praxis zu beschäftigen. Sie nimmt ernst, dass die Wirklichkeit Gottes nicht bloss in religiösen oder kirchlichen Bereichen der Realität erfahren und benannt

---

17 Ebd. 134.
18 Vgl. *Mette*, Theorie.
19 Vgl. *Peukert*, Wissenschaftstheorie.
20 *Mette*, Theorie 342.
21 Ebd. 345.
22 Seit einiger Zeit wird gefragt, ob die der empirischen Wende der 1960er Jahre verpflichtete Sicht der Praktischen Theologie als Handlungstheorie nicht durch eine ästhetische Theorie im Sinne der in den 1970er Jahren einsetzenden ästhetischen Wende abzulösen sei. Vgl. *Fürst*, Pastoralästhetik. Mit Norbert Mette und Ottmar Fuchs wird hier die These vertreten, dass der handlungstheoretische Ansatz nicht durch einen ästhetischen Ansatz ersetzt werden kann, sondern der ästhetische den handlungstheoretischen aus möglichen Verengungen herauszuführen vermag. Vgl. *Mette*, Theologie; *Fuchs*, Zeichen.

werden kann, sondern als Dimension in jedem kommunikativen Handeln enthalten ist, sofern sich darin die Partner gegenseitig eine unverfügbare Freiheit zumuten.

Zum Dritten ist sie, will sie wirklich zur Realisierung dessen, was christliche Praxis meint, beitragen, nur als *politische Theologie* durchführbar. Sie unternimmt dies, indem sie analysiert, inwiefern bestimmte Herrschaftsverhältnisse die Realisierung dessen, was christliche Praxis meint, verhindern oder fördern, und indem sie auf gesellschaftliche Unterdrückung von Freiheit und die Zerstörung möglicher Identität von Subjekten aufmerksam macht.[23]

Zum Weiterlesen

Greinacher, Norbert: Der geschichtliche Weg zur Praktischen Theologie, in: Haslinger, Herbert u. a. (Hg.): Handbuch Praktische Theologie, Bd. 1, Mainz 1999, 46–52.

Klostermann, Ferdinand/Zerfaß, Rolf (Hg.): Praktische Theologie heute, Mainz 1974, 15–64.

Mette, Norbert: Theorie der Praxis. Wissenschaftsgeschichtliche und methodologische Untersuchungen zur Theorie-Praxis-Problematik innerhalb der praktischen Theologie, Düsseldorf 1978.

---

23 Vgl. *Mette*, Theorie 346 f.

Wissenschaftstheoretische Begründung der Praktischen Theologie 2

Praktische Theologie – Klärung der Begriffe 2.1

Zur genaueren Bestimmung dessen, was «Praktische Theologie» meint, sollen zunächst das Verständnis von «Praxis» und «Theologie» geklärt sowie das Verhältnis von «Praxis» und «Theologie» bestimmt werden.

Praxis in der Praktischen Theologie 2.1.1

Praxis der Gesellschaft 2.1.1.1

In einem umfassenden Sinn ist Praxis zu begreifen als

> «das Gesamtphänomen von Aktion/Reflexion, vermittels dessen der Mensch die Geschichte gestaltet»[24].

Praxis meint

> «den umfassenden Geschehenskomplex der Gestaltung von Wirklichkeit, insofern sie von Menschen ausgeht bzw. insofern Menschen in ihr mit einem erlittenen Einwirken anderer Wirklichkeiten umgehen»[25].

Inhaltlich gefüllter umschrieben, heisst

> «*Praxis* [...] dann, unter erfahrenen und erlittenen, die eigene Lebenswelt deformierenden systemischen Widersprüchen und damit unter Entfremdung auf eine nicht entfremdete Lebensform hin verändernd zu handeln, eine Lebensform, in der Identitäten gemeinsam gefunden werden, so dass mit den Verhältnissen sich Subjekte verändern und umgekehrt»[26].

Gestaltung der Geschichte bzw. der Wirklichkeit geschieht durch die Bearbeitung jener drei Grundprobleme, die sich zu

---

24 *Taborda*, Sakramente 25.
25 *Haslinger u. a.*, Ouvertüre 24.
26 *Peukert*, Wissenschaft 73.

allen Zeiten jeder Gesellschaft stellen. Damit eine Gesellschaft existieren und weiter bestehen kann, muss sie zum Ersten das physische Leben und Überleben ihrer Mitglieder sichern, zum Zweiten das Zusammenleben ihrer Mitglieder regeln und zum Dritten Deutungen und Handlungsanweisungen für ein sinnvolles Leben entwickeln.

Um das *physisch-materielle Leben* und Überleben zu garantieren, müssen in einer Gesellschaft der Boden bearbeitet und Nahrungsmittel produziert, Produktionsmittel und Konsumgüter hergestellt sowie Dienstleistungen erbracht werden. Zu diesem Zweck organisieren sich die Mitglieder einer Gesellschaft. Das geschieht in einer bestimmten Wirtschaftsordnung, in der die Glieder einer Gesellschaft Verhältnisse miteinander eingehen. Die Sicherung und Organisation des physisch-materiellen Lebens geschieht durch die Wirtschaft. Weil das physische Leben wesentlich auch von den natürlichen Lebensgrundlagen abhängt, wird die dafür auszubildende gesellschaftliche Instanz Ökonomie/Ökologie genannt.

Für die *Regelung des Zusammenlebens* ihrer Mitglieder müssen in einer Gesellschaft Rollen ausgebildet, Konventionen mehr oder weniger formell vereinbart, Verhaltensregeln festgelegt und gesetzliche Bestimmungen erlassen werden. Die Organisation der Regelung des Zusammenlebens der Mitglieder einer Gesellschaft wird der Instanz Politik im Sinne des Griechischen *polis* (Gemeinwesen) zugeordnet. Die Instanz Politik umfasst mehr als die legislativen, exekutiven und judikativen Staatsaktivitäten und darf nicht auf Parteipolitik reduziert werden.

Zur Beantwortung der Fragen, worin ein *sinnvolles Leben* besteht und welche Orientierung und Lebensweisen dazu führen, müssen den Mitgliedern einer Gesellschaft Erklärungen und Deutungssysteme bzw. Handlungsanweisungen und Normen im Dienst eines solch sinnvollen Lebens vermittelt werden. Diese sind in verschiedenartigen Texten, Kunstwerken und Weltanschauungen enthalten, mit deren Hilfe die persönliche und gesellschaftliche Wirklichkeit gelesen und gestaltet werden kann. Die Sinndeutungen und Normen werden von gesellschaftlichen Institutionen wie Familie, Schule, Medien, Kirchen usw. tradiert. Die Sicherung des auf Konsens hin angelegten inneren Zusammenhalts einer Gesellschaft wird der Instanz Kultur/Religion/Ideologie zugeordnet. Ideologie wird dabei wertneutral als Gesamt jener Vorstellungen verstanden, die sich die Mitglieder einer Gesellschaft über die Wirklichkeit und ihr Verhältnis zu dieser sowie insgesamt über Leben und Tod machen.

Diese drei gesellschaftlichen Instanzen, in denen es – kurz gesagt – um den Umgang mit Gütern und Besitz (Ökonomie/Ökologie), Beziehungen und Macht (Politik) und Ideen, Werte und Normen (Kultur/Religion/Ideologie) geht, können weder aufeinander zurückgeführt noch voneinander getrennt werden, denn sie sind vielfältig miteinander verbunden und bilden zusammen ein komplex strukturiertes Ganzes. In diesem Sinne enthält jede Instanz Anteile der beiden anderen, und alle drei Instanzen bedingen sich wechselseitig. So ist jede Wirtschaft in konkrete politische Verhältnisse eingebunden und abhängig von bestimmten Vorstellungen eines guten Lebens. Umgekehrt hängen sowohl die politischen als auch die kulturellen/religiösen/ideologischen Verhältnisse einer Gesellschaft von deren wirtschaftlicher Ordnung ab.

Die Gesellschaftsformationstheorie, die die Gesellschaft als komplex strukturiertes Ganzes der drei Instanzen Ökonomie/Ökologie, Politik und Kultur/Religion/Ideologie begreift, ist ein sozialwissenschaftliches Instrumentarium, mit dem eine Gesellschaft nicht nur beschrieben, sondern auch kritisch analysiert werden kann. In Bezug auf die Gesellschaftstheorien können zwei grundsätzliche Orientierungen unterschieden werden:

> «– eine *funktionalistische* Tendenz, die den Gedanken der Ordnung, der Harmonie, des Gleichgewichts unterstreicht und die bemüht ist, die Gesellschaft in der Form eines organischen Ganzen zu analysieren, dessen Teile einander ergänzen;
> – eine *dialektische* Tendenz, die den Gedanken des Konflikts, der Spannung, des Kampfes in den Mittelpunkt von allem stellt und die die Gesellschaft als ein komplexes und widersprüchliches Ganzes sieht.
> [… Die funktionalistische Orientierung] betrachtet die Gesellschaft von oben her, von dem Ort, von wo sie wirklich den Eindruck von Harmonie und Komplementarität vermittelt. Dies ist ganz klar die Sicht der herrschenden Gruppen. Die dialektische Orientierung betrachtet die

Gesellschaft von unten her, von einem Ort, wo sie sich vor allem als Kampf und Konfrontation definiert. Hier handelt es sich natürlich um die Sicht der beherrschten Gruppen.»[27]

Die Gesellschaftsformationstheorie mit der Unterscheidung der Instanzen Ökonomie/Ökologie, Politik und Kultur/Religion/Ideologie ist der dialektischen Tendenz zuzuordnen.

Exkurs Gesellschaftsformationstheorie

Im Anschluss an den französischen Philosophen Louis Althusser (1918–1990) hat Fernando Belo einen ebenso umfassenden wie fundamentalen Entwurf einer Gesellschaftsformationstheorie vorgelegt. Belo geht von einem Verständnis von Praxis als *Veränderung* einer gegebenen Grundmaterie in ein bestimmtes *Produkt* durch menschliche Arbeit mit Hilfe bestimmter Produktionsmittel aus. Die gesellschaftlichen *Instanzen* begreift er als strukturierte Komplexe von Praxisformen, die jeweils einem Typus von Produkten zugeordnet sind, sodass es eine *ökonomische*, eine *politische* und eine *ideologische* Instanz gibt. Von diesen verfügt jede über eine relative Autonomie. Innerhalb der Instanzen unterscheidet er die drei Bewegungsformen Produktion, Zirkulation und Konsumtion.[28] Belo umschreibt die Gesellschaftsformation so:

«*Gesellschaftsformation* (= GF): komplexe Einheit, ein strukturiertes Ganzes bildend, der unterschiedenen und relativ autonomen Instanzen, welche sich untereinander nach spezifischen Determinationsweisen gliedern, die in letzter Instanz durch die ökonomische Instanz bestimmt werden. In einer geschichtlichen GF existieren mehrere Produktionsweisen (= PW) gleichzeitig, von denen eine den anderen gegenüber dominant ist.»[29]

Im Rückgriff auf Georges Bataille (1897–1962) unterscheidet Belo innerhalb der Instanzen zwischen einer infrastrukturellen, d.h. grundsätzlichen, und einer superstrukturellen, d.h. historisch konkreten Ebene.

«*Die infra-ökonomische Ebene* ist die Strukturierung eines Produktionsprozesses, der den Aufschub von Konsumtion impliziert. *Die infrapolitische oder symbolische Ebene* ist das konkrete Feld der Beziehungen zwischen den Körpern der Agenten der GF, das eingefügt ist in die *Symbolordnung*, d.h. den Text der Verbote, der dieses Feld strukturiert. [...] *Die infra-ideologische Ebene* wird einerseits konstituiert durch eine orale Sprache (langage), [... die] es ermöglicht, diese [...] Wirklichkeit zu *lesen* [...]; andererseits durch die Unterscheidungs-

---

27 *Boff C.*, Theologie 114.
28 Vgl. *Belo*, Markusevangelium 21.
29 Ebd.

funktion in dieser Sprache zwischen Todes*gewalt* und Lebenserhaltung, also durch die Unterscheidung Leben/Tod. [...] Das Superstrukturelle [...] ist die Ebene der konkreten Organisationsformen der einzelnen Instanzen».[30].

In einem umfassenden Sinn kann Praxis als das Gesamtphänomen von Aktion/Reflexion verstanden werden, vermittels dessen eine Gesellschaft unter entfremdenden Bedingungen und systemischen Widersprüchen die drei für ihre Existenz und ihren Weiterbestand grundlegenden Probleme der Sicherung des physischen Lebens, der Regelung des Zusammenlebens und des Verständnisses eines sinnvollen Lebens so bearbeitet, dass eine Gesellschaftsformation nicht entfremdender und deformierender Art entsteht, in der sich mit den Strukturen die Subjekte verändern und umgekehrt. Neben diesem umfassenden wissenschaftlichen Begriff von Praxis als Gesamtphänomen von Aktion/Reflexion bzw. von Handeln/Denken gibt es auch einen auf Aktion bzw. Handeln eingeschränkten alltagssprachlichen Begriff von Praxis.

2.1.1.2 Praxis der Kirche

Die gesellschaftliche Praxis zur Gestaltung der Geschichte als Praxis, die im Dienst der Erhaltung der Bedingungen der Möglichkeit des Lebens der Menschen und der Natur steht, bildet jenen umfassenden kategorialen Rahmen, innerhalb dessen die Praktische Theologie die Praxis der Kirche reflektiert. Praxis der Kirche kann in Analogie zur Umschreibung der gesamtgesellschaftlichen Praxis als Gesamtphänomen von kirchlicher Aktion/Reflexion verstanden werden, vermittels dessen die Kirche ihre Identität als christliche zu bezeugen versucht.

Die Praktische Theologie unterscheidet sich von der Bibelwissenschaft (Exegese), die in Bezug auf die Kirche die biblisch-theologischen Grundlagen und die ersten historischen Anfänge untersucht. Sie unterscheidet sich von der Kirchengeschichte, die die Praxis der Kirche in der Vergangenheit reflektiert. Sie unterscheidet sich von der Systematischen Theologie (Fundamentaltheologie, Dogmatik und Moraltheologie), der es um die Grundlegung der Theologie

---

30 Ebd. 22 f.

als Wissenschaft, um die Glaubens- und Sittenlehre der Kirche und um deren lehrmässiges Selbstverständnis geht. Gegenstand der Praktischen Theologie ist die konkrete, empirisch erfassbare und analysierbare Praxis der Kirche. Dazu gehören das Gesamt von Aktion/Reflexion der verschiedenen Akteure (Handlungsträger) auf den unterschiedlichen Ebenen der Kirche. Die Praktische Theologie begnügt sich nicht mit dem, was die Kirche lehrmässig-dogmatisch von sich aussagt, sondern sie beschäftigt sich mit dem, was die Kirche empirisch feststellbar wirklich ist und praktiziert. Mit der dogmatischen Lehre über die Kirche (Ekklesiologie) befasst sich die Praktische Theologie insofern, dass sie danach fragt, ob die Kirche in der Praxis einlöse, was sie von sich behauptet, und dass sie untersucht, welche gesellschaftliche Funktion das hat, was und wie die Kirche agiert und lehrt. Letztlich kann alles in Bezug auf Glaube, Kirche und Theologie – auch die Praktische Theologie selbst – Gegenstand der Praktischen Theologie sein.

2.1.1.3 Kirche in Gesellschaft

Die Praxis der Kirche muss als Moment der gesamtgesellschaftlichen Praxis begriffen werden. Sie ist in zweifacher Hinsicht in diese gesamtgesellschaftliche Praxis eingebunden. Zum einen ist sie von dieser beeinflusst und mit bedingt, zum andern wirkt sie – stabilisierend oder verändernd – auf diese ein. In jedem Fall positioniert sie sich innerhalb einer Gesellschaft.[31] Es gehört zu den Aufgaben der Praktischen Theologie, dies zu reflektieren. Die Praktische Theologie muss sich deshalb auch mit der gesellschaftlichen Praxis befassen, obwohl ihr spezifischer und unmittelbarer Gegenstand die gegenwärtige und zukünftige Praxis der Kirche ist. In diesem Sinn kann die Praktische Theologie als «kritische Theorie kirchlicher Praxis in der Gesellschaft»[32] verstanden werden.

Vor dem Hintergrund der oben skizzierten Gesellschaftsformationstheorie kann nach der Praxis der Kirche im Rahmen der drei gesellschaftlichen Instanzen gefragt werden. Die

---

31 Vgl. *Füssel*, Bedingtheit.
32 *Greinacher*, Weg 51.

Kirche ist als religiöse Institution primär der Instanz Kultur/ Religion/Ideologie zugeordnet. Als gesellschaftlich verfasste und im deutschsprachigen Raum zum grössten Teil auch öffentlichrechtlich verfasste Körperschaft hat sie aber auch wesentlich Anteil an den beiden anderen gesellschaftlichen Instanzen.

Die Kirche gehört in verschiedener Hinsicht zu den Akteuren in der Wirtschaft. Sie nimmt Steuern ein und sammelt Geld für verschiedene Zwecke und Institutionen, ist Arbeitgeberin, besitzt Grundstücke und Immobilien, unterhält Bankverbindungen, führt Pensionskassen und legt Geld an. Dadurch hat sie Anteil an der gesellschaftlichen Instanz Ökonomie/Ökologie.

Die Kirche ist aber auch unausweichlich ein politischer Faktor. Jede religiöse Äusserung und jede theologische Aussage ist insofern politisch, als sie bestätigend oder kritisierend diese oder jene politische Praxis oder Position stützt bzw. in Frage stellt. Die Kirche hat aber auch dadurch Anteil an der gesellschaftlichen Instanz Politik, dass sie ihren Gläubigen normative Vorstellungen über das Zusammenleben in einer Gesellschaft vermittelt und ihre Position auf verschiedene Weise in die sozial-, entwicklungs- und friedenspolitischen Debatten einbringt.

Theologie in der Praktischen Theologie 2.1.2

Die hier vertretene Praktische Theologie weiss sich einem nichtidealistischen Verständnis von Theologie verpflichtet. Ein solches Verständnis sieht nicht von den jedesmaligen wirklichen Lebensverhältnissen[33] ab, sondern begreift und betreibt Theologie bezogen auf die konkreten Verhältnisse einer bestimmten Gesellschaftsformation. Dieses Verständnis von Theologie impliziert die kritische Reflexion sowohl der gesellschaftlich-kirchlichen Voraussetzungen wie auch der gesellschaftlich-kirchlichen Folgen theologischer Reflexion. Dazu muss gefragt werden:

---

33 Diese Formulierung geht auf Karl Marx zurück, der sie in seiner methodologischen Anmerkung zur Religionskritik verwendet (vgl. *Marx*, Kapital, 393, A. 89; siehe unten 5.1.5).

«Welches Interesse treibt das theologische Erkennen an, warum treibt man Theologie? Das impliziert auch die Frage: für wen und von wessen Standpunkt her erkennt man theologisch? Diese Fragen setzen voraus, dass das theologische Erkennen, das als Erkennen noch eine gewisse Autonomie besitzt, immer in einem Realitätszusammenhang begegnet. Das Erkennen ist nie, weder von der Praxis noch von der Bewertung her, neutral; immer enthält es implizit oder explizit einen praxisbezogenen und ethischen Charakter.»[34]

Die Praktische Theologie weiss sich einem Verständnis theologischer Erkenntnis verpflichtet, wonach

«die befreiende Funktion der Erkenntnis [...] im Grunde nicht darin [besteht], zu erklären oder einer bestehenden Wirklichkeit oder einem durch die Situation bedrohten Glauben Sinn zu verleihen, sondern eine Wirklichkeit umzuformen, damit sie endlich Bedeutung hat und auf diese Weise den verlorenen oder bedrohten Sinn des Glaubens wiedergewinnt»[35].

Angesichts des offensichtlichen Widerspruchs zwischen dem Elend «unter-menschlicher» (Helder Camara[36]) Lebensbedingungen der Mehrheit der Menschen und der biblisch bezeugten Reich-Gottes-Vision eines Lebens in Fülle aller (vgl. Joh 10,10) fragt die Praktische Theologie nicht im Sinne der Theodizee, wie Gott mit dem wirklichen Elend versöhnt werden kann. Sondern aufgrund des erkenntnistheoretischen Bruchs der Praktischen Theologie ist für sie

«die Vermittlung der Theodizee die Anthropodizee: wie kann man den Menschen in einer Welt der Ungerechtigkeit rechtfertigen? Schliesslich ergibt sich die Lösung der Theodizee für den epistemologischen Bruch nicht darin, dass Gott ‹gedacht› wird in einer Weise, durch die Gott und das Elend miteinander versöhnt werden, sondern in der Aufgabe, eine Welt zu gestalten, die Gott entspricht. [...] Die Frage der Theodizee stellt sich als eine wesentlich praktische: im selben Mass, wie der Glaube an den Gott Jesu dazu führt, das Elend der Welt wirklich zu überwin-

---

34 *Sobrino*, Erkennen 124.
35 Ebd. 128.
36 Helder Camara schrieb seinen eigenen Namen ohne Akzente, setzte aber solche, wenn er z. B. Kardinal Jaime de Barros Câmara erwähnte (vgl. *Eigenmann*, Camara).

den, ist Gott gerechtfertigt, auch wenn man es niemals theoretisch erreicht, Gott und das Elend miteinander zu versöhnen.»[37]

Vor diesem Hintergrund kann die Praktische Theologie wie die Theologie insgesamt verstanden werden, nämlich «als kritische, im Licht des Wortes [Gottes] ausgeübte Reflexion über die historische Praxis»[38]. Sie ist

> «eine befreiende Theologie, eine Theologie der befreienden Veränderung von Geschichte und Menschheit […]. Theologie beschränkt sich dann nicht mehr darauf, die Welt gedanklich zu ergründen, sondern versucht, sich als ein Moment in dem Prozess zu verstehen, mittels dessen die Welt verändert wird, weil sie – im Protest gegen die mit Füssen getretene menschliche Würde, im Kampf gegen die Ausbeutung der weitaus grössten Mehrheit der Menschen, in der Liebe, die befreit, und bei der Schaffung einer neuen, gerechten und geschwisterlichen Gesellschaft – sich der Gabe des Reiches Gottes öffnet.»[39]

2.1.3 Verhältnis von Praxis und Theorie bzw. Theologie

Die Sicht von Praxis als Gesamtphänomen von Aktion/Reflexion hebt sich von einem Verständnis ab, wonach Handeln und Denken bzw. Praxis und Theorie einander entgegenstehen würden oder gar Gegensätze wären. Natürlich sind Handeln und Denken bzw. Praxis und Theorie nicht dasselbe. Sie können deshalb zwar unterschieden, dürfen aber nicht voneinander getrennt werden; denn jede Theorie hat eine Praxisrelevanz, und jede Praxis hat einen Theoriegehalt.

Jedes Handeln bzw. jede Praxis hat einen intelligiblen, d. h. der Vernunft zugänglichen und deshalb gedanklich bzw. theoretisch und dann auch sprachlich formulierbaren Gehalt. Selbst wenn dieser nicht bewusst ist und nicht reflektiert wird, ist er doch implizit vorhanden und kann durch Analyse des Handelns bzw. der Praxis erhoben werden. Von jeder Praxis kann gesagt werden, von welchen Voraussetzungen sie ausgeht, von welchen Optionen sie geleitet ist, welchen Inter-

---

37 Ebd. 139.
38 *Gutiérrez*, Theologie 81.
39 Ebd. 83.

essen sie dient und woraufhin sie angelegt ist. Umgekehrt steht jede theoretische bzw. theologische Aussage stabilisierend oder verändernd im Dienst der einen oder der anderen Praxis, und sie bestätigt oder kritisiert die gesellschaftlichen Verhältnisse. Insofern zumindest auf längere Sicht jedes Handeln und jede Praxis auf eine theoretische Legitimierung angewiesen ist, hat das Denken bzw. die Theorie eine eminent handlungsrelevante bzw. praktische Bedeutung. Wenn Theorie damit zu tun hat, Dinge und Verhältnisse nicht nur betrachtend anzuschauen und zu beschreiben, sondern kritisch zu durchschauen und zu analysieren, besteht der Gegensatz zur Theorie nicht in der Praxis, sondern in der Verschleierung, d.h. in der Verhinderung, die Dinge und Verhältnisse transparent zu machen.

2.1.4 Primat der Praxis

Die Praktische Theologie geht vom Primat der Praxis aus. Das heisst zum einen erkenntnistheoretisch, dass das Handeln bzw. die Praxis dem Denken bzw. der Theorie oder Theologie zeitlich vorausgeht. Jedes Denken bzw. jede Theorie setzt etwas gedanklich zu Erfassendes bzw. theoretisch zu Durchdringendes voraus. In diesem Sinn liegt die Praxis der Theorie zeitlich voraus. Dann aber wirken das Denken bzw. die Theorie auf das Handeln bzw. die Praxis zurück. Innerhalb des dialektischen Verhältnisses von Handeln und Denken bzw. von Aktion und Reflexion hat das Handeln bzw. die Aktion den Vorrang. Zum andern meint der Primat der Praxis ethisch, dass die Praxis letztlich das Wahrheitskriterium darstellt. Nicht das, was rechtmässigerweise theoretisch behauptet wird, ist auch schon praktisch wahr. Vielmehr ist das richtige Handeln – die Orthopraxie – Kriterium der richtigen Lehre – der Orthodoxie. Wahr ist, was sich praktisch bewahrheitet. In diesem Sinne sagt Jesus im Matthäusevangelium:

> «Nicht jeder, der zu mir sagt: Herr! Herr!, wird in das Himmelreich kommen, sondern nur, wer den Willen meines Vaters im Himmel erfüllt» (Mt 7,21).

Der erste Johannesbrief stellt fest:

«Wenn jemand sagt: Ich liebe Gott!, aber seinen Bruder hasst, ist er ein Lügner. Denn wer seinen Bruder nicht liebt, den er sieht, kann Gott nicht lieben, den er nicht sieht» (1 Joh 4,20).

Die Praxis als zentrales Kriterium des Glaubens ist in der matthäischen Gerichtsrede formuliert:

«Was ihr für einen meiner geringsten Brüder getan habt, das habt ihr mir getan» (Mt 25,40).

Primat der Praxis kann dann zum dritten meinen, dass die Praxis selbst zu einem Ort der Erkenntnis wird. Wenn Jesus im Summarium zu Beginn des Markusevangeliums nach der Ankündigung des nahen Reiches Gottes zur Umkehr aufruft (vgl. Mk 1,15), ist genau dies gemeint. Um-kehr als Ab-kehr von der bisherigen Lebensweise und als Hin-kehr zu einer neuen Praxis ist Bedingung der Möglichkeit, die Botschaft vom angebrochenen Reich Gottes verstehen und an das Evangelium glauben zu können.

Das Zweite Vatikanische Konzil und seine Impulse für die Kirche und die Praktische Theologie 2.2

Das Zweite Vatikanische Konzil (1962–1965) stellte durch seine bewusste Beschäftigung mit den Problemen der Welt für die Kirche und die Theologie einen historischen Einschnitt dar.

Zur epochalen Bedeutung des Zweiten Vatikanums 2.2.1

Angesichts anhaltender nicht nur unterschiedlicher, sondern gegensätzlicher Interpretationen des Zweiten Vatikanums und im Blick auf Tendenzen, im 21. Ökumenischen Konzil nur mehr ein Kapitel der Kirchengeschichte zu sehen, ist es gerade für die Kirche und die Praktische Theologie als kritische Reflexion der kirchlichen Praxis wichtig, sich darüber Rechenschaft zu geben, wie Papst Johannes XXIII. das Konzil gesehen und wie sich dieses selbst verstanden hat.[40]

---

40 Mit der Publikation der Rundbriefe des brasilianischen Erzbischofs Dom Helder Camara aus dem Konzil ist jetzt eine einzigartige Quelle zugänglich, die die pastoral-prophetische Vision von Papst Johannes XXIII. für das Kon-

«Das Konzil entstand zum einen aus Handlungszwängen, welche die gesellschaftlichen, kulturellen und politischen Umwälzungen des 20. Jahrhunderts der Kirche auferlegten. Und es entstand zum anderen aus der Vision von Johannes XXIII., dem Glaubensbekenntnis der Kirche einen neuen Ort zu geben: das Heute der Menschen dieser Welt.»[41]

2.2.1.1 Zum Gesamtprogramm des Konzils

Der Rahner-Schüler und Fundamentaltheologe Elmar Klinger hat in den letzten Jahren zu Recht auf die in der Theologie des deutschen Sprachraums noch kaum oder gar nicht erfolgte Rezeption[42] des epochal Neuen des Zweiten Vatikanums hingewiesen. Das Gesamtprogramm des Konzils umschreibt er so:

«Es ist wichtig, das Zweite Vatikanum in seinem Aufbau zu beachten. Das Konzil hat kein Sammelsurium von Aussagen verabschiedet, die sich widersprechen und daher unvereinbar sind [...]. Es hat eine Struktur. [...] Seine Aufgabe hat nicht darin bestanden, von der Tradition her die Gegenwart zu betrachten, sondern umgekehrt zu verfahren, die Tradition von der Gegenwart her neu zu erschliessen. [...]
Das Konzil hat sechzehn Dokumente verabschiedet, die sich aufeinander beziehen [...]. Es umfasst Konstitutionen, Dekrete und Erklärungen. *Konstitutionen* sind Verfassungsdokumente. Sie beinhalten das Grundgesetz der Kirche. [...] Es gibt auf dem Konzil vier Dokumente dieser Art. Es hat über die Liturgie, über die Offenbarung, über die Kirche und über die Kirche in der Welt von heute jeweils eine Konstitution verfasst. Alle vier sind thematisch, aber auch in ihrer Perspektive einander zugeordnet; thematisch, weil zwei das gleiche Stichwort ohnedies in ihrem Titel tragen, nämlich ‹Kirche›, ein drittes sich auf die Kirche der Sache nach bezieht – Liturgie – und das vierte sich dem Inhalt widmet, für den es die Kirche gibt und zu dem sie eine neue Einstellung sucht – nämlich zur Offenbarung Gottes in Wort und Tat. [...] Diese vier Konstitutionen sind über ihre thematische Konvergenz hinaus in ihrer Perspektive zugeordnet. Denn sie erörtern die jeweiligen Inhalte nicht

---

zil bezeugt. Dieser Vision wusste sich Dom Helder Camara zusammen mit Kardinal Suenens verpflichtet, die beide zu den einflussreichsten Konzilsvätern gehörten. Vgl. *Camara*, Lettres; *Eigenmann*, Camara.
41 *Sander*, Pastoralkonstitution 700.
42 Vgl. zur Rezeption der Pastoralkonstitution im deutschsprachigen Raum ebd. 844–853.

beliebig, sondern mit einer doppelten Zielvorgabe: Sie stellen an allen dogmatischen Inhalten die pastorale Bedeutung heraus und bei allen pastoralen Erörterungen den dogmatischen Inhalt. Sie erweitern gewissermassen beide Gegebenheiten durch beide. Es gibt keinen dogmatischen Satz, der nicht in seinem pastoralen Sinn betrachtet wäre, und keinen pastoralen Satz, der ohne dogmatische Bedeutung wäre. Beides wird in beidem greifbar und ist das Gesamtprogramm der Schwerpunkte von beiden. Diese wechselseitige Durchdringung ist gerade in den Konstitutionen offensichtlich. Es gibt zwei dogmatische Konstitutionen, nämlich über die Offenbarung *Dei verbum* und über die Kirche *Lumen gentium*, und zwei pastorale Konstitutionen, nämlich über die Liturgie *Sacrosanctum concilium* und die Pastoralkonstitution über die Kirche in der Welt von heute *Gaudium et spes*. [...] Am offensichtlichsten ist diese wechselseitige Durchdringung von Dogmatik und Pastoral in den beiden Konstitutionen über die Kirche selbst. Sie bilden die Achse des Konzils. Sie sind der Kern seiner ursprünglichen Konzeption und der Mittelpunkt des Gesamtprogramms.

Das Konzil hat über die Kirche zwei Konstitutionen verfasst, nicht nur eine einzige. Es hat einen polaren Begriff der Kirche, nicht einen hierarchischen. Es hat unter zwei Gesichtspunkten von Anfang an über die Kirche sprechen wollen, unter einem dogmatischen Gesichtspunkt über die sog. ‹ecclesia ad intra›, dazu gehört ihr Aufbau und ihr eigenes Selbstverständnis, und unter einem pastoralen Gesichtspunkt über die ‹ecclesia ad extra›, dazu gehört die Betrachtung ihrer selbst aus der Perspektive von Menschen und Gesellschaften der heutigen Welt. Stellt man sich nun die Frage, wo das Konzil diese Polarität von Dogmatik und Pastoral methodisch, perspektivisch und gesamtheitlich erörtert, so gibt es darauf nur eine Antwort. Das Gesamtprogramm des Konzils wird unter den genannten pragmatischen Aspekten in der Pastoralkonstitution dargelegt. Sie war am meisten umkämpft. Sie war die schwerste Geburt. Sie war so, wie sie verabschiedet wurde, bei der Vorbereitung nicht geplant. Sie war bis zum Schluss gefährdet. Sie ist das prinzipiell Neue. Sie ist die ureigene, man kann auch sagen, eigentliche Frucht des Zweiten Vatikanums. Sie ist auch seine Vision. [...]

Neben den vier Konstitutionen hat das Konzil neun Dekrete und drei Erklärungen verabschiedet. [...] Die *Dekrete* sind der Konstitution über die Kirche zugeordnet. Dazu gehören das Bischofs-, das Priester-, das Laien-, das Ordens-, das Ostkirchen-, das Ökumenismus-, das Missionsdekret und das Dekret über die Kommunikationsmittel. Die *Erklä-*

rungen über die Religionsfreiheit und über das Verhältnis der Kirche zu den nichtchristlichen Religionen sowie über die Erziehung sind der Pastoralkonstitution zugeordnet.»[43]

2.2.1.2 Die Pastoralkonstitution als Wendepunkt in der Kirche

Für die Praktische Theologie ist vor allem die «Pastoralkonstitution über die Kirche in der Welt dieser Zeit» – «Gaudium et spes» (GS) – von grundlegender Bedeutung. Ihr Titel

> «ist die erste Ortsbestimmung des Textes und zugleich seine wichtigste. Sie besteht aus zwei Teilen – der formalen Qualifizierung und der Angabe des Themas. Die formale Qualifizierung [als Konstitution] legt das literarische Genus und den Autoritätsanspruch fest, das Thema markiert den Rahmen, in den sich alle folgenden Ausführungen stellen. Zusammen ergeben sie die Grammatik der Ortsbestimmung, die GS insgesamt leistet. ‹Constitutio Pastoralis› ist eine gänzlich neue und bis heute ungewohnte Benennung für ein lehramtliches Dokument. Bis zu diesem Text war der Sinn von ‹constitutio› bei einem lehramtlichen Text identisch mit ‹constitutio dogmatica›.»[44]

Der Titel «Pastoralkonstitution» war auf dem Konzil bis zuletzt offen.[45] Neben *Constitutio pastoralis* wurden u. a. als Titel vorgeschlagen: *Declaratio, Epistola, Litterae, Expositio, Nuntium, Instructio*[46], die alle eine Minderqualifizierung des Textes bedeutet hätten. Um die Zustimmung möglichst vieler Konzilsväter zu erreichen, wurde dem Titel eine Fussnote als Bestandteil der Konstitution beigegeben, die die eigene Natur des Schemas erklärt und darüber hinaus eine Regel zu ihrer Interpretation verkündet.[47] Die Fussnote lautet:

> «Obwohl die Pastoralkonstitution ‹Über die Kirche in der Welt dieser Zeit› aus zwei Teilen besteht, bildet sie dennoch eine Einheit. ‹Pastoral› aber wird die Konstitution deswegen genannt, weil sie, auf Lehrprinzipien gestützt, die Haltung der Kirche zur Welt und zu den heutigen Menschen auszudrücken beabsichtigt. Deswegen fehlt weder im ersten Teil die pastorale Absicht noch aber im zweiten die lehrhafte Absicht.

---

43 *Klinger*, Kirche 74–77.
44 *Sander*, Pastoralkonstitution 704.
45 Vgl. ebd. 674–691.
46 Ebd. 686.
47 Vgl. ebd. 687.

Im ersten Teil nämlich entwickelt die Kirche ihre Lehre über den Menschen, über die Welt, in die der Mensch eingefügt ist, und über ihre Haltung zu ihnen. Im zweiten aber betrachtet sie verschiedene Aspekte des heutigen Lebens und der menschlichen Gesellschaft näher, und zwar insbesondere Fragen und Probleme, die für unsere Zeiten dabei drängender erscheinen. Daraus folgt, dass in diesem zweiten Teil die Materie, obgleich sie den Lehrprinzipien unterworfen ist, nicht nur aus bleibenden, sondern auch aus bedingten Elementen besteht. Auszulegen ist die Konstitution gemäss den allgemeinen Richtlinien der theologischen Auslegung, und zwar unter Berücksichtigung – insbesondere in ihrem zweiten Teil – der veränderlichen Umstände, mit denen die Dinge, um die es sich handelt, ihrer Natur nach verknüpft sind.»

Die zentrale Bedeutung dieser Fussnote für das Verständnis des Verhältnisses von Pastoral und Dogmatik hebt Hans-Joachim Sander hervor:

«Mit ihr werden Pastoral und Dogmatik der Kirche in eine neue Beziehung gebracht: Sie stehen in keiner Unterordnungs-, sondern in einer Innen-Aussen-Konstellation und in keiner Darlegung von einem dieser beiden Pole darf der jeweils andere ausgeschlossen werden. Das jeweilige Aussen hat für das Innen konstitutiven Rang, und in der Differenz zwischen beiden werden Ausschliessungen ausdrücklich überschritten.»[48]

Mit dem Titel «Pastoralkonstitution» und der Fussnote

«wird ein neues Genus lehramtlicher Äusserungen festgelegt, mit dessen Autorität es bislang nur ganz wenige Erfahrungen gibt. Eine ‹constitutio pastoralis› ist eine Ellipse mit zwei Brennpunkten: Ihre Glaubenssaussagen werden im Kontrast zwischen speziellen humanen Problemen gesellschaftlichen Lebens und generellen christlichen Wahrheiten gewonnen. Sie ist zeitabhängig und steht zugleich in Differenz zur geschichtlichen Situation. Anders als eine gewöhnliche ‹constitutio dogmatica› steht sie damit vor einer doppelten Herausforderung. Ihre eigene Wahrheit muss sich wie diese an der Tradition lehramtlicher Positionen bewähren, aber zugleich vor der Realität menschlichen Lebens hier und heute standhalten. Sie markiert, dass die Lehre des Glaubens das Lebenszeichen des Evangeliums mitten unter den Menschen des jeweiligen geschichtlichen Kontextes darstellt. Deshalb

---

48 Ebd.

erhebt der Text auch einen Autoritätsanspruch. Er ist Konstitution, es handelt sich, wie Charles Moeller zu Recht feststellt, ‹um etwas ganz anderes als um einfache pastorale Weisungen›.»[49]

Zum epochal Neuen der Pastoralkonstitution gehört, dass sie mit jeglichen Ausschliessungsmechanismen bricht. Dies zeigt sich darin, dass sie sich an alle Menschen ohne irgendeine Ausnahme wendet, wenn gleich zu Beginn von der «innigste[n] Verbindung der Kirche mit der ganzen Völkerfamilie» und von «Freude und Hoffnung, Trauer und Angst der Menschen dieser Zeit, besonders der Armen und Bedrängten aller Art» (GS 1) die Rede ist. Damit wurden die Adressatenperspektive und Zeitanalyse der letzten Enzyklika Johannes' XXIII. «Pacem in terris» übernommen. Diese war das geistliche Testament von Papst Johannes, mit dem er sich ausdrücklich auch «an alle Menschen guten Willens» gewandt hatte.

> «Wie kein anderer Text ist die Pastoralkonstitution direkt mit der zentralen Konzilsperspektive verbunden, die Johannes XXIII. ‹pastoral› genannt hat.»[50]

Die Pastoralkonstitution stellt eine theologische und religiöse Revolution dar, die in Gefahr steht, neutralisiert zu werden:

> «Schon der allererste Abschnitt der Konstitution war eine theologische und religiöse Revolution ohnegleichen. Diese Revolution hatte – erstens – wichtige Erneuerungsbewegungen in der Kirche und der Theologie der letzten Jahrzehnte ermöglicht. Diese Revolution war – zweitens – das Startsignal für fundamentale theologische Kontroversen in diesen Jahrzehnten, aber sie ist nichtsdestoweniger mehr als je zuvor von fundamentaler Bedeutung auch für die Zukunft. Die Revolution von *Gaudium et spes* ist aber während der letzten vierzig Jahre im Betrieb des kirchenleitenden Handelns neutralisiert worden.»[51]

Im ersten Artikel von «Gaudium et spes» bestimmt die Kirche sich über eine Wo- und nicht über eine Wer-Identität.

---

49 Ebd. 704 f.
50 Ebd. 691.
51 *Borgman*, Gaudium 389.

«Dort, wo Menschen von heute Freude und Hoffnung, Trauer und Angst erfahren, besonders die Armen und Bedrängten, dort sind die Jüngerinnen und Jünger Christi gefordert, solidarisch zu werden. Hier wird der Ort genannt, an dem sich zeigen kann, was die christlichen Glaubenshoffnungen bedeuten.»[52]

Die Unterscheidung von Wer- und Wo-Identität ist für das Verständnis der Pastoralkonstitution zentral.

«Eine Identität lässt sich nicht nur finden, wenn man sich die Frage stellt, wer man ist, sondern sich dem aussetzt, wo man steht. Diese Wo-Bestimmung der eigenen Identität macht aus dem Glauben ein Projekt in der Geschichte, dessen Kontext die Kirche nicht selbst erzeugen und bestimmen kann, den sie gleichwohl anerkennen muss und in die Sprache ihres Glaubens eintragen kann.»[53]

Beim Weg einer wer-fixierten kirchlichen Identität

«bestimmt die Kirche ihren Glauben selbst und bestimmt ihn von dem Sinn her, den sie diesem Glauben für sich selbst gibt und der von ihren eigenen Mitgliedern geteilt wird. [...] Die Tradition und die Vorstellung der Kirche von sich selbst sind dabei entscheidend; die Welt der eigenen Zeit, die Menschen ausserhalb der Kirche und auch die Menschen innerhalb der Kirche sind dabei nicht zwangsläufig ein Thema.»[54]

Die Alternative zu dieser wer-bestimmten Identität

«ist nicht eine andere Wer-, sondern die Wo-Frage nach der Kirche. [...] Im Vordergrund steht nicht das Selbstverständnis [der Kirche], sondern stehen die Probleme. Sie muss sich dem aussetzen, mit wem sie es hier an diesem Ort zu tun hat. Dazu gehören einerseits die, die zu ihr gehören, also ihre Mitglieder, die Katholiken; aber dazu gehören andererseits auch die, die nicht zu ihr gehören, also die anderen Christen, Nicht-Christen, alle anderen Menschen. [...] Bei einer Wo-Identität [...] kann man sich keinesfalls mit dem Ausschluss der anderen abfinden, weil die Identifizierung mit sich selbst dann entscheidende Defizite aufweisen würde.»[55]

---

52 *Sander*, Pastoralkonstitution 712.
53 Ebd. 587.
54 Ebd. 696.
55 Ebd. 696 f.

Im Sinne einer Wo-Identität der Kirche setzt die Pastoralkonstitution

> «nicht mit dem an, wer sie ist, sondern sie sagt, wo sie sich befindet. Das jeweilige Wo, an dem sie ist, bestimmt mit über das jeweilige Wer, das sie auszeichnet, das sie sein kann und das sie auch sein will; das geschieht mit eben dem, wem oder was dieses Wer an jenem Wo nicht ausweichen kann. Die Kirche identifiziert sich mit den Fragen und Problemen, mit denen sie es durch diesen Ort zu tun bekommt, und schottet sich nicht von dem ab, wozu sie in der Welt von heute in Differenz steht. [...] Den Ort über die Selbstbegründung der Kirche zu setzen und ihre Identität aus der Identifizierung mit dem Ort zu gewinnen, den sie heute unter den Menschen einnimmt, bedeutet ein damals geradezu anstössiges Durchbrechen der Ordnung der Dinge, mit der sich die Kirche bis dahin selbst verstanden hatte.»[56]

Vor diesem Hintergrund wird verständlich, dass Elmar Klinger in der Pastoralkonstitution die Fundamentaltheologie des Konzils erkennt.

> «Sie ist die Fundamentaltheologie des Konzils. [...] Sie ist das Neue des Konzils, sein ureigener Beitrag zur Dogmengeschichte. Sie ist eine Art von Verlautbarung, die es bis dahin überhaupt noch nie gegeben hat. [...] Die Pastoralkonstitution ist ein Wendepunkt in der Kirche. Sie stellt die Tradition vom Kopf auf die Füsse; diese war bis dahin selbst eine Quelle der Offenbarung. Man konnte von ihr her alles, was nicht zu ihr gehört, bewerten. Nun aber heisst es: Die Kirche vermag dem eigenen Glauben und seiner Tradition nicht beredter Ausdruck zu geben, als wenn sie ihn von den Menschen her versteht, an die sie sich wendet, ihre Würde achtet, ihre Rechte anerkennt, Dialog mit ihnen führt; denn ihr Ziel ist die Rettung der menschlichen Person. Es geht ihr um den rechten Aufbau der Gesellschaft. Der Mensch, der eine und ganze Mensch steht im Zentrum ihres Auftrags. Sie kann ihn nicht erfüllen, wenn sie ihn nicht vom Andern her versteht. Dieser Perspektivenwechsel im Umgang mit der Vergangenheit hat grundlegenden Charakter. Man kann seine Bedeutung nicht hoch genug einschätzen. [...] Die Pastoralkonstitution ist eine Methode des Wandels der Kirche von einer Kirche überhaupt zu einer Kirche der heutigen Welt.»[57]

---

56   Ebd. 706.
57   *Klinger*, Kirche 77 f.

Für die Praktische Theologie ist bedeutsam, dass das Konzil mit der Pastoralkonstitution den Begriff «Pastoral» erweitert hat.

> «‹Pastoral› im Sinne des Konzils meint nicht mehr nur die herkömmliche Betreuung von Laien durch Priester, sondern das Verhältnis der Kirche überhaupt zur Welt im ganzen. Daher umfasst sie im Unterschied zum herkömmlichen Begriff der Seelsorge die ganze Sozialethik. Zeugnis geben für die Gerechtigkeit ist im neuen Sinn dieses Worts ein Akt der pastoralen Verantwortung.»[58]
>
> «Mit dem Begriff der Pastoral erweitert das Konzil auch den Begriff des Glaubens: Er ist ein Bekenntnis zur Berufung des Menschen und offenbart die letzte Wahrheit seiner Existenz, die Herkunft und Zukunft des Menschen in Christus und Gott.»[59]

2.2.2 Drei zentrale Impulse des Konzils

Es waren vor allem drei wichtige Impulse, die für die Kirche und damit auch für die Praktische Theologie vom Konzil ausgegangen sind. Es sind dies die Option oder Grundentscheidung für die «Armen und Bedrängten aller Art» (GS 1), das methodische Vorgehen nach dem Dreischritt von «sehen – urteilen – handeln» (vgl. GS 4) und das Reich Gottes (vgl. LG 5) als eigentliche Bestimmung bzw. zentrale Bezugsgrösse der Kirche.

2.2.2.1 Option für die «Armen und Bedrängten aller Art»

Die Pastoralkonstitution formuliert zu Beginn die Option, von der sich die Jünger und Jüngerinnen Christi leiten lassen sollten:

> «Freude und Hoffnung, Trauer und Angst der Menschen dieser Zeit, besonders der Armen und Bedrängten aller Art, sind Freude und Hoffnung, Trauer und Angst der Jünger Christi, und es findet sich nichts wahrhaft Menschliches, das nicht in ihrem Herzen widerhallte» (GS 1).[60]

---

58 *Klinger*, Armut 100.
59 Ebd. 273.
60 Die Konzilstexte werden zitiert nach der neuen Übersetzung in: *Hünermann*, Dokumente.

Für das Konzil ist die Gemeinschaft der Kirche zwar engstens mit der Menschheit und ihrer Geschichte verbunden, ihre vorrangige Sorge sollte aber den «Armen und Bedrängten aller Art» gelten. Damit ist das gemeint, was die Theologie der Befreiung später als «Option für die Armen» bezeichnen sollte:

> «Die ‹Option für die Armen› beinhaltet einen Perspektivenwechsel: Die Armen sind der Bezugspunkt, von dem aus die soziale Wirklichkeit mit ihren politischen, ökonomischen und kulturellen Fragen betrachtet und beurteilt wird. Massstab für die ethische Richtigkeit von politischen Entscheidungen, ökonomischen Mechanismen bzw. Strukturen und sozialen Massnahmen ist die Frage, inwiefern sie den Armen nützen und sie zu eigenverantwortlichem Handeln befähigen. Über die individuelle Hilfe für die Armen hinaus zielt die Option also auf die Entwicklung von Solidarität unter den Armen und auf ihre Selbstorganisation, was nicht zuletzt der Ernstnahme armer Menschen als Subjekte ihrer Lebenspraxis geschuldet ist.»[61]

Die Option für die «Armen und Bedrängten aller Art» wird in der Pastoralkonstitution konkretisiert, wenn diese erklärt:

> «Zu praktischen und dringlicheren Forderungen herabsteigend, schärft das Konzil die Achtung gegenüber dem Menschen ein, (und zwar) so, dass die Einzelnen ihren Nächsten ohne Ausnahme als ein *anderes Ich* betrachten müssen, indem sie vor allem auf sein Leben und auf die notwendigen Mittel, um es würdig zu führen, Rücksicht nehmen, damit sie nicht jenen Reichen nachahmen, der für den armen Lazarus keine Sorge trug.
> Besonders in unseren Tagen drängt uns die Verpflichtung, uns zum Nächsten schlechthin eines jeden Menschen zu machen und ihm, wenn er (uns) begegnet, tätig zu dienen, ob es nun ein von allen verlassener alter Mensch ist oder ein zu Unrecht verachteter Fremdarbeiter, ein Heimatvertriebener oder ein aus einer unrechtmässigen Verbindung geborenes Kind, das unverdientermassen wegen einer von ihm nicht begangenen Sünde leidet, oder ein Hungernder, der unser Gewissen aufrüttelt, indem er das Wort des Herrn in Erinnerung ruft: ‹Solange ihr einem von diesen meinen geringsten Brüdern (etwas zugute) getan habt, habt ihr (es) mir (zugute) getan› *(Mt 25,40).*

---

61 *Zingel*, Menschen 136.

Was immer überdies dem Leben selbst entgegengesetzt ist, wie Morde jeder Art, Völkermord, Abtreibungen, Euthanasie und auch der freiwillige Selbstmord; was immer die Unantastbarkeit der menschlichen Person verletzt, wie Verstümmelungen, dem Leib oder dem Geist auferlegte Foltern, Versuche, psychischen Zwang auszuüben; was immer die menschliche Würde angreift, wie untermenschliche Lebensbedingungen, willkürliche Einkerkerungen, Deportationen, Sklaverei, Prostitution, Handel mit Frauen und Jugendlichen; auch entehrende Arbeitsbedingungen, bei denen die Arbeiter als blosse Erwerbsmittel, nicht als freie und verantwortliche Personen behandelt werden: all dies und anderes Derartiges ist ohne Frage eine Schande, und indem es die menschliche Zivilisation vergiftet, beschmutzt es mehr jene, die sich so verhalten, als jene, die das Unrecht erleiden, und widerspricht in höchstem Masse der Ehre des Schöpfers» (GS 27).

Bereits vor der Eröffnung des Konzils hatte Papst Johannes XXIII. in seiner Rundfunkbotschaft vom 11. September 1962 an die Katholiken der Welt erklärt:

«Gegenüber den unterentwickelten Ländern erweist sich die Kirche als das, was sie ist und sein will, die Kirche aller, vornehmlich die Kirche der Armen.»[62]

Auf dem Konzil hatten Kardinal Lercaro von Bologna in einer Rede am 6. Dezember 1962 und später weitere Gremien aus den französischsprachigen Ländern und aus Lateinamerika – nicht zuletzt durch die informelle Gruppe «Jesus, die Kirche und die Armen» und durch vielfältige Initiativen und Inspirationen von Dom Helder Camara – erfolglos versucht, die Armen zur Achse der ganzen konziliaren Reflexion zu machen. Das einzige Ergebnis dieses Versuchs war der folgende Text in der dogmatischen Konstitution über die Kirche[63]:

«Wie aber Christus das Werk der Erlösung in Armut und Verfolgung vollbrachte, so wird die Kirche gerufen, denselben Weg einzuschlagen, um den Menschen die Früchte des Heiles mitzuteilen. Christus Jesus ‹hat, obwohl er in Gottesgestalt war, ... sich selbst entäussert, indem er

---

62 *Johannes XXIII.*, Rundfunkbotschaft 45.
63 Vgl. *Ruggieri*, Zeichen 67.

Knechtsgestalt annahm› *(Phil 2,6)*, und ist unsertwegen ‹arm geworden, obwohl er reich war› *(2 Kor 8,9)*: so wird die Kirche, auch wenn sie zur Erfüllung ihrer Sendung menschlicher Mittel bedarf, nicht errichtet, um irdische Ehre zu suchen, sondern um Demut und Selbstverleugnung auch durch ihr Beispiel auszubreiten. Christus wurde vom Vater gesandt, ‹den Armen frohe Botschaft zu bringen, … die im Herzen Zerknirschten zu heilen› *(Lk 4,18)*, ‹zu suchen und heil zu machen, was verloren war› *(Lk 19,10)*: In ähnlicher Weise umgibt die Kirche alle mit ihrer Liebe, die von menschlicher Schwachheit angefochten sind, ja, in den Armen und Leidenden erkennt sie das Bild ihres armen und leidenden Gründers; sie müht sich, ihre Not zu lindern, und sucht Christus in ihnen zu dienen» (LG 8).

Zu diesem Abschnitt aus «Lumen gentium» merkt Giuseppe Ruggieri an:

> «Ich meine sagen zu können, dass diese Stelle, insofern sie die Armut der Kirche unterstreicht, ausserhalb Lateinamerikas eine der am meisten und sogar absichtlich vergessenen Lehren des Konzils»[64] ist.

Die Pastoralkonstitution erwähnt im letzten Satz ihrer Nr. 1 die Geschichte, wenn davon die Rede ist, dass sich die Kirche innigst verbunden erfährt mit dem Menschengeschlecht und seiner Geschichte. Dadurch wird die Geschichte der Menschen als ein dogmatischer Wert anerkannt und mit dem prinzipiellen Geschichtsbezug des kirchlichen Glaubens das zentrale systematische Anliegen der Nouvelle Théologie (Chenu, Congar, Daniélou, de Lubac) aufgegriffen.[65]

2.2.2.2 Der methodische Dreischritt als hermeneutische Revolution

Das Zweite Vatikanum hat die Kirche auf ein methodisches Vorgehen verpflichtet, das eine «hermeneutische Revolution»[66] darstellt.

> «Die ‹hermeneutische Revolution› der Pastoralkonstitution des Zweiten Vatikanischen Konzils bestand darin, dass die Kirche als Glaubensgemeinschaft durch zwei Bezugspunkte – Christus, ihren Ursprung, und die ‹Welt› von heute als ihre unmittelbare Erfahrung – charakterisiert ist,

---

64 Ebd. 68.
65 Vgl. *Sander*, Pastoralkonstitution 713.
66 *Hengsbach*, Reflexionen 221.

dass die geschichtliche Entwicklung der ganzen Menschheit und der Weg der Kirche auf ein Ziel hin konvergieren, dass die Kirche die ‹Zeichen der Zeit› im Licht des Evangeliums zu deuten und dass sie in einen echten Lebenszusammenhang mit der ‹Welt› einzutreten hat.»[67]

In der Pastoralkonstitution erklärt das Zweite Vatikanum die Haltung und die Absicht der Kirche bei der Mitarbeit an einer geschwisterlichen Welt:

«Die Kirche wird von keinem irdischen Machtstreben bewegt, sondern beabsichtigt nur eines: nämlich unter Führung des Geistes, des Beistands, das Werk Christi selbst weiterzuführen, der in die Welt kam, um Zeugnis für die Wahrheit abzulegen, um zu heilen, nicht um zu richten, um zu dienen, nicht um sich bedienen zu lassen» (GS 3).

Im Anschluss an die Umschreibung des Auftrags der Kirche, «das Werk Christi selbst weiterzuführen», heisst es in der Pastoralkonstitution:

«Zur Erfüllung dieser Aufgabe obliegt der Kirche durch alle Zeit die Pflicht, die Zeichen der Zeit zu erforschen und im Licht des Evangeliums auszulegen, so dass sie in einer der jeweiligen Generation angemessenen Weise auf die beständigen Fragen der Menschen nach dem Sinn des gegenwärtigen und des zukünftigen Lebens und nach ihrem gegenseitigen Verhältnis antworten kann» (GS 4).

Mit dieser Umschreibung des Auftrags der Kirche hat das Konzil den methodischen Dreischritt von «sehen – urteilen – handeln» aufgenommen. Dieser ist in Belgien in der «Christlichen Arbeiterjugend» (CAJ), die auf den späteren Kardinal Joseph Cardijn (1882–1967) zurückgeht, entstanden. Der Gründungskongress der CAJ fand am 18. April 1925 in Brüssel statt. Cardijn spricht von einer «apostolischen Methodenlehre»[68]. Zunächst betont er, wie wichtig das profane Leben in jeder theologischen und praktischen Konzeption des Apostolates und wie zentral die Beachtung des Lebens in der Pädagogik des Apostolats ist.[69] Danach kommt

---

67 Ebd.
68 *Cardijn*, Laien 160.
69 Vgl. ebd.

er auf den methodischen Dreischritt «sehen – urteilen – handeln» zu sprechen:

> «Denn wenn man erreichen will, dass die Laien das Leben umgestalten und Gott weihen, dann *muss man vom Leben selbst ausgehen*. Wir müssen es objektiv betrachten, um nach und nach menschliche Sicht und menschliches Urteilen durch Sicht und Urteil von Gott her zu ersetzen. Und schliesslich und endlich werden wir nur durch ständigen Kontakt mit dem Leben fähig werden zu einem ernstzunehmenden Versuch, es umzuformen mit dem Ziel einer totalen Integrierung oder besser gesagt Reïntegrierung in den Plan Gottes. Papst Johannes XXIII. hat die Methode: ‹Sehen – urteilen – handeln› in seiner Enzyklika ‹Mater et Magistra› als ein Mittel menschlicher und übernatürlicher Erziehung des Laien zum Apostolat und zur Verantwortung erwähnt. [...] Es ist eine konkrete, realistische und zur Realisierung drängende Methode. Denn nach meiner Meinung bilden sich die Laien für ihr Apostolat nicht durch Bücher noch durch rein theoretischen Unterricht oder an Hand schriftlicher Ausführungen [...]. Die Laien schulen sich für das Apostolat zunächst durch die Entdeckung von Tatsachen und realen Sachverhalten; dieser Entdeckung folgt dann eine christliche Stellungnahme und Beurteilung, die dann ihrerseits in die Handlungen einmündet, die sie vornehmen, in Zielsetzungen, die sie verwirklichen, in Verantwortungen, die sie auf sich nehmen. [...] Dadurch aber, dass hiermit der ständige Blick auf die Nöte und Bedürfnisse aller Menschen verbunden ist, die gerettet werden sollen, wird diese Methode für den, der sie praktiziert, auch ein ausserordentlich kraftvoller Hebel für den persönlichen Fortschritt und die persönliche Heiligung. [...] Ein sehr wesentlicher Gesichtspunkt der Methode ‹Sehen – urteilen – handeln› ist die in den Kreisen des aktiven Laienapostolates bereits recht bekannte *Lebensbetrachtung*. [...] Die ersten Vorkämpfer der Christlichen Arbeiter-Jugend führten alle ihr ‹Journal›, das es unter anderem ermöglichte, einen unmittelbaren und in die Tiefe reichenden Zugang zu ihrem konkreten Alltagsleben zu gewinnen.»[70]

Noch vor dem Konzil hatte Papst Johannes XXIII. in seiner Enzyklika «Mater et magistra» vom 15. Mai 1961 den metho-

---

70 Ebd. 161 f. Zu den Hintergründen des methodischen Dreischritts von Cardijn, zu seiner lateinamerikanischen Variante und zu Varianten in der europäischen Wissenschaft vgl. *Klein*, Erkenntnis 54–89.

dischen Dreischritt für die Anwendung der kirchlichen Soziallehre empfohlen:

> «Die Grundsätze der Soziallehre lassen sich gewöhnlich in folgenden drei Schritten verwirklichen: Zunächst muss man den wahren Sachverhalt überhaupt richtig sehen; dann muss man diesen Sachverhalt anhand dieser Grundsätze gewissenhaft bewerten; schliesslich muss man feststellen, was man tun kann und muss, um die überlieferten Normen nach Ort und Zeit anzuwenden. Diese drei Schritte lassen sich in den drei Worten ausdrücken: sehen, urteilen, handeln» (Nr. 236)[71].

Dieser methodische Dreischritt wurde später von der lateinamerikanischen Befreiungstheologie kritisch weiterentwickelt, wissenschaftstheoretisch begründet[72] und von der Praktischen Theologie im deutschsprachigen Raum weitgehend übernommen.[73] Im Zuge der kritischen Weiterführung des Dreischritts wurde das Sehen als sozial-analytische, das Urteilen als hermeneutische und das Handeln als praktische Vermittlung des Glaubens präzisiert.

In seinem Kommentar zur Pastoralkonstitution hat Hans-Joachim Sander auf das fundamental (-theologisch) Neue des methodischen Dreischritts von «sehen–urteilen–handeln» hingewiesen:

> «Diese Methode überwindet die Dualismen von Theologie und Empirie, Dogma und Erfahrung, Glaube und Zeit. [...] Der erste Schritt beginnt beim Aussen dessen, dem die Glaubensgemeinschaft gegenübersteht, der zweite Schritt durchmustert das Innen des Glaubens auf seinen Sinn in dieser Situation und der dritte Schritt setzt in der Differenz von Innen und Aussen Zeichen für diesen Glauben, die eine Bedeutung haben. [...] Es kann eine Lehre des Glaubens nicht ohne

---

71 Zit. nach: *Bundesverband der Katholischen Arbeitnehmer-Bewegung Deutschlands, KAB (Hg.):* Texte zur katholischen Soziallehre, Köln/Kevelaer ⁹2007.
72 Vgl. *Boff C.*, Theologie; *ders.*, Wissenschaftstheorie.
73 Vgl. *Hochstaffl*, Konzeption 324–332; *Mette*, Einführung 41–45. In der reformierten Kirche ging – ohne dies begrifflich so zu benennen – Leonhard Ragaz bereits in seinem für die Entwicklung des religiösen Sozialismus wichtigen Vortrag vor der Schweizerischen Predigergesellschaft im September 1906 «Das Evangelium und der soziale Kampf der Gegenwart» (*Ragaz*, Evangelium) nach dem Dreischritt vor (Sehen: ebd. 2–19; Urteilen: ebd. 20–60; Handeln: ebd. 60–66).

Kenntnis der geschichtlichen Situation der Menschen geben und dieses Lehren kann nicht so erfolgen, dass es nichts bedeutet, wenn es die Wahrheit des Glaubens trifft. Das Neue dieser Grammatik liegt in der Umkehrung des Vorgehens, das eigentlich selbstverständlich erscheint und nahe liegt. Man beginnt nicht mit dem Glauben, um seine Bedeutung zu präsentieren; man beginnt bei dem Leben, in dem dieser Glaube bedeutsam werden will. Der erste Schritt der Lehre ist die Analyse des konkreten Lebens hier und heute. Das Aussen des Glaubens war damit nicht nur perspektivisch, sondern auch methodisch in den Text aufgenommen worden. Die Zweiheit der Pastoral hatte hier ihre entscheidende Methode gefunden.»[74]

Exkurs Der Dreischritt im grundlegenden Exodus-Paradigma

Der vom Zweiten Vatikanischen Konzil empfohlene Dreischritt ist bereits in der im Buch Exodus bezeugten Offenbarung Gottes enthalten. Der Exodus ist der strukturierende Mittelpunkt biblischer Zuordnung von geschichtlicher Erfahrung auf der einen und deren religiös-theologischer Interpretation auf der anderen Seite.[75] In Midian hört Mose die Stimme Gottes:

«Der Herr sprach: Ich habe das Elend meines Volkes in Ägypten gesehen, und ihre laute Klage über ihre Antreiber habe ich gehört. Ich kenne ihr Leid. Ich bin herabgestiegen, um sie aus der Hand der Ägypter zu entreissen und aus jenem Land hinaufzuführen in ein schönes, weites Land, in ein Land, in dem Milch und Honig fliessen, in das Gebiet der Kanaaniter, Hetiter, Amoriter, Perisiter, Hiwiter und Jebusiter.» (Ex 3,7f.)

Gott offenbarte sich dem Mose in Midian, nachdem sich der am Hof des Pharao aufgewachsene Mose gegen die Fronarbeit seiner Brüder und Schwestern in Ägypten so handgreiflich gewehrt hatte, dass er ausser Landes gehen musste. Gott offenbarte sich dem Mose nicht in Ägypten, weil dieses vom Pharao beherrscht war. Erst ausserhalb der idolatrischen «Totalität» Ägyptens als System der Sünde[76] offenbarte sich Gott dem Mose in der transzendenten «Exteriorität» Midians, indem er sich dessen Protest gegen die versklavenden Verhältnisse in Ägypten zu eigen machte. Gott kritisiert aufgrund seiner Option für die Opfer die versklavenden Verhältnisse. Erkenntnistheoretisch heisst das: Keine sich selbst verabsolutierende Totalität ökonomischer, politischer oder kulturell-religiös-ideologischer Art kann kritisch analysiert werden, solange man vollkommen in diese Totalität eingebunden ist. Erst in der transzendenten Exteriorität

---

74 *Sander*, Pastoralkonstitution 640f.
75 Vgl. *Dussel*, Exodus-Paradigma 54.
76 Vgl. ebd. 55.

einer Totalität kann aufgrund eines mental-praktischen Ortswechsels im Sinne der Solidarität mit den Opfern innerhalb dieser Totalität oder durch das reale Verlassen der Totalität deren zerstörerische Funktionsweise erkannt werden.
Der Gott, der sich dem Mose offenbarte, ist kein Staatsgott auf der Seite irdischer Machthaber zur Stabilisierung bestehender Verhältnisse, er ist auch kein Naturgott als Ursache und Garant einer kosmischen Ordnung, und er ist kein Gott bloss privater Innerlichkeit in (ver-) tröstender Absicht. Er ist vielmehr ein Gott der Geschichte, der sich dem Mose zwar persönlich, aber in einem ökonomisch-politischen Zusammenhang als parteiisch-befreiender Gott offenbarte.
In den Versen Ex 3,7 f. ist der methodische Dreischritt «sehen – urteilen – handeln» enthalten. Bevor Gott ein Wort über sich selbst sagt, setzt er im Sinne des ersten Schrittes Sehen mit der Sicht der Situation der Hebräerinnen und Hebräer in Ägypten an, d.h. mit der Analyse der Zeichen der Zeit der damaligen Welt. Es ist im Sinne des zweiten Schrittes Urteilen keine neutral-feststellende, sondern eine parteiisch-wertende Sicht, wenn er vom Elend seines Volkes, von dessen Klagen und Leid spricht. Er lässt es nicht bei der Beurteilung bewenden, sondern erklärt im Sinne des dritten Schrittes Handeln, er sei herabgestiegen, wolle sein Volk der Hand der Ägypter entreissen und sie in ein schönes und weites Land hinaufführen. Zur Realisierung dieses Schrittes sendet er Mose zum Pharao (vgl. Ex 3,10).
Das erste Wort Gottes ist kein Wort über sich selbst, sondern ein Wort über die Welt, genauer über die Verhältnisse in Ägypten, unter denen sein Volk leidet. Gott offenbart seine Identität als Wo-Identität,[77] wenn er solidarisch ist mit seinem in Ägypten leidenden Volk. Auch seine Selbstbezeichnung «Ich bin der ‹Ich-bin-da›» (Ex 3,14) ist als Wo- und nicht als Wer-Identifizierung Gottes zu verstehen, wenn sich Gott als derjenige zu erkennen gibt, der mit seinem Volk unterwegs sein wird. Es stehen sich nicht Gott und Welt als konkurrierende Grössen gegenüber, sondern Gott und Welt sind so aufeinander bezogen, dass die Offenbarung Gottes zugleich die Offenlegung der Verhältnisse der Welt bedeutet. Von da her impliziert jede Rede von Gott eine bestimmte Sicht der Welt. Entweder ist es eine Rede, die – wie in Ex 3,7 f. – im Dienst einer befreienden Praxis steht, oder es ist eine Rede, die die bestehenden Verhältnisse – explizit oder implizit – ignoriert und damit zementiert oder bestätigend stabilisiert.
Der Gott des Exodus ist keine Welterklärungsformel zur Beantwortung irgendwelcher Rätsel der Natur, des Lebens oder der Geschichte, sondern der Glaube an ihn ist mit einer befreienden Weltgestaltungsvision für ein gutes Leben aller

---

77 Vgl. *Duquoc*, Frage 284.

und deshalb mit einem Projekt der Befreiung aus Ausbeutung und Unterdrückung verbunden. In diesem Sinne werden die Weisungen für das Zusammenleben jeweils mit der Erinnerung eingeleitet: «Ich bin Jahwe, dein Gott, der dich aus Ägypten geführt hat; aus dem Sklavenhaus.» (Ex 20,2; vgl. Dtn 5,6) Ethisch heisst dies: Der Glaube an den biblischen Gott hat selbstverpflichtende – auto-obligative – Qualität. Der Glaube an diesen biblischen Gott ist ohne eine entsprechende Praxis nicht der Glaube an den biblischen Gott. Edward Schillebeeckx hat das pointiert so formuliert: «Christen dürfen den Namen Gottes nur dort gebrauchen, wo er hingehört: in die Solidarität mit den Opfern unseres Wirtschaftssystems, in den Kampf um die Förderung und Neuverteilung der Arbeit, des Einkommens und geistiger Güter und anderes mehr.»[78]

2.2.2.2.2.1 Zeichen der Zeit erforschen – Sehen als sozialanalytische Vermittlung des Glaubens

Das Konzil verpflichtet die Kirche in der Pastoralkonstitution (vgl. GS 4) dazu, von den Zeichen der Zeit auszugehen und diese zu erforschen. Mit der Erforschung der Zeichen der Zeit als erstem Schritt plädiert das Konzil dafür, dass die Kirche nicht bei ihrem Innen, sondern bei ihrem Aussen beginnt.

> «Die biblische Redeweise von den ‹Zeichen der Zeit›, wie sie sich bei Matthäus [vgl. Mt 16,1–4] und Lukas [vgl. Lk 12,54–56] findet, wurde vor allem von Papst Johannes XXIII. in seiner Enzyklika ‹Pacem in Terris› wieder aufgegriffen und zu einer Kategorie theologischer Situationsanalyse gemacht, die dann auch in verschiedene Dokumente des 2. Vatikanischen Konzils Eingang fand […].»[79]

In der Pastoralkonstitution ist neben der Nr. 4 auch in Nr. 11 von den Zeichen der Zeit die Rede, wenn es vom Volk Gottes heisst:

> «Das Volk Gottes bemüht sich, vom Glauben bewegt, in welchem es glaubt, dass es vom Geist des Herrn geführt wird, der den Erdkreis erfüllt, in den Ereignissen, Bedürfnissen und Wünschen, an denen es zusammen mit den übrigen Menschen unserer Zeit Anteil hat, zu

---

78 *Schillebeeckx*, Menschen 234.
79 *Füssel*, Zeichen 262.

unterscheiden, was darin wahre Zeichen der Gegenwart oder des Ratschlusses Gottes sind. Der Glaube erhellt nämlich alles mit einem neuen Licht, macht den göttlichen Ratschluss in Bezug auf die ganzheitliche Berufung des Menschen kund und lenkt daher den Geist auf voll menschliche Lösungen hin.»

Im Dekret über den Laienapostolat «Apostolicam actuositatem» (18. November 1965, Nr. 14) weist das Konzil auf den Sinn für Solidarität aller Völker als Zeichen der Zeit hin:

«Unter den Zeichen unserer Zeit ist besonderer Aufmerksamkeit wert jener wachsende und unerschütterliche Sinn für Solidarität unter allen Völkern, den eifrig zu fördern und in ein aufrichtiges und wahres Gefühl der Brüderlichkeit umzuwandeln Aufgabe des Apostolates der Laien ist.»

Im Ökumenismusdekret «Unitatis redintegratio» (21. November 1964, Nr. 4) ermahnt das Konzil alle katholischen Gläubigen, am ökumenischen Werk teilzunehmen, indem sie die Zeichen der Zeit erkennen:

«Da heute in ziemlich vielen Teilen des Erdkreises durch die Anhauchung der Gnade des Heiligen Geistes in Gebet, Wort und Werk viele Versuche gemacht werden, zu jener Fülle der Einheit zu kommen, die Jesus Christus will, ermahnt diese Heilige Synode alle katholischen Gläubigen, dass sie, indem sie die Zeichen der Zeit erkennen, am ökumenischen Werk erfinderisch teilnehmen.»

Im Dekret über Dienst und Leben der Priester «Presbyterorum ordinis» (13. Oktober 1964, Nr. 9) sagt das Konzil über die Priester:

«Gern sollen sie die Laien hören, indem sie ihre Sehnsüchte brüderlich erwägen und ihre Erfahrung und Zuständigkeit auf den unterschiedlichen Feldern der menschlichen Tätigkeit anerkennen, damit sie zusammen mit ihnen die Zeichen der Zeit zu erkennen vermögen.»

Auch wenn der primäre biblische Bezug nicht aus den Augen verloren werden darf,

«so hat die Kategorie der ‹Zeichen der Zeit› doch erst ihre ekklesiologische Aktualität dadurch bekommen, dass sie nicht als zufällige Wendung, sondern konstitutiv in päpstliche Dokumente Eingang fand. Jeder der vier Hauptabschnitte der Enzyklika Pacem in Terris endet mit einer Aufzählung von ‹Zeichen der Zeit›, die die Kirche darauf hinweisen, dass durch die geschichtlichen Bewegungen hindurch sich die Perspektive des Evangeliums zu Wort meldet.»[80]

Johannes XXIII. nannte in der Enzyklika «Pacem in terris» (PT) unter den Zeichen der Zeit zunächst «den wirtschaftlich-sozialen Aufstieg der Arbeiterklasse», die Emanzipation der Frau, den Selbstbestimmungswillen aller Kolonialvölker sowie die Anerkennung der gleichen Würde aller Menschen und die Absage an Rassismus (vgl. PT 40–44). Dann wies er auf die verfassungsgemässe Garantie der menschlichen Grundrechte, die genaue Umschreibung der Kompetenzen der staatlichen Behörden, ihres Verhältnisses zu den Bürgern und ihre verfassungsgemässe Bestellung und Amtsausübung hin (vgl. PT 75–79). Weiter erwähnte er die Überzeugung, Streitigkeiten unter den Völkern nicht mit Waffengewalt, sondern durch Verträge und Verhandlungen beizulegen und begrüsste die Ächtung des Krieges und des Rüstungswahnsinns (vgl. PT 126–128). Schliesslich erinnerte er an die Gründung der Vereinten Nationen und an die «Allgemeine Erklärung der Menschenrechte» (vgl. PT 142–145). Demnach sind mit den Zeichen der Zeit die Hauptfakten gemeint, die eine geschichtliche Epoche kennzeichnen.[81]

Exkurs	Zeichen der Zeit als theologischer Ort

In seiner Methodenlehre «De locis theologicis» unterscheidet Melchior Cano (1509–1560) «zwischen den Orten, die der Darstellung des Glaubens von sich her eigentümlich sind – die Heilige Schrift, die apostolische Tradition, die katholische Kirche, die Konzilien, die römische Kirche, also der Papst, die Heiligen, die scholastischen Gelehrten, *loci proprii* –, und den Orten, die ihr von ausserhalb zukommen – die natürliche Vernunft, die Philosophie und die menschliche Geschichte, *loci velut ex alieno*. […] Das überraschende Moment in den loci theologici alieni ist die Geschichte. Sie wird nicht mehr aus der theologischen Positionsbestimmung ausgeschlossen, schlichtweg weil sie eine Autorität besitzt, der theologisch und kirchlich nicht mehr ausgewichen werden kann.»[82]

---

80 Ebd. 262 f.
81 Vgl. *Moeller*, Geschichte 295.
82 *Sander*, Pastoralkonstitution 599 f.

Die Zeichen der Zeit der Pastoralkonstitution können der Geschichte in den *loci alieni* von Melchior Cano zugeordnet werden.[83] Hans-Joachim Sander differenziert diese Zuordnung, wenn er von der Ortsbestimmung von GS sagt: «Sie ist zunächst einmal kein *locus theologicus proprius*, weil sie mit Konfrontationen auftritt, die von aussen kommen […]. Aber sie ist auch nicht einfach ein *locus theologicus alienus*, weil sie zugleich an entscheidenden Realitäten christlicher Glaubensüberzeugungen wie der Identifizierung Christi mit der Menschwerdung jedes Menschen fokussiert bleibt. Der locus theologicus von GS ist […] eine Art von *locus theologicus alternativus* nach zwei Seiten hin, der den Sinn für das Innen mit dem Aussen der Menschen konfrontiert, aber diesem Aussen auch die Bedeutung Christi entgegenhält.»[84]

Joseph Comblin unterscheidet für die Zeichen der Zeit eine «soziologische» und eine «theologische» Bedeutung, die aber auf dem Konzil und in den Konzilstexten nicht immer klar genug nachvollzogen worden seien.

> «In erster Linie beziehen sich die ‹Zeichen der Zeit› auf Ereignisse und Situationen der aktuellen westlichen Gesellschaft oder auf darin sich vollziehende Veränderungen. […] In zweiter Linie gibt es einen Bezug zu Mt 16,3 [Jesus wirft den Pharisäern und Sadduzäern vor, zwar das Aussehen des Himmels deuten, nicht aber die Zeichen der Zeit verstehen zu können], d. h. zu den endzeitlichen Zeichen, den Zeichen der Gegenwart des Reiches Gottes in dieser Welt.»[85]

---

83 Vgl. *Füssel*, Zeichen 269 f., wo darauf hingewiesen wird, dass die Zeichen der Zeit als theologischer Ort nur in Zusammenhang mit einem Verständnis von Wissenschaft ihr kritisches Potential entfalten können, das Wissenschaft im Sinne von Louis Althusser als Produktion von Erkenntnissen und nicht als blosse Archivierung von Wissensbeständen begreift.
84 *Sander*, Pastoralkonstitution 864.
85 *Comblin*, Zeichen 412. Ähnlich unterscheidet Jon Sobrino zwischen «historisch-pastoralen» (GS 4) und «historisch-theologalen» (GS 11) Zeichen der Zeit. Sander merkt dazu kritisch an: «Damit führt er im Grunde eine Unterscheidung ein, die das Konzil gerade überwinden wollte; pastoral einschlägige Realitäten haben theologische Bedeutung» (*Sander*, Pastoralkonstitution 857). Vgl. zu Herkunft und Bedeutung der Zeichen der Zeit als christlich-hermeneutische Chiffre der Geschichte *Ruggieri*, Zeichen; vgl. *Ostheimer*, Zeichen 15–32.

Das Verständnis der Zeichen der Zeit umschreibt Hans-Joachim Sander so:

> «Die Zeichen der Zeit beschreiben [...] Themen der eigenen Zeit, die [...] Herausforderungen sichtbar [machen], denen nicht ausgewichen werden kann und denen man doch nur zu gerne ausweichen würde. Sie können positiven oder negativen Charakter haben, also die Menschwerdung von Menschen fördern oder gefährden. Gegenwärtige Beispiele sind Migrationsströme, die Arbeitslosenraten, die globalisierte Aufmerksamkeit auf Megakatastrophen oder das Insistieren auf Schuldeingeständnis historischer Täter. In Zeichen der Zeit werden verschämte Machtfragen und verschwiegene Ohnmachtserfahrungen sichtbar, für die ein Diskurs über die Würde der betroffenen Menschen erst noch gefunden werden muss.»[86]

Auf die grundlegende Bedeutung der Zeichen der Zeit für die Kirche weist Kuno Füssel hin:

> «Mit der Kategorie der ‹Zeichen der Zeit› wird nicht nur die Geschichtlichkeit der Welt, sondern auch der Herausforderungscharakter dieser Geschichtlichkeit für die Kirche anerkannt. Wer diese Kategorie so gebraucht wie Johannes XXIII. (und dann auch das Konzil) gibt zu, dass es aus der Zeit selbst für die Kirche etwas zu lernen gibt, zumindest aber, dass sich die Kirche den Fragen der Zeit stellen muss.»[87]

Mit Berufung auf Thomas von Aquin betonen Leonardo und Clodovis Boff die theologale, d.h. das Verhältnis zu Gott betreffende Qualität der Zeichen der Zeit:

> «‹Ein Irrtum bezüglich der Welt›, sagt der grosse Thomas von Aquin, ‹führt zu einem Irrtum bezüglich Gottes› (Summa contra gentiles II 3).»[88]

Auf die fundamentale und fundamentaltheologische Bedeutung der Verpflichtung der Kirche zur Erforschung der Zeichen der Zeit und deren Auslegung im Licht des Evangeliums macht Hans-Joachim Sander aufmerksam:

> «Die Zeichen der Zeit sind *immer* wahrzunehmen, die *letzten Fragen* sind je neu von Generation zu Generation zu lösen. Es darf also kein

---

86 *Sander*, Kirchenkonstitution 193 f.
87 *Füssel*, Zeichen 263.
88 *Boff C.*, Befreiung 35.

Gegensatz eingeführt werden zwischen dem jetzt Markanten und dem für jede Zeit Bedrängenden, dem Heutigen und Immerwährenden, dem Zeitlichen und Ewigen. Für diesen Nicht-Gegensatz stehen die Zeichen der Zeit. Sie werden von einer Nicht-Ausschliessung des einen geschichtlichen Pols vom bleibenden Glaubensbestand und von einer Nicht-Ausschliessung der überzeitlichen Position vom konkret Heutigen bestimmt. In den Zeichen der Zeit gibt es beides nur mit dem jeweils anderen und auch vom jeweils anderen her.»[89]

Damit hat das Konzil neue Wege aufgezeigt, wie die Kirche ihrer Aufgabe der Evangelisierung nachkommen und wie sie das für Johannes XXIII. zentrale Anliegen eines Aggiornamentos einlösen kann.

«Die Kirche hat es ‹per omne tempus – durch alle Zeit› nötig, sie [die Zeichen der Zeit] zu erforschen, damit sie ihrer eigenen Aufgabe der Evangelisierung nachkommen kann. Das ist ein neuer Ton in der Dogmengeschichte, den die katholische Kirche vorrangig Johannes XXIII. zu verdanken hat. Die Überzeitlichkeit der Aussagen und die konkrete Zeitsituation der Wahrnehmung ihrer Bedeutung bedeuten keine Gegensätze. [...] ‹Mit dem Terminus ‹signa temporum› erhält das Aggiornamentoprogramm [von Johannes XXIII.] seine zeitliche, geschichtliche und zukunftsbezogen-eschatologische Zuspitzung.›»[90]

Die Zeichen der Zeit ernst nehmen heisst für die Kirche, in befreienden geschichtlichen Bewegungen Perspektiven des Evangeliums zu entdecken, sich von der Zerstörung der natürlichen Lebensgrundlagen und des sozialen Zusammenlebens sowie von den Nöten und Klagen jener Menschen betreffen zu lassen, die unter ungerechten und versklavenden Verhältnissen leiden, und darin den Anruf Gottes zu hören, eine menschlichere, geschwisterlichere und friedlichere Gesellschaft und Welt aufbauen zu helfen.

Dabei darf nicht übersehen werden, dass die Kirche den «Zeichen der Zeit» nicht bloss neutral interpretierend gegenübersteht. Sie ist vielmehr selbst ein stabilisierendes oder veränderndes Moment in ihnen. In diesem Sinne ist die befrei

---

89 *Sander*, Pastoralkonstitution 716.
90 Ebd. 718f.

ungstheologische Kritik an der «Theologie der Zeichen der Zeit» zu verstehen:

> «Die Theologie der Befreiung formuliert [...] als ihre grundlegende Aufgabe die Verhältnisbestimmung zwischen christlichem Glauben und politischer Praxis, zwischen Erlösung und Befreiung. Dahinter steht [sic] die Suche nach einer theologischen Gegenwartsanalyse sowie das Bedürfnis nach einer theologischen Interpretation der lateinamerikanischen gegenwärtigen historischen Situation und ihrer Probleme. Einen historischen Prozess [...] kann man nur reflektieren, wenn man an ihm teilnimmt. Wenn die Theologie der Befreiung das Historisch-Konkrete als menschliche Praxis begreift, dann tut sie dies in dem doppelten Sinn, dass sie die Situation als Bedingungsrahmen für die Durchführung der Praxis einerseits und als Resultat von Praxis andererseits auffasst. Damit nimmt die Theologie der Befreiung eine Perspektive ein, unter der die Erkenntnis nicht nur als blosse Interpretation, sondern als Teil einer verändernden Praxis erscheint. Dadurch distanziert sich die Theologie der Befreiung von anderen theologischen Entwürfen, die auch eine Analyse der geschichtlichen Gegenwart anstreben (insbesondere ist hier die ‹Theologie der Zeichen der Zeit› gemeint).»[91]

Aufgrund der in GS 1 formulierten «innigsten Verbindung der Kirche mit der ganzen Völkerfamilie» und der Bereitschaft der Jüngerinnen und Jünger Christi, sich «Freude und Hoffnung, Trauer und Angst der Menschen dieser Zeit, besonders der Armen und Bedrängten aller Art» zu eigen zu machen, ergibt sich für das Verständnis der Zeichen der Zeit:

> «In den Zeichen der Zeit ringen Menschen um die Anerkennung ihrer Würde, die ihnen bestritten und beschnitten wird. Wer diese Zeichen benennt, legt frei, worin Menschen von Unmenschlichkeit gefährdet und zerstört werden. [...] Mit dem Benennen von Zeichen der Zeit werden zum einen Zeichen auf kritische Orte in den realen Verhältnissen des Lebens gelegt, wie zum anderen Zeichen für alternative Lebensverhältnisse gesetzt, die im Modus der sprachlich wie tatkräftig ausgeführten Solidarität bereits anwesend sind. Die Zeichen der Zeit und das, was in der Botschaft Jesu das Reich Gottes genannt wird, gehören deshalb zusammen.»[92]

---

91 *Castillo*, Praxis 13 f.
92 *Sander*, Pastoralkonstitution 868.

In der Würdigung der Pastoralkonstitution erklärt Hans-Joachim Sander zur grundlegenden Bedeutung des Schritts Sehen:

> «Die Kirche dieses Textes solidarisiert sich mit allen Menschen, die Not oder Segen darin erfahren, Menschen zu werden. Sie erkennt in ihnen einen Ruf Gottes an sich selbst. Alle haben ihr etwas zu sagen. […] Die Menschen dieser Zeit sind nicht diejenigen, die der Kirche sagen, was ihre Botschaft ist; diese Botschaft und ihre Wahrheit stehen für sich und in Gott. Aber die Menschen stellen den Ort bereit, auf dem diese Botschaft zu etwas wird, was alle in den Blick bringt und für alle eine Bedeutung hat. Der Sinn der Botschaft lässt sich für die Kirche allein für sich identifizieren; ihre Bedeutung jedoch verlangt nach einer Ortsbestimmung. Um sie zu identifizieren, ist die Kirche auf das Verhältnis zu allen Menschen ihrer Zeit angewiesen.»[93]

2.2.2.2.2 Im Licht des Evangeliums deuten – Urteilen als hermeneutische Vermittlung des Glaubens

Die erforschten Zeichen der Zeit sollen gemäss dem Konzil im Licht des Evangeliums ausgelegt werden. In diesem zweiten Schritt geht es um die Beurteilung der Zeichen der Zeit im Licht des Glaubens. Dazu geht der Blick auf den in den biblischen Schriften des Alten und Neuen Testaments bezeugten Plan und Willen Gottes. Die erforschten Zeichen der Zeit werden beurteilt, indem sie in Beziehung gebracht werden mit der Vision wahren, heilen und erfüllten Lebens aller Menschen, die in der Tora, bei den Propheten, in der Weisheitsliteratur und in der Apokalyptik sowie in dem aufscheint, was mit jenem Reich Gottes und seiner Gerechtigkeit gemeint ist, das nicht nur das zentrale Anliegen Jesu war, sondern von dem Leonhard Ragaz sagte:

> «Die Bibel hat vom Anfang bis zum Ende nur einen Inhalt: die Botschaft vom lebendigen Gott und dem Reich seiner Gerechtigkeit für die Erde.»[94]

Quellen für die Beurteilungskriterien sind in erster Linie die biblischen Schriften. In Verbindung mit diesen ergeben sich

---

93   Ebd. 829.
94   *Ragaz*, Botschaft 190.

aber auch Kriterien aus der Tradition, der Theologie und der kirchlichen Sozialverkündigung.[95] Zudem sind wesentliche Anliegen der jüdisch-christlichen Tradition in die «Allgemeine Erklärung der Menschenrechte» der Vereinten Nationen von 1948 eingegangen, die von Johannes XXIII. in PT 143 deshalb als «ein Akt von höchster Bedeutung» qualifiziert wird.

> **Exkurs** Die Zuordnung von Zeichen der Zeit und Evangelium als Abduktion
>
> Im Wissen darum, dass die Praxis der Kirche weder – deduktiv – aus dem Evangelium abgeleitet noch – induktiv – aus den Zeichen der Zeit erhoben werden kann, «ist etwas nötig, was Charles S. Peirce [1839–1914] Abduktion [lat. *abductio* «Wegführung», «Entführung»] genannt hat; sie ist eine eigene Schlussform, die sich von Induktion und Deduktion unterscheidet. Sie hat eine schwache Stringenz, weil sie auf neues, noch unerprobtes Gelände geht. Aber sie kann etwas erreichen, was mit deduktiven und induktiven Folgerungen nicht gelingt: auf Erfahrungen, Realitäten, Tatsachen reagieren, die nicht in das Bild der bisherigen Überzeugungen und Wahrheitspositionen passen. Mit der Abduktion wird auf eine verstörende Datenlage mit der Suche nach einer Theorie reagiert, mit der sich diese Daten zu einer nachvollziehbaren Ordnung fügen, wenn die Theorie wahr ist. Abduktionen bedeuten den Schritt in eine neue Darstellungsweise, die nötig wird, weil die bisherige Darstellungsart angesichts verstörender Grössen sprachlos geworden ist und weil diese Sprachlosigkeit einen Handlungsdruck erzeugt. […] In solcher Weise erging es dem Konzil. Es glaubte mit Johannes XXIII. daran, dass die Wende zur Pastoral richtig und notwendig für die Kirche sei. Zugleich verfügte es zunächst nur über das Wissen darum, wie eine pastorale Glaubensdarstellung nicht geht: weder klassisch dogmatisch, weil dann die Geschichte der Menschen und der Welt ausgeschlossen war, noch mit den Möglichkeiten der klassischen Soziallehre, weil dann die Realität der Menschen vor Ort keine dogmatische Validität erhielten. […] Das Konzil konnte sich aus dieser Lage nur dadurch befreien, dass es den alten Ausschliessungsmecha-

---

95 Sander weist in Bezug auf die Politik auf den Unterschied hin zwischen der von einer Sozialmetaphysik geleiteten kirchlichen Soziallehre und einer Pastoral, die von den Zeichen der Zeit ausgeht. «Pastoral setzt nicht einfach beim Phänomen der Gemeinschaft generell an, sondern topologisch bei den Lebensproblemen und Lebensperspektiven, die mit über eine Gemeinschaft bestimmen. Der pastorale Gesichtspunkt ist jeweils historisch-konkret, der sozialmetaphysische ist eine Mischung aus allgemeinen Ordnungsprinzipien und konkreten Strukturproblemen» (*Sander*, Pastoralkonstitution 797; vgl. ebd. 790.814).

nismus konkreter historischer Probleme aus dogmatischen Fixierungen überwand. Dafür fehlte aber eine überzeugende Methode, weil es ein bis dahin auf lehramtlicher Ebene noch nicht erprobtes Gebiet war. Der erste Schritt dahin wurde noch von Johannes XXIII. mit den Zeichen der Zeit als Ort des Dialogs mit der Welt in *Pacem in terris* gesetzt. [...] Mit dem Schritt zur Darstellungsweise nach der Abfolge sehen–urteilen–handeln für alle Aussagenkomplexe war dann die Abduktion erreicht, die nötig geworden war. Setzt man sie voraus, dann war die Behandlung der Zeichen der Zeit als konstitutiver Ort für die Präsentation des Glaubens stringent und konsequent. Ein dogmengeschichtlicher Fortschritt war erreicht. Die Sprache über die Weisheit des Evangeliums, die mit dem Wissen um die Zeichen der Zeit einhergeht, steht im Rahmen dieser Abduktion.»[96]

Mit Abduktion wird im Rahmen der hier vorliegenden Praktischen Theologie die Art und Weise der Zuordnung von Zeichen der Zeit und Evangelium durch das Zweite Vatikanum verstanden. Es handelt sich bei dieser Zuordnung um eine Form der Schlussfolgerung. Die Zeichen der Zeit werden im Licht des in seinem Kontext verorteten Evangeliums gedeutet, um zu einem neuen Verständnis der Zeichen der Zeit zu kommen, um die Bedeutung des Evangeliums für die heutige Zeit zu erkennen und um zu orientierenden Perspektiven für das Handeln zu gelangen.

Gesichtspunkte der Beurteilung

Die Zeichen der Zeit können mit Hilfe der biblischen Schriften und der auf diesen gründenden Theologie und Sozialverkündigung beurteilt werden. Dies ist möglich, weil es trotz grossem zeitlichen Abstand und trotz erheblichen kulturellen Unterschieden Gemeinsamkeiten gibt zwischen den gesellschaftlichen Verhältnissen, in denen die biblischen Texte entstanden sind, und jenen Verhältnissen, in denen wir heute leben. Die damaligen und die heutigen Gesellschaften kommen darin überein, dass sie die sich allen Gesellschaften zu allen Zeiten stellenden Grundprobleme der Sicherung des physischen Lebens, der Regulierung des Zusammenlebens und des Verständnisses eines sinnvollen Lebens lösen müssen, indem sie die drei Instanzen Ökonomie/Ökologie, Politik und Kultur/Religion/Ideologie ausbilden. Zwar stellen sich diese Grundprobleme jeder Gesellschaft zu allen Zeiten; aber es gibt zu allen Zeiten verschiedene Weisen, sie zu lösen. Aufgrund der Option für die «Armen und Bedrängten aller

---

96 *Sander*, Pastoralkonstitution 698 f.

Art» (GS 1) geht es bei der Beurteilung der Zeichen der Zeit im Sinn der Beurteilung der Verhältnisse in den gesellschaftlichen Instanzen um drei Fragen.[97]

Zum Ersten geht es um die Identifizierung der gesellschaftlichen Akteure. Es ist zu fragen, wer die ökonomisch, politisch und kulturell-religiös-ideologisch bestimmenden und wer die abhängigen Akteure (Einzelne, Gruppen, Verbände, Schichten usw.) sind.

Zum Zweiten geht es um die Beurteilung der gesellschaftlichen Systemdynamiken. Es ist zu fragen, welche gesellschaftliche Dynamik die wirtschaftlichen Mechanismen, politischen Ordnungen und kulturell-religiös-ideologischen Verhältnisse zur Folge haben. Dabei geht es um die Frage, ob die Systemdynamik die Akteure voneinander trennt oder miteinander verbindet, d.h. ob sie sich dissoziativ oder assoziativ auswirkt. Zudem geht es um die Frage, ob die Systemdynamik gesellschaftliche Unterschiede verstärkt oder abbaut, d.h. ob sie auf asymmetrisch-benachteiligende oder auf symmetrisch-partnerschaftliche Verhältnisse hin angelegt ist.

Zum Dritten geht es um die Frage, wie die Gesellschaft ihre Verhältnisse selbst versteht. Zu fragen ist, ob eine Gesellschaft die historische Gestalt ihrer Instanzen grundsätzlich oder wenigstens teilweise für veränderbar hält oder ob sie behauptet, die Verhältnisse in den Instanzen könnten weder grundsätzlich kritisiert noch fundamental verändert werden.

Vergleichspunkte zwischen den damaligen und den heutigen gesellschaftlichen Verhältnissen sind die abhängigen bzw. bestimmenden Akteure, die Strukturen, Praktiken und Mechanismen, die Dissoziation (Trennung) oder Assoziation (Verbindung) bzw. Asymmetrie (Ungleichheit) oder Symmetrie (Gleichheit) verursachen und das grundsätzliche Systemverständnis.

Zur Hermeneutik der biblischen Schriften
Bei der Beurteilung der heutigen Verhältnisse im Licht des Evangeliums ist ein fundamentalistischer Rückgriff auf die biblischen Schriften zu vermeiden. Die biblischen Texte von damals dürfen nicht gleichsam im Massstab 1:1 auf die heuti-

---

97 Vgl. *Pastoralamt*, Reich Gottes 12–14.

gen Verhältnisse bezogen werden. Um der Gefahr einer kurzschlüssigen Berufung auf die Bibel zu entgehen, ist ein kritisches Verständnis des Verhältnisses zu den biblischen Texten erforderlich. Dazu ist ein gegenüber dem klassischen Modell der Entsprechung oder *Korrespondenz von Begriffen* anderes Modell der Entsprechung oder *Korrespondenz von Beziehungen oder Relationen* hilfreich. Im Modell der Korrespondenz von Begriffen werden die biblischen Texte von damals direkt und unvermittelt auf die heutige Zeit bezogen. Dem Modell der Korrespondenz der Relationen liegt demgegenüber eine differenziert-kritische Hermeneutik (Lehre vom Deuten, Verstehen und Auslegen) der biblischen Texte zugrunde. Danach entsprechen sich die Beziehung zwischen den biblischen Texten und ihrem historischen Kontext auf der einen und die Beziehung zwischen unserer heutigen Praxis (als Gesamt von Aktion/Reflexion) und deren Kontext im Sinne der gegenwärtigen Verhältnisse auf der anderen Seite. Dieses hermeneutische Modell der «Korrespondenz von Relationen»[98] oder der «kritischen Interrelation»[99] (Edward Schillebeeckx), in dem es nicht um die Entsprechung von Begriffen, sondern um die Entsprechung von Beziehungen geht, kann so dargestellt werden:

$$\frac{\text{Schrift (1. und 2. Testament)}}{\text{Kontext damals}} \approx \frac{\text{Praxis heute (3. Testament)}}{\text{Kontext heute}}$$

Im Rahmen dieses hermeneutischen Modells gilt es, die Praxis heute bezogen auf unseren Kontext in Entsprechung zum Verhältnis biblischer Texte zu ihrem Kontext kritisch zu beurteilen, kreativ zu entwerfen und kompetent zu realisieren. Mit der Bezeichnung des Alten Testamentes als Erstes und des Neuen als Zweites Testament wird eine problematische Gegenüberstellung von alt im Sinne von veraltet und neu im Sinne der Ablösung des alten vermieden. Zudem werden die ersten beiden Testamente in dem Sinn in eine offene Reihe

---

98 *Boff C.*, Theologie 244.
99 *Schillebeeckx*, Tradition 757.

gestellt, dass das in der Bibel Bezeugte unter immer neuen Bedingungen schöpferisch weitergeführt werden soll. Die Rede von einem Dritten Testament geht auf Heinrich Heine zurück.

> «Das Wesen des Dritten Testaments ist […] die Inkulturation und damit […] seine lokale Einwurzelung.»[100]

Das Dritte Testament ist zum einen – auch im Sinne der Zeichen der Zeit, wie sie Johannes XXIII. in PT genannt hat – in unterschiedlichen Formen bereits da und muss nur entdeckt werden.[101] Zum andern entsteht das Dritte Testament überall dort, wo Kirchen im Sinne des Wortes Jesu «wo zwei oder drei im Namen versammelt sind, da bin ich mitten unter ihnen» (Mt 18,20) lebendig werden.[102] Das Dritte Testament kann im Rahmen des Modells der Korrespondenz der Relationen das bezeichnen, was heute in Wort und Tat bezeugt werden müsste. Dies ergibt sich, wenn heute analog zur Art und Weise, wie das Erste und Zweite Testament in die Verhältnisse ihrer Zeit eingegriffen haben, angesichts der gegenwärtigen Zeichen der Zeit gedacht und gehandelt wird.

Im Modell der Korrespondenz von Relationen darf man

> «von der Hl. Schrift keine Formeln zum ‹Kopieren› oder Techniken zur ‹Anwendung› erwarten. Was sie uns anbieten kann, sind Orientierungen, Modelle, Typen, Richtlinien, Prinzipien, Eingebungen, kurz, Elemente, mit deren Hilfe wir uns selbst eine ‹hermeneutische Kompetenz› erwerben können, weil sie uns die Möglichkeit geben, für uns selbst ‹im Sinne Christi› oder ‹im Einklang mit dem Hl. Geist› die neuen und unvorhergesehenen Situationen zu beurteilen, mit denen wir heute ständig konfrontiert werden. Die christlichen Schriften geben uns kein *was*, sondern ein *wie*: eine Art, einen Stil, einen Geist.»[103]

Im zweiten Schritt Urteilen geht es darum, die erforschten Zeichen der Zeit im Licht des Evangeliums auszulegen, indem

---

100 *Staubli*, Testament 17.
101 Thomas Staubli erkennt Formen des Dritten Testaments in leidenden und feiernden Körpern, in Texten glaubwürdiger Christen wie Franz von Assisi oder Dietrich Bonhoeffer, in Bildern, die Erfahrungen verdichten und Visionen entwerfen sowie in der Musik (vgl. ebd. 18–21).
102 Vgl. ebd. 22.
103 *Boff C.*, Theologie 244.

sie zu diesem in Beziehung gebracht werden. Für die Wahrheit des Glaubens heisst dies:

> «Der Bezug auf die Wahrheit ist stets ortsbezogen; Wahrheit wird konsequent und durchgängig topologisch qualifiziert. Die Wahrheit des Glaubens bedeutet bei GS eine pastorale Ortbestimmung. Wenn GS von der Wahrheit spricht, dann wird das in Auseinandersetzung und im Verweis auf eine konkrete, jeweils im Einzelnen historisch qualifizierbare Situation geleistet – das Gewissen jedes einzelnen Menschen, Christus im Verhältnis zu jedem Menschen und schliesslich die Kirche in Relation zu allen Menschen.»[104]

Für die Kirche und die Praktische Theologie bedeutet das:

> «Das, was alle Menschen allgemein und jeden einzelnen Menschen konkret angeht, wird zum Thema der Theologie erklärt; keine menschliche Lebensäusserung wird ausgenommen, noch nicht einmal jene, die sich klar gegen die Glaubensvorstellungen der Kirche richten.»[105]

2.2.2.2.3 Das Werk Christi weiterführen – Handeln als praktische Vermittlung des Glaubens

Die Zeichen der Zeit sollen erforscht und im Licht des Evangeliums ausgelegt werden, damit die Kirche ihren Auftrag, «das Werk Christi selbst weiterzuführen» (GS 3), erfüllen kann. Das Konzil weist auf den historisch-einmaligen und gesellschaftlich-konkreten Kontext hin, in dem das geschieht, wenn sie die Kirche zur Erforschung der Zeichen der Zeit verpflichtet,

> «so dass sie in einer der jeweiligen Generation angemessenen Weise auf die beständigen Fragen der Menschen nach dem Sinn des gegenwärtigen und des zukünftigen Lebens und nach ihrem gegenseitigen Verhältnis antworten kann. Es ist deshalb nötig, dass die Welt, in der wir leben, sowie ihre Erwartungen, Bestrebungen und ihr oft dramatischer Charakter erkannt und verstanden werden.» (GS 4)

---

104 *Sander*, Pastoralkonstitution 835.
105 Ebd. 836. Sander formuliert dort auch die Konsequenzen für die Theologie: «Mit GS werden durch den Ortsgehalt der Wahrheit [...] zwangsläufig Türen für neue theologische Fragestellungen in einem Umfang geöffnet, der kaum anders als atemberaubend bezeichnet werden kann und der eine herkömmliche Theologie schnell sprachlos machen kann».

Im dritten Schritt Handeln geht es darum, aufgrund der Auslegung der erforschten Zeichen der Zeit im Licht des Evangeliums zum Handeln überzugehen, d. h. das Handeln zunächst zu planen, um es dann zu realisieren. Dieses Handeln kann grundsätzlich so umschrieben werden: Wer auf Zeichen der Zeit verweist, in denen die Anerkennung der Würde der Menschen auf dem Spiel steht,

> «wird dazu getrieben, im Modus von Solidarität bei diesen Menschen eine alternative Lebensperspektive zu unterstützen oder ihnen eine solche anzubieten»[106].

Dazu bietet «Gaudium et spes»

> «keine Utopie, sondern ein Heterotopie [an]. Es ist nicht der Nicht-Ort, zu dem sich die Weltkirche wider die Schwachstellen dieser Welt aufmacht, sondern der Anders-Ort, der sich in den Verwerfungen und Ausschliessungen der heutigen Pluralität sprachfähig macht. [...] Es handelt sich um Heterotopien an den Orten, an denen die Menschwerdung von Menschen gefährdet ist.»[107]

Exkurs **Heterotopie**
«Heterotopie ist eine Kategorie, die Michel Foucault eingeführt hat. [...] Heterotopoi sind Orte, die es als soziale, gesellschaftliche, religiöse, personale, kulturelle Realitäten inmitten der normalen Realität gibt und an denen zugleich eine andere Ordnung der Dinge herrscht als in den normalen Verhältnissen. Im Gegenüber zu dieser normalen Ordnung der Dinge legen sie verschwiegene, übersehene, verkannte Ausschliessungsmechanismen in jener Ordnung der Dinge frei, welche Politik, Gesellschaft, Kirche, personale Verhältnisse beherrscht. Foucault führt als Beispiele den Friedhof, die Gärten, das Bordell und die Kolonien an.»[108]

2.2.2.2.4 Dreifache Vermittlung des Glaubens als Formen theoretischer Praxis

Das methodische Vorgehen, auf das das Konzil die Kirche verpflichtet, entspricht einem Verständnis von Wissenschaft, das diese nicht auf systematisches Archivieren von Wissensbeständen beschränkt, sondern als Prozess zur Ge-

---

106 Ebd. 868.
107 Ebd. 867 f.
108 Ebd. 867.

winnung von Erkenntnissen begreift. Dieses von Clodovis Boff im Anschluss an Louis Althusser formulierte Wissenschaftsverständnis gilt auch für die hier vertretene Praktische Theologie:

> «Man muss eine Wissenschaft vor allem als eine besondere Praxis ansehen. Eine Wissenschaft muss grundsätzlich angesehen werden als ‹Wissenschaft-die-sich-macht› und nicht als ‹gemachte Wissenschaft›, als Prozess und nicht als System, als ein Tun, ein Unternehmen, eine Arbeit, und nicht so sehr als ein Gebäude von Erkenntnissen, als eine Summe von Schlussfolgerungen oder als ein Kapital von Begriffen und Theorien. Die Wissenschaft ist wirklich *in actu* eine Arbeit *der Produktion von Erkenntnissen*. Es ist eine Operation der *Transformation*, d. h. einer wirklichen *Praxis*. Der Stoff, die Mittel und die Produkte sind natürlich *sui generis*: sie sind *theoretischer* Natur. Die theoretische Praxis wandelt ja nicht äussere Dinge um, zumindest nicht direkt, wie das eine idealistische Konzeption annimmt. Sie wandelt Ideen um. Das heisst jedoch nicht, dass die Ideen keine *Konsistenz* besitzen und dass sie nicht einen echten Produktions- und Transformationsprozess ermöglichen.»[109]

Aufgrund eines solchen Wissenschaftsverständnisses können die drei Schritte der sozial-analytischen, der hermeneutischen und der praktischen Vermittlung des Glaubens als Formen theoretischer Praxis begriffen werden.[110] Theoretische Praxis besteht als eine Praxis zur Produktion von Erkenntnissen – allgemein formuliert – darin, eine Grundmaterie (z. B. die Tatsache, dass arbeitsfähige und -willige Leute die Stelle verlieren und keine neue mehr finden, oder das Phänomen, dass die öffentlichrechtlich verfassten Kirchen in der Gesellschaft rasant an Glaubwürdigkeit verlieren) mit Hilfe theoretischer Produktionsmittel – wie bestimmte Fragestellungen, begriffliche Unterscheidungen, Begriffsgebäude oder Theorien – zu bearbeiten, um über diese Tatsachen als Grundmaterie zu einer Erkenntnis zu gelangen. Da es sich dabei um Vorgänge im Gedanklichen handelt, kann der Prozess der

---

109 *Boff C.*, Theologie 133.
110 Clodovis Boff hat das Konzept der theoretischen Praxis im Rückgriff auf Louis Althusser entwickelt. Vgl. *Boff C.*, Theologie 132–145.

theoretischen Praxis mit Hilfe des Begriffs Allgemeinheit formalisiert so beschrieben werden:

Ausgangspunkt ist jeweils eine Grundmaterie (Allgemeinheit I = A I). Diese wird mit theoretischen Produktionsmitteln (Allgemeinheit II = A II) bearbeitet, um ein Produkt in Form einer Erkenntnis (Allgemeinheit III = A III) zu erhalten.

> «Die theoretische Praxis produziert Allgemeinheiten III durch die Arbeit der Allgemeinheit II an der Allgemeinheit I.»[111]

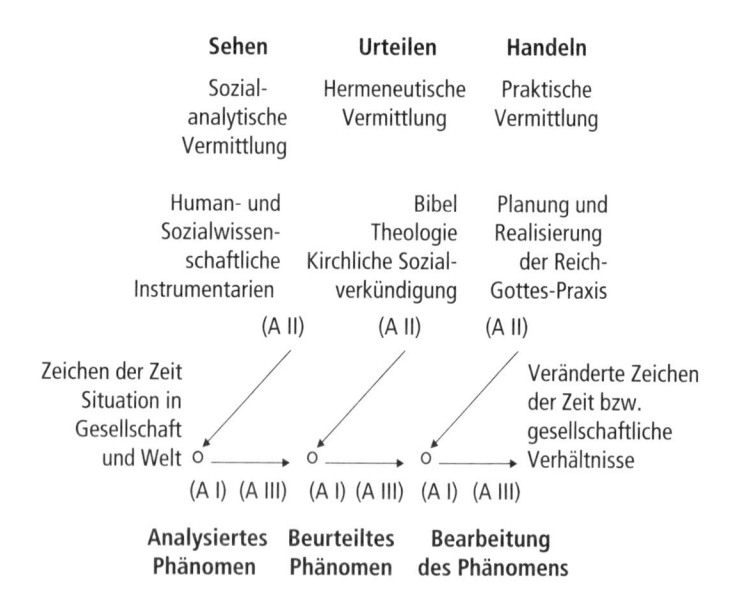

	Sehen	Urteilen	Handeln
	Sozial-analytische Vermittlung	Hermeneutische Vermittlung	Praktische Vermittlung
	Human- und Sozialwissenschaftliche Instrumentarien	Bibel Theologie Kirchliche Sozialverkündigung	Planung und Realisierung der Reich-Gottes-Praxis
	(A II)	(A II)	(A II)
Zeichen der Zeit Situation in Gesellschaft und Welt			Veränderte Zeichen der Zeit bzw. gesellschaftliche Verhältnisse
	(A I) (A III)	(A I) (A III)	(A I) (A III)
	Analysiertes Phänomen	Beurteiltes Phänomen	Bearbeitung des Phänomens

Im ersten Schritt Sehen werden die Zeichen der Zeit bzw. bestimmte gesellschaftliche Phänomene und Verhältnisse (A I) mit Hilfe human- und sozialwissenschaftlicher Instrumentarien (aus der Politologie, Soziologie, Kulturanthropologie, Psychologie, Ökonomie, Sozialphilosophie usw.) erforscht, d.h. bearbeitet und analysiert (A II), um zu einer umfassenden und

---

111 Ebd. 136.

genauen Erkenntnis über sie zu gelangen. Ergebnis der sozialanalytischen Vermittlung des Glaubens sind analysierte und nicht bloss beschriebene Zeichen der Zeit bzw. gesellschaftliche Phänomene und Verhältnisse (A III).

Im zweiten Schritt Urteilen wird das Ergebnis des ersten Schrittes, d. h. die analysierten Zeichen der Zeit bzw. gesellschaftlichen Phänomene und Verhältnisse (A III des ersten Schrittes) zum Ausgangspunkt des zweiten Schrittes Urteilen (A I). Im Licht des Evangeliums, d. h. mit Hilfe biblischer Texte, theologischer Kategorien und Grundsätzen der kirchlichen Sozialverkündigung wird das Ergebnis des ersten Schrittes beurteilt (A II). Ergebnis der hermeneutischen Vermittlung des Glaubens sind theologisch beurteilte Zeichen der Zeit bzw. gesellschaftliche Phänomene und Verhältnisse (A III).

Im dritten Schritt Handeln werden die beurteilten «Zeichen der Zeit» bzw. gesellschaftlichen Phänomene und Verhältnisse (A III des zweiten Schrittes) zum Ausgangspunkt für den dritten Schritt Handeln (A I). Das Handeln muss in gedanklicher Arbeit zunächst geplant (A II) und danach realisiert werden. Ergebnis der praktischen Vermittlung des Glaubens ist eine persönliche, pastorale und politische Nachfolgepraxis zur realen Beeinflussung der «Zeichen der Zeit» bzw. Veränderung der gesellschaftlichen Phänomene und Verhältnisse (A III). In dieser Nachfolgepraxis wird dann das «Konkret-Gedankliche» auf das «Konkret-Wirkliche» hin überschritten.

2.2.2.2.5 Raster von dreifacher Vermittlung des Glaubens und Gesellschaftsformation

Aus der Verbindung der Gesellschaftsformationstheorie mit ihren drei gesellschaftlichen Instanzen und der Methode der dreifachen Vermittlung des Glaubens ergibt sich der folgende Raster:[112]

---

112 Zum ersten Mal veröffentlicht, in: *Eigenmann*, Rand 64; *Pastoralamt*, Reich Gottes 29.

Gesellschaftliche Instanzen \ Vermittlungen des Glaubens	Sehen Blick auf soziohistorische Wirklichkeit Erforschen der Zeichen der Zeit Sozialanalytische Vermittlung	Urteilen Blick auf Plan und Willen Gottes Beurteilung im Licht des Evangeliums vom Reich Gottes Hermeneutische Vermittlung	Handeln Blick auf das Handeln im Sinne der Nachfolge Jesu und des Reiches Gottes Befreiende Praxis Praktische Vermittlung
Kultur/Religion/ Ideologie *Deutungsstruktur* Sinnvolles Leben ausdrücken in Kunstwerken, Ideen und Weltanschauungen			
Politik *Machtstruktur* Zusammenleben regeln mit gesellschaftlichen Rollen und staatlichen Gesetzen			
Ökonomie/Ökologie *Wirtschaftsstruktur* Physisches Leben sichern mit wirtschaftlichen Gütern und Dienstleistungen			

2.2.2.3 **Reich Gottes als Grund und Bestimmung der Kirche**
Für das Verständnis von Kirche und ihrer Bestimmung hat das Zweite Vatikanum neue inhaltliche Akzente gesetzt und wichtige Impulse gegeben, die auch für die Praktische Theologie bedeutsam sind. Zu den entscheidenden inhaltlichen Impulsen des Zweiten Vatikanums gehört, dass es im Reich Gottes den Grund und die Bestimmung der Kirche sieht.

2.2.2.3.1 *Das Reich Gottes in Äusserungen von Johannes XXIII.*
Noch bevor das Konzil in den beiden Konstitutionen über die Kirche diese wesentlich im Zusammenhang mit dem

Reich Gottes sah, hatte Papst Johannes XXIII. in verschiedenen Äusserungen – angefangen bei der Ankündigung des Konzils bis hin zur Eröffnungsrede – immer wieder auf das Reich Gottes als zentrale Bezugsgrösse für die Kirche hingewiesen. In seiner Rede zur Ankündigung des Konzils sagte er am 25. Januar 1959, es gehe darum,

> «Massnahmen [zu ergreifen], die dazu geeignet sind, mit Hilfe des Herrn im Rahmen eines fruchtbareren und eifrigen Pfarr- und Diözesanlebens das geistliche Leben zu intensivieren und im Sinn des Wortes ‹Zu uns komme Dein Reich› in reicherem und fruchtbarerem Masse wohltätige und heilige Werke hervorzubringen.»[113]

Es geht – wie Gustavo Gutiérrez im Zusammenhang mit diesem Wort von Johannes XXIII. formuliert hat – darum:

> «Wie kann man heute sichtbares Zeichen des Reiches Gottes sein? Wie kann man Kirche sein, um sagen zu können ‹Dein Reich komme›?»[114]

In der Apostolischen Konstitution «Humanae salutis» vom 25. Dezember 1961 zur Einberufung des Konzils zitierte Johannes XXIII. ein Gebet. Darin ist von einem neuen Pfingsten die Rede, womit Johannes XXIII. auf das überraschend Neue hinweisen wollte, was er mit dem Konzil im Sinn hatte. Zudem wird um die Ausbreitung des Reiches Gottes gebetet.

> «Erneuere in dieser unserer Zeit durch ein neues Pfingsten deine Wunder und gewähre deiner heiligen Kirche, mit Maria, der Mutter Jesu, einmütig im Gebete zu verharren und unter der Führung des heiligen Petrus das Reich des göttlichen Heilandes auszubreiten, das Reich der Wahrheit und Gerechtigkeit, das Reich der Liebe und des Friedens.»[115]

In seiner Rundfunkbotschaft an die Katholiken der Welt vom 11. September 1962 kam Johannes XXIII. im Blick auf die bevorstehende Eröffnung des Konzils auf das Reich Gottes zu sprechen und begründet dessen Relevanz für die Arbeiten des Konzils, wenn es darum geht, die Bestimmung der Kirche neu zu formulieren:

---

113 *Johannes XXIII.*, Ankündigung 388.
114 *Gutiérrez*, Konzil 161.
115 *Johannes XXIII.*, Humanae salutis 227.

«Im Hinblick auf seine geistige Vorbereitung scheint das Ökumenische Konzil wenige Wochen vor seiner Zusammenkunft der Einladung des Herrn würdig zu sein: ‹Wenn ... alle Bäume bereits Frucht aus sich hervorbringen, so sollt ihr wissen ..., dass das Reich Gottes nahe ist› (Luk. 21,30 31). Seht alle die Bäume, wenn sie wieder Blätter ansetzen, so wisst ihr schon beim blossen Anblick, dass der Sommer nahe ist; zugleich sollt ihr, wenn ihr diese Dinge sich ereignen seht, wissen, dass das Reich Gottes nahe ist.

Dieses Wort ‹Reich Gottes› bezeichnet umfassend und genau die Arbeiten des Konzils. Das Reich Gottes bezeichnet in Wirklichkeit die Kirche Christi: die eine heilige, katholische und apostolische, wie Jesus, das menschgewordene Wort Gottes, sie gegründet hat, sie seit 20 Jahrhunderten erhält, wie er sie heute noch durch seine Gegenwart und seine Gnade belebt, immer bereit, durch sie die alten Wunderzeichen zu erneuern, die sie in den nachfolgenden, manchmal rauhen und schweren Zeiten von Höhe zu Höhe, von Übergang zu Übergang geführt haben, zu immer neuen Siegen des Geistes, Siegen der Wahrheit über den Irrtum, des Guten über das Böse, der Liebe und des Friedens über die Spaltungen und Gegensätze.»[116]

In dieser Rundfunkbotschaft kennzeichnete Johannes XXIII. die Kirche als Kirche aller, vor allem aber als Kirche der Armen. Zudem unterschied er zwischen der Lebenskraft der Kirche nach innen (*ecclesia ad intra*) und der Lebensäusserung der Kirche nach aussen (*ecclesia ad extra*). Diese Unterscheidung ging auf Kardinal Suenens zurück. Er hatte sie in dem von ihm auf Wunsch von Johannes XXIII. entwickelten Gesamtplan des Konzils verwendet. In seinem Votum am 4. Dezember 1962 in der Konzilsaula brachte Suenens diese Unterscheidung wieder ein. Er wurde darin von den Kardinälen Lercaro und Montini unterstützt. Das führte dazu, dass das Anliegen eines Dialogs des Konzils mit der Welt, genauer mit der Welt der Armen, für das sich Dom Helder Camara von Beginn des Konzils an eingesetzt hatte, aufgenommen wurde und schliesslich zur Ausarbeitung der Pastoralkonstitution «Gaudium et spes» führen sollte.

In der berühmten Rede «Gaudet Mater Ecclesia» zur Eröffnung des Konzils bezeichnete Johannes XXIII. die Suche

---

116 *Johannes XXIII.*, Rundfunkbotschaft 44.

nach dem Reich Gottes als grundlegende Aufgabe des Konzils. Dieses Anliegen gehört zu jenen Hauptthemen, die in allen Entwürfen und Textfassungen der Eröffnungsrede enthalten sind. Für Johannes XXIII. hatte diese Rede einen besonders hohen Stellenwert. Er legte Wert auf die Feststellung, dass sie vom ersten bis zum letzten Wort von ihm selbst stamme. Seinem Sekretär sagte er, niemand von der Kurie habe da seine Nase hineingesteckt. Er hatte die Rede auf Italienisch verfasst. Der offizielle lateinische Text enthält einige eklatante Unterschiede.[117] Die entscheidende Passage, die sich auf das Reich Gottes bezieht, lautet im Zusammenhang:

> «[11] Die Hauptaufgabe des Konzils besteht darin, das unveräusserliche Überlieferungsgut der christlichen Lehre wirksamer zu bewahren und zu lehren. Diese Lehre betrifft den ganzen Menschen mit Leib und Seele. Der Mensch ist ein Pilger auf dieser Erde, und sie heisst ihn, nach dem Himmel zu streben. Und zwar zeigt sie, wie unser irdisches Leben zu führen ist, damit wir unsere Pflichten als Bürger der Erde wie des Himmels erfüllen und so das von Gott gewiesene Ziel erreichen können. Das heisst: Alle Menschen, einzeln oder in Gemeinschaft, haben die Pflicht, solange dieses Leben währt, ohne Unterlass nach den himmlischen Gütern zu streben und die irdischen Güter so zu gebrauchen, dass dabei nicht ein Hindernis für die ewige Seligkeit entsteht. Christus der Herr hat gesagt: ‹Euch muss es zuerst um das Reich Gottes und um seine Gerechtigkeit gehen.› (Mt 6,33) Dieses Wort ‹zuerst› macht uns aufmerksam, worauf wir unsere Überlegungen und Anstrengungen richten sollen. Man soll aber nicht die zweite Hälfte des gleichen Herrengebotes ausser acht lassen: ‹Dann wird euch alles andere dazugegeben.› In der Tat gab es immer wieder und gibt es noch weiterhin in der Kirche Menschen, die mit allen Kräften die vom Evangelium geforderte Vollkommenheit zu realisieren suchen und dabei den Einsatz für die Gesellschaft nicht vernachlässigen. […] Damit aber diese Lehre die vielen und verschiedenen Bereiche menschlicher Aktivitäten erreicht, den Einzelnen, die Familien wie die Gesamtgesellschaft, ist es vor allem notwendig, dass die Kirche sich nicht von der unveräusserlichen Glaubensüberlieferung abwendet, die sie aus der Vergangenheit empfangen hat. Gleichzeitig muss sie auf die Gegenwart achten, auf die neuen Lebens-

---

117 Zur Rekonstruktion der Entstehung der Rede und zur Gegenüberstellung der italienischen und lateinischen Fassung: *Kaufmann/Klein*, Johannes XXIII. 107–150.

verhältnisse und -formen, wie sie durch die moderne Welt geschaffen wurden. Diese haben neue Wege für das Apostolat der Katholiken eröffnet.»[118]

2.2.2.3.2 Die Aussagen des Konzils über den Zusammenhang von Kirche und Reich Gottes

Vor allem in der Dogmatischen Konstitution «Lumen gentium» über die Kirche und in der Pastoralkonstitution «Gaudium et spes» über die Kirche in der Welt dieser Zeit bringt das Konzil die Kirche in Zusammenhang mit dem Himmelreich und dem Reich Christi:

> «Christus hat [...], um den Willen des Vaters zu erfüllen, das Himmelreich auf Erden begründet, uns Sein Mysterium offenbart und durch seinen Gehorsam die Erlösung bewirkt. Die Kirche bzw. das Reich Christi, das im Mysterium schon gegenwärtig ist, wächst aufgrund der Kraft Gottes sichtbar in der Welt» (LG 3).

Weiter erklärt das Konzil, Jesus habe durch die Verkündigung der Ankunft des Reiches Gottes den Anfang der Kirche gemacht, deren Sendung es sei, das Reich Christi und Gottes anzukündigen und in allen Völkern zu begründen in der Hoffnung auf das vollendete Reich.

> «Das Mysterium der heiligen Kirche wird in ihrer Gründung offenbar. Denn der Herr Jesus machte den Anfang seiner Kirche, indem Er frohe Botschaft verkündete, nämlich die Ankunft des Reiches Gottes, das von alters her in den Schriften verheissen war: ‹Denn erfüllt ist die Zeit, und genaht hat sich das Reich Gottes› *(Mk 1,15;* vgl. *Mt 4,17).* Dieses Reich aber leuchtet im Wort, in den Werken und in der Gegenwart Christi den Menschen auf. [...] Als aber Jesus [...] auferstanden war, ist Er [...] erschienen *(Apg 2,36; Hebr 5,6; 7,17–21)* und hat den vom Vater verheissenen Geist auf seine Jünger ausgegossen (vgl. *Apg 2,33).* Von daher empfängt die Kirche [...] die Sendung, das Reich Christi und Gottes anzukündigen und in allen Völkern zu begründen, und sie stellt Keim und Anfang dieses Reiches auf Erden dar. Während sie allmählich wächst, lechzt sie inzwischen nach dem vollendeten Reich und hofft und erwünscht sich mit allen Kräften, sich mit ihrem König in Herrlichkeit zu verbinden» (LG 5).

---

118 Ebd. 130–132.

Im Reich Gottes sieht das Konzil die Bestimmung des messianischen Volkes:

«Dieses messianische Volk hat [...] als Ziel das Reich Gottes, das, von Gott selbst auf Erden begonnen, weiter ausgedehnt werden muss, bis es am Ende der Zeiten von Ihm auch vollendet wird, wenn Christus erschienen ist, unser Leben (vgl. *Kol 3,4*), und ‹die Schöpfung selbst von der Knechtschaft der Vergänglichkeit zur Freiheit der Herrlichkeit der Kinder Gottes befreit werden wird› *(Röm 8,21)*» (LG 9).

Das Reich Gottes ist für das Konzil das einzige Ziel der Kirche:

«Während die Kirche der Welt selbst hilft und von ihr viel empfängt, strebt sie einzig danach, dass das Reich Gottes komme und das Heil des ganzen Menschengeschlechts wiederhergestellt werde» (GS 45).

Nr. 39 der Pastoralkonstitution trägt den Titel: «Die neue Erde und der neue Himmel». Im Folgenden wird auf die Bedeutung dieser Verheissung für die Gestaltung der irdischen Verhältnisse hingewiesen.

«Zwar werden wir gemahnt, dass es dem Menschen nichts nütze, wenn er die ganze Welt gewinnt, sich selbst aber verliert. Dennoch darf die Erwartung der neuen Erde die Sorge für die Ausgestaltung dieser Erde [...] nicht abschwächen, sondern muss sie vielmehr erwecken. Daher ist der irdische Fortschritt, obwohl er eindeutig vom Wachstum des Reiches Christi zu unterscheiden ist, dennoch dem Reich Gottes sehr wichtig, insofern er zu einer besseren Ordnung der menschlichen Gesellschaft beitragen kann. [...] Hier auf Erden ist das Reich im Mysterium da; mit der Ankunft des Herrn aber wir es vollendet werden» (GS 39).

Für das Zweite Vatikanische Konzil gründet die Kirche in der frohen Botschaft Jesu von der Ankunft des Reiches Gottes. Die Sendung der Kirche besteht nach dem Konzil darin, das Reich Gottes anzukündigen und in allen Völkern zu begründen und die Ordnung der menschlichen Gesellschaft in seinem Sinn zu verbessern. Das eine Ziel der Kirche bzw. die Bestimmung des messianischen Volkes ist für das Konzil das vollendete Reich Gottes bzw. die Ankunft des Reiches Gottes und die Verwirklichung des Heils der ganzen Menschheit. Das Konzil versteht die Kirche wesentlich von dem in Jesus angekommenen Reich Gottes her, sieht im

Dienst am Reich Gottes die zentrale Sendung der Kirche und erkennt in der Vollendung des Reiches Gottes die letzte Bestimmung der Kirche.[119]

2.3 Praktische Theologie und Human- und Sozialwissenschaften

Für die hier vertretene Praktische Theologie ist die Praxis der Kirche Moment einer Gesellschaftsformation als einem komplex strukturierten Ganzen der drei Instanzen Ökonomie/Ökologie, Politik und Kultur/Religion/Ideologie. Sie ist zudem einem Verständnis von Wissenschaft verpflichtet, das diese als Prozess zur Gewinnung von Erkenntnissen begreift. Deshalb versteht sie die Schritte der sozial-analytischen, hermeneutischen und praktischen Vermittlung des Glaubens als Formen theoretischer Praxis. Eine so konzipierte Praktische Theologie kann nicht nur mit theologischen Fragestellungen und Kategorien arbeiten, sondern ist auf Fragestellungen, Arbeitsweisen und Ergebnisse von Human- und Sozialwissenschaften sowie auf die Kooperation mit diesen angewiesen. Das Verhältnis der (Praktischen) Theologie zu den Human- und Sozialwissenschaften hat eine z. T. recht konfliktreiche Geschichte, sofern die (Praktische) Theologie beanspruchte, es mit einem derart «eigentlichen» Glaubenskern zu tun zu haben, dass keine human- und sozialwissenschaftlichen Instrumentarien an diesen heranreichen können. Vor allem gegen psychologische und psychoanalytische Anfragen an den Glauben versuchte sich die (Lehramts-) Theologie bis zum Beginn der 1960er Jahre zu immunisieren.[120] Vor diesem

---

119 Vgl. *Blasberg-Kuhnke/Mette*, Reich Gottes 88. Hier wird die These vertreten, dass «Reich Gottes» der hermeneutische Schlüssel für das Verständnis der Pastoralkonstitution ist und dass das Konzil eine folgenreiche Veränderung in der Verwendung des Reich-Gottes-Begriffs innerhalb der katholischen Theologie initiiert hat.
120 Vgl. *Nauer*, Seelsorgekonzepte 107, wo an die «Allocutiones» von Papst Pius XII. und das «Monitum» Johannes' XXIII. erinnert wird, in denen vor der Anwendung der Prinzipien der Psychoanalyse und ihrer Anwendung in der Seelsorge gewarnt und Klerikern und Ordensleuten eine psychoanalytische Behandlung untersagt wurde.

Hintergrund stellte es «einen revolutionären Bruch mit der bisherigen Seelsorgekonzeption dar»[121], wenn das Zweite Vatikanische Konzil in der Pastoralkonstitution vor allem die Psychologie und Soziologie nicht nur positiv würdigte, sondern deren Anwendung als Dienst an einem reineren und reiferen Glaubenslebens forderte.

> «In ihrem Fortschritt verhelfen Biologie, Psychologie und Sozialwissenschaften nicht nur dem Menschen zu einer besseren Erkenntnis seiner selbst, sondern sie helfen ihm auch, unter Anwendung technischer Methoden auf das Leben der Gesellschaft unmittelbar Einfluss auszuüben» (GS 5).

Und spezifisch in Bezug auf die Seelsorge hält die Pastoralkonstitution fest:

> «In der Seelsorge sollen nicht nur die theologischen Prinzipien, sondern auch die Ergebnisse der profanen Wissenschaften, vor allem der Psychologie und der Soziologie, genügend anerkannt und angewendet werden, so dass auch die Gläubigen zu einem reineren und reiferen Glaubensleben geführt werden» (GS 62).

Im komplexen Verhältnis von Praktischer Theologie und Sozialwissenschaften unterscheiden Norbert Mette und Hermann Steinkamp vier idealtypische Paradigmen im Wissen darum, dass es *das* Verhältnis der Praktischen Theologie (oder gar der Theologie als Ganzer) zu *den* Sozialwissenschaften nicht gibt.[122]

Dem *Ancilla-Paradigma* liegt entweder – traditionell – die Vorstellung zugrunde, alle Erkenntnisse anderer Wissenschaften müssten der Wahrheitssuche der Theologie als einer Art Super-Wissenschaft dienen oder – zeitgenössisch – Methoden aus den Humanwissenschaften sollen für theologische oder kirchliche Zwecke nutzbar gemacht werden, und zwar um so eher, je besser humanwissenschaftliche Methoden mit kirchlichen Zielen und Werten vereinbar erscheinen.[123]

---

121 Ebd.
122 Vgl. *Mette/Steinkamp*, Sozialwissenschaften 164 f.
123 Vgl. ebd. 166–168.

Im *Fremdprophetie-Paradigma* übernimmt die (Praktische) Theologie ganze Theoriegebäude und Methodenkomplexe anderer Wissenschaften samt deren Grundannahmen uneingeschränkt und z. T. unkritisch als für sich selbst gültig, weil sie in ihnen vergessene Bestandteile ihrer eigenen jüdisch-christlichen Tradition entdeckt.[124]

Das *Paradigma der konvergierenden Optionen* weiss um die Abhängigkeit jeder Wissenschaft von erkenntnisleitenden Interessen und Optionen. Aufgrund übereinstimmender Interessen und Optionen arbeitet die (Praktische) Theologie mit anderen Wissenschaften auf ein gemeinsames Erkenntnisideal hin.[125]

Das *Paradigma Praktische Theologie als Sozialwissenschaft* sprengt den Rahmen dieser Typologie, indem es davon ausgeht, dass sich Teildisziplinen der Praktischen Theologie als Sozialwissenschaften verstehen.

> «Praktische Theologie wird dadurch zur Sozialwissenschaft, dass sie (zusammen mit anderen Wissenschaften) das empirische Phänomen des Religiösen untersucht, insofern dies ein zur gesellschaftlichen Wirklichkeit und zum Menschen gehörendes Grundphänomen ist.»[126]

Johannes van der Ven unterscheidet das Verhältnis zwischen der Praktischen Theologie und den Human- bzw. Sozialwissenschaften in vier Modellen.[127]

Im Modell der *Monodisziplinarität* hat die Praktische Theologie den Status einer angewandten Wissenschaft.

> «Die Praktische Theologie bediente sich der Methoden jener theologischen Disziplinen, deren Anwendung sie zu erläutern hatte: der literarischen Methoden, insoweit sie exegetische Erkenntnisse anwendet, der historischen Methoden, insoweit sie historische Untersuchungsergebnisse nach ihrer Bedeutung für die Praxis erklärt, der systematischen Methoden, insoweit sie die Grundbegriffe der Dogmatik und der Moraltheologie nach ihrer Wirkungskraft für die pastorale und kirchli-

---

124 Vgl. ebd. 168f.
125 Vgl. ebd. 170f.
126 Ebd. 173.
127 Vgl. *van der Ven*, Theologie 267.

che Praxis analysiert und bewertet. Die Praktische Theologie verbleibt methodisch innerhalb der einen Gesamtdisziplin Theologie, ist also *monodisziplinär*.»[128]

Beim Modell der *Multidisziplinarität* untersuchen mehrere wissenschaftliche Disziplinen unabhängig voneinander ein bestimmtes Objekt und vergleichen danach die Ergebnisse.

«Die Anwendung der Multidisziplinarität auf dem Gebiet der Praktischen Theologie führt zu einem Zweiphasenmodell. In der ersten Phase sammeln TheologInnen empirische Ergebnisse, die SozialwissenschaftlerInnen über die Kirche und Pastoral in der heutigen Gesellschaft gewonnen haben. In der zweiten Phase werden diese Erkenntnisse, indem sie in ein bestimmtes theologisches Rahmenwerk gestellt, mit theologischen Theorien verknüpft und normativ theologisch evaluiert werden, einer theologischen Reflexion unterzogen.»[129]

Das Modell der *Interdisziplinarität* entstand als Reaktion auf die Kritik am Modell der Multidisziplinarität.

«Multidisziplinarität besteht in einer seriellen Schaltung von Monologen, Interdisziplinarität in einer parallelen Schaltung von Dialogen.»[130]

Das Modell der *Intradisziplinarität* versucht, die Ausrichtung der Praktischen Theologie auf die gegenwärtige Situation zur Geltung zu bringen. Es

«geht davon aus, dass die Praktische Theologie selbst empirisch werden muss. Das heisst, dass das traditionelle Instrumentarium der Theologie, bestehend aus literar-historischen und systematischen Methoden und Techniken, durch die empirische Methodologie erweitert werden muss. Man kann diese Erweiterung mit dem Begriff Intradisziplinarität umschreiben, da mit ihm im allgemein-wissenschaftstheoretischen Sinne die Übernahme von Konzepten, Methoden und Techniken der einen Wissenschaft durch eine andere und die integrierende Aufnahme dieser Elemente in diese andere Wissenschaft gemein ist. [...] Speziell

---

128 Ebd. 268.
129 Ebd. 270.
130 Ebd. 272.

die Geschichte der Theologie ist ein Beispiel par excellence für intradisziplinäre Übernahme und Integration: So ist z. B. die Moraltheologie des Thomas von Aquin ohne die aristotelische Ethik undenkbar, und die Politische Theologie von Johann Baptist Metz kann ohne die Frankfurter Schule nicht verstanden werden.»[131]

Entscheidend kommt es für die hier vertretene Praktische Theologie darauf an, dass im Sinne der «dialektischen Tendenz» von Gesellschaftstheorien (vgl. 2.1.1.1) mit solchen Human- und Sozialwissenschaften zusammengearbeitet wird, die sich von der Option für die «Armen und Bedrängten aller Art» leiten lassen. Vor diesem Hintergrund sind das Ancilla- und das Fremdprophetie-Paradigma sowie das Modell der Monodisziplinarität defizitäre Formen der Zuordnung von Human- und Sozialwissenschaften und Theologie. Die anderen Weisen der Verhältnisbestimmung aber können – je nach Problem- und Fragestellung – zum Zug kommen.

2.4 Die Praktische Theologie als Reich-Gottes-Theologie

Vor dem Hintergrund der Überlegungen zur Grundlegung und wissenschaftstheoretischen Begründung der Praktischen Theologie wird diese hier als Reich-Gottes-Theologie verstanden und entworfen.

Ausgangspunkt dieses Verständnisses der Praktischen Theologie ist das Reich Gottes als «jenes Letzte, jenes *ultimum* [...], das die Totalität des Glaubens am besten zur Geltung bringt»[132].

Die drei Gründe, die Jon Sobrino für die Vorrangstellung des Reiches Gottes in der Theologie der Befreiung anführt, gelten auch für die Praktische Theologie, wie sie hier vertreten wird. Erstens hat das Reich Gottes den Vorrang in differenzierter Abhebung von der Auferstehung Jesu als *ultimum* der Theologie.

---

131 Ebd. 273.
132 *Sobrino*, Reich Gottes 461.

«Die Auferstehung Jesu, als Eröffnung der allgemeinen Auferstehung verstanden, bietet zweifellos wichtige Elemente für eine Funktion als *ultimum*: absolute Fülle und Heil und somit absolute Befreiung, die Befreiung vom Tod; radikale Hoffnung, die, jenseits des Todes und gegen ihn, die Ultimität und Universalität, die Letztheit und Allumfassendheit der Offenbarung Gottes fordert und freisetzt.»[133]

Aber die Auferstehung ist nur mit einem immensen Interpretationsaufwand und

«nicht in gleichem Mass [wie das Reich Gottes] fähig zu zeigen, wie man in der Geschichte leben soll. Sie kann die Endutopie kraftvoll aufzeigen, aber sie kann nicht ebenso deutlich machen, wie man schon jetzt leben und auf diese Utopie zugehen soll.»[134]

Die Auferstehung sieht Sobrino als zentrale Realität für den Glauben und die Theologie und räumt ein,

«dass in der Auferstehung einige Aspekte des Glaubens besser und radikaler als selbst im ‹Reich Gottes› zum Ausdruck kommen: die Radikalität der Utopie, die definitive Offenbarung Gottes, die allerletzte Gratuität. […] Die Auferstehung wird sehr wohl wichtig genommen, aber innerhalb eines Umfassenderen, eben des Reiches Gottes.»[135]

Zweitens wird dem Reich Gottes der Primat u. a. deshalb eingeräumt, weil von ihm her Gott in einen gerade für die Praktische Theologie zentralen Bezug zur Geschichte gestellt wird und weil das Reich Gottes den Dualismus zwischen dem irdischen Reich und dem himmlischen Gott überwindet. Diesem unseligen Dualismus zufolge tun

«diejenigen, die die Welt und die Geschichte gestalten, etwas rein Positivistisches […], während jene, die sich Gott weihen, etwas Transzendentes, Spirituelles und Übernatürliches unternehmen»[136].

Drittens geht Sobrino von der historischen Realität aus. Diese ist heute vor allem in den Ländern der so genannten Dritten Welt – aber aufgrund des globalisierten Marktradikalismus

---

133 Ebd. 465.
134 Ebd. 466.
135 Ebd. 466 f.
136 Ebd. 467.

des neoliberalen und nihilistischen Kapitalismus nicht mehr nur in diesen – durch die massenhafte und ungerechte Armut gekennzeichnet, die grosse Teile der Bevölkerung oder gar die Bevölkerungsmehrheit an den Rand des Todes bringt, und andererseits durch die Hoffnung auf gerechtes Leben und Befreiung.[137] Diese Realität fordert die Entscheidung zugunsten des Lebens oder zugunsten des Todes heraus. Aufgrund der Affinität zwischen der aktuellen historischen Realität und jener Realität, in der biblisch das Reich Gottes bezeugt wurde, ist der Begriff «Reich Gottes» für die theologische Bearbeitung und damit auch für die Praktische Theologie besser geeignet als andere Begriffe.[138]

Ein vierter Grund ist – über Sobrino hinaus – natürlich die schlichte Tatsache, dass das Reich Gottes das Zentralanliegen Jesu selbst war, auf das sich deswegen jede wirklich christliche Theologie und Kirche berufen und beziehen *muss*.

2.5 Die zentralen Dimensionen der Praktischen Theologie

Die zentralen Dimensionen der Praktischen Theologie können so zusammengefasst werden:

Zum Ersten geht es in der Praktischen Theologie um die Reflexion jener Praxis der Kirche in ihren vielfältigen Formen, auf den unterschiedlichen Ebenen und durch verschiedene Akteure, durch die die Kirche das «Werk Christi selbst weiterführen» (GS 3) soll, wie das Zweite Vatikanische Konzil formuliert hat. Diese Aufgabe der Praktischen Theologie kann als «Praxeologie»[139], als Rede oder Lehre vom Handeln bezeichnet werden.

Zum Zweiten geht es in der Praktischen Theologie um die Vergewisserung über die konkreten gesellschaftlichen und kirchlichen Verhältnisse, in denen die kirchliche Praxis geschieht. Es geht um die Erforschung der «Zeichen der Zeit», zu der das Zweite Vatikanische Konzil die Kirche verpflichtet

---

137 Vgl. ebd. 469.
138 Vgl. ebd.
139 Vgl. zu dieser Begrifflichkeit *Zulehner*, Pastoraltheologie.

(GS 4) und für die die Praktische Theologie auf Human- und Sozialwissenschaften angewiesen ist. Diese Aufgabe der Praktischen Theologie kann als «Kairologie», als Rede oder Lehre vom günstigen oder richtigen Zeitpunkt bezeichnet werden.

Zum Dritten geht es in der Praktischen Theologie darum, sich Rechenschaft zu geben über die Kriterien, die für die Auslegung der Zeichen der Zeit «im Licht des Evangeliums» (GS 4) vom Reich Gottes und für die Planung und Realisierung der Praxis der Kirche leitend sind. Diese Aufgabe der Praktischen Theologie kann als «Kriteriologie», d. h. als Rede oder Lehre von den Beurteilungskriterien und deren Anwendung, bezeichnet werden.

Zum Vierten geht diesen drei Aufgaben der Praktischen Theologie die Frage nach der Option und den erkenntnisleitenden Interessen voraus und liegt ihnen zugrunde. Die Frage nach der Option bezieht sich auf den persönlichen Lebensentwurf oder zumindest auf Elemente davon, auf die pastorale Konzeption als Sicht der Kirche in der Welt dieser Zeit und auf das politische Projekt im Sinne der gesellschaftlichen Leitvorstellungen. Analog zur Feststellung Paul Watzlawicks, wonach «Man […] sich nicht *nicht* verhalten [… und man] nicht *nicht* kommunizieren kann»[140] ist davon auszugehen, dass auch nicht nicht optiert werden kann. Weil persönlich, pastoral und politisch zu optieren unausweichlich ist, niemand keine Interessen hat und unwissenschaftlich nur ist, wer sich darüber keine Rechenschaft gibt, müssen Option und erkenntnisleitende Interessen der Praktischen Theologie reflektiert werden. Das Zweite Vatikanum optiert für die «Armen und Bedrängten aller Art». Die hier vertretene Praktische Theologie lässt sich von dieser Option leiten.

Diese vier Dimensionen der Praktischen Theologie sind eng miteinander verbunden. Die Option, d. h. die die Wahrnehmung, das Denken und das Handeln leitende Grundentscheidung, ist von fundamentaler Bedeutung für alle anderen Dimensionen. Von der Option hängt ab, wie die Bibel gelesen wird und wie die gesellschaftlichen Verhältnisse und wie das Selbstverständnis, die Struktur und die Praxis der Kirche analysiert und beurteilt bzw. geplant und realisiert werden. Der

---

140 *Watzlawick*, Kommunikation 51.

Bezug zum Evangelium vom Reich Gottes und das Erforschen der Zeichen der Zeit sollen dazu führen, dass die Praxis der Kirche ebenso evangeliumsgemäss wie situationsgerecht ist. Die Bezüge zum Reich Gottes und zu den Zeichen der Zeit stehen nicht unverbunden nebeneinander, denn es geht gerade darum, die erforschten Zeichen der Zeit im Licht des Evangeliums vom Reich Gottes zu beurteilen, um von da her die Praxis der Kirche zu planen und zu realisieren.

Zum Weiterlesen

Belok, Manfred/Kropač Ulrich (Hg.): Volk Gottes im Aufbruch. 40 Jahre II. Vatikanisches Konzil, Zürich 2005.

Blasberg-Kuhnke, Martina/Mette, Norbert: Reich Gottes, in: Pastoraltheologische Informationen 25 (2005) 88–91.

Boff, Clodovis: Wissenschaftstheorie und Methode der Theologie der Befreiung, in: *Ellacuría, Ignacio/ Sobrino, Jon (Hg.):* Mysterium Liberationis. Grundbegriffe der Theologie der Befreiung, Band 1, Luzern 1995, 63–97.

Boff, Leonardo und Clodovis: Wie treibt man Theologie der Befreiung?, Düsseldorf 1986.

Concilium 35 (1/1999): Unerledigte Fragen nach dem Konzil.

Concilium 41 (4/2005): Das II. Vaticanum – eine vergessene Zukunft.

Eigenmann, Urs: Dom Helder Camara (1909–1999) – Erinnerungen an einen Kirchenvater Lateinamerikas und Bischof für das 3. Jahrtausend, in: Zeitschrift für Missionswissenschaft und Religionswissenschaft 94 (2010) 69–82.

Hebblethwaite, Peter: Johannes XXIII. Das Leben des Angelo Roncalli, Zürich/Einsiedeln/Köln 1986.

Hünermann, Peter (Hg.): Das Zweite Vatikanische Konzil und die Zeichen der Zeit, Freiburg i. Br. 2006.

Kaufmann, Ludwig/Klein, Nikolaus: Johannes XXIII. Prophetie im Vermächtnis, Fribourg/Brig 1990.

Klein, Stephanie: Erkenntnis und Methode in der Praktischen Theologie, Stuttgart 2005.

Klinger, Elmar: Armut. Eine Herausforderung Gottes. Der Glaube des Konzils und die Befreiung des Menschen, Zürich 1990.

Mette, Norbert/Steinkamp, Hermann: Sozialwissenschaften und Praktische Theologie, Düsseldorf 1983.

Mette, Norbert: Einführung in die katholische Praktische Theologie, Darmstadt 2005.

Nauer, Doris/Bucher, Rainer/Weber, Franz (Hg.): Praktische Theologie. Bestandesaufnahme und Zukunftsperspektiven. Ottmar Fuchs zum 60. Geburtstag, München 2005.

Pastoraltheologische Informationen 25 (2/2005): «Der halbierte Aufbruch» 40 Jahre Pastoralkonstitution Gaudium et spes.

Sander, Hans-Joachim: Theologischer Kommentar zur Pastoralkonstitution über die Kirche in der Welt von heute *Gaudium et spes,* in: *Hünermann, Peter/Hilberath, Bernd Jochen (Hg.):* Herders Theologischer Kommentar zum Zweiten Vatikanischen Konzil, Band 4, Freiburg i. Br. 2009, 581–886.

Steinkamp, Hermann: Solidarität und Parteilichkeit. Für eine neue Praxis in Kirche und Gemeinde, Mainz 1994.

Pastoralkonzeption zwischen Weltsituation und Glaubenstradition   3

Elemente einer pastoralen Konzeption   3.1

Vor dem Hintergrund der im 2. Kapitel erläuterten begrifflichen, methodologischen und inhaltlichen Aspekte der Praktischen Theologie soll nun eine Pastoralkonzeption entwickelt werden. Diese bildet den praktisch-theologischen Rahmen, innerhalb dessen die wesentlichen Elemente und Aspekte der Praxis der Kirche und deren Reflexion aufgezeigt und in ihrem Zusammenhang dargestellt werden können. Es ist nicht von einem «Konzept», sondern von einer «Konzeption» die Rede. «Konzept» assoziiert ein eher technokratisches Vorgehen, wonach ein von pastoraltheologischen Expertinnen und Experten zuvor theoretisch entworfenes, fest umrissenes Pastoralkonzept von den in der Pastoral Tätigen vor Ort rezepthaft angewendet und umgesetzt werden müsste. Demgegenüber ist mit «Konzeption» ein offenes Vorgehen gemeint, wenn wesentliche Elemente der Konzeption so miteinander in Verbindung gebracht werden, dass sich daraus Aspekte des Weges zur schöpferischen Realisierung des Auftrags der Kirche ergeben.

Kirche zwischen herausfordernder Weltsituation und verpflichtender Glaubenstradition   3.1.1

Das praktisch-theologische Verständnis der Kirche ist von der Einsicht geleitet, dass Struktur, Praxis und Selbstverständnis der Kirche nicht ein für alle Mal feststehen, sondern sich geschichtlich entwickeln und verändern. Auch Struktur, Praxis und Selbstverständnis der Kirche von heute sind nicht vom Himmel gefallen, sondern historisch geworden. Sie sind das Ergebnis komplexer Austausch- und Beeinflussungsprozesse zwischen Gesellschaft und Kirche. Weil die Verhältnisse in einer Gesellschaftsformation ständig im Fluss sind, kann die Kirche sich nicht dadurch treu bleiben, dass sie an bestimmten geschichtlich gewordenen Strukturen und Praktiken unverändert festhält und auf einem ein für alle Mal festgeschriebenen Selbstverständnis beharrt.

Struktur, Praxis und Selbstverständnis der Kirche können wegen des Pluralismus von Gemeinde- und Kirchenverständnissen in den biblischen Schriften und aufgrund der Hermeneutik der «Korrespondenz von Relationen» bzw. der «kritischen Interrelation» nicht direkt den biblischen Schriften entnommen werden. Diese enthalten zwar wichtige Gesichtspunkte für Struktur, Praxis und Selbstverständnis der Kirche, aber keine anzuwendenden Rezepte oder zu kopierenden Modelle.

Struktur, Praxis und Selbstverständnis der Kirche von heute können auch nicht einfach aus der Ekklesiologie als der dogmatischen Lehre über die Kirche abgeleitet werden. Jede Ekklesiologie ist selbst geschichtlich geworden und immer auch Ausdruck bestimmter historischer Konstellationen von Kirche und Gesellschaft. Für die Praktische Theologie ist die dogmatische Ekklesiologie selbst ein kritisch zu analysierendes Moment der gegenwärtigen Kirche.

Struktur, Praxis und Selbstverständnis der Kirche ergeben sich aber auch nicht einfach daraus, dass die Kirche irgendwelchen gesellschaftlichen Erwartungen zu entsprechen und/oder individuell nachgefragte religiöse Bedürfnisse zu befriedigen versucht. All das spielt immer auch eine Rolle, darf aber nicht letzter Massstab sein.

In praktisch-theologischer Sicht muss die Kirche ihre Strukturen, ihre Praxis und ihr Selbstverständnis einerseits immer neu in der Spannung zwischen der herausfordernden Gesellschafts- und Weltsituation im Sinne der Verpflichtung, die Zeichen der Zeit zu erforschen, und andererseits der verpflichtenden Glaubenstradition im Sinne der Auslegung der Zeichen der Zeit im Licht des Evangeliums ausgestalten bzw. realisieren und formulieren. Es gibt kein ideales, über der Geschichte schwebendes und unverändert gleichbleibendes Wesen der Kirche an sich neben oder oberhalb ihrer konkreten, empirischen Gestalt. Wohl muss zwischen der real existierenden Kirche und ihrer wesentlichen Bestimmung, das Reich Gottes zu bezeugen, unterschieden werden. Dass die Kirche als gesellschaftlich verfasste Grösse unter den

Bedingungen der *conditio humana* (unüberwindbare Vorgaben des Menschseins) immer hinter ihrem Auftrag zurückbleibt, rechtfertigt nicht, ein ideales Wesen der Kirche an sich anzunehmen. Dies umso weniger, als die Vorstellung eines solchen Wesens der Kirche und die Berufung auf dieses leicht dazu führen können, mit Hinweis auf das ideale Wesen der Kirche an sich die empirische, d. h. immer auch defizitäre Gestalt der Kirche zu relativieren oder gar zu überspielen. Vor dem Hintergrund dieser Überlegungen und entsprechend der vom Zweiten Vatikanum vorgeschlagenen und im 2. Kapitel erläuterten Methode soll das Schema für eine pastorale Konzeption auf der folgenden Seite wegleitend sein.

Bisherige Praxis analysieren und beurteilen 3.1.2

Im Rahmen einer pastoralen Konzeption (vgl. das Schema) geht es zunächst darum, die (4) bisherige Praxis der Kirche zu analysieren und zu beurteilen. Untersucht werden soll, ob die Kirche die Zeichen der Zeit erforscht, sie im Licht des Evangeliums auslegt und mit ihren Strukturen und Praktiken sowie ihrem Selbstverständnis dem Auftrag nachkommt, in den erforschten und beurteilten historischen Verhältnissen das Werk Christi weiterzuführen, d. h. das Reich Gottes und dessen Gerechtigkeit zu bezeugen. Bei der Analyse und Beurteilung der bisherigen Praxis der Kirche geht es um folgende Fragen:

Spielen die (1) Zeichen der Zeit, d. h. die Hauptfakten und -charakteristika der gegenwärtigen Gesellschafts- und Weltsituation, in denen es um die Würde der Menschen geht, eine entscheidende Rolle in der Pastoral der (3) Kirche der Gegenwart, indem sie sich von diesen herausfordern lässt? Werden die Zeichen der Zeit als *loci theologici*, d. h. als theologisch bedeutsame Orte, wahrgenommen und erforscht, und wird von ihnen als dem Aussen der Kirche ausgegangen?

Ist es für die bisherige Pastoral der Kirche in der Weise wesentlich, die (1) Zeichen der Zeit, d. h. die konkreten Gesellschafts- und Weltverhältnisse, im (2) Licht des Evangeliums vom Reich Gottes und seiner Gerechtigkeit in der Weise auszulegen, dass daraus Konsequenzen für die (3) Praxis der Kirche gezogen werden?

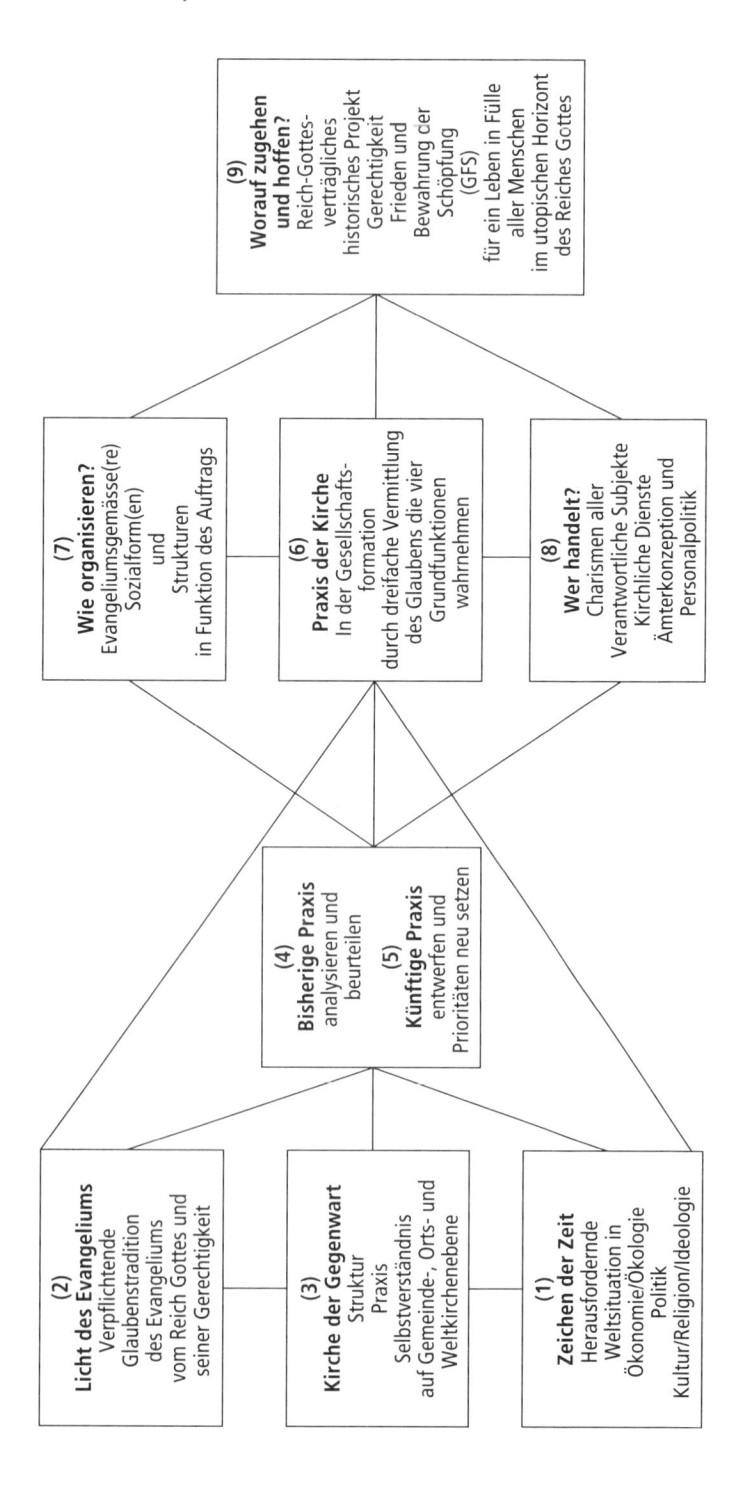

86 Pastoralkonzeption zwischen Weltsituation und Glaubenstradition

(9) Worauf zugehen und hoffen?
Reich-Gottes-verträgliches historisches Projekt
Gerechtigkeit
Frieden und Bewahrung der Schöpfung
(GFS)
für ein Leben in Fülle aller Menschen im utopischen Horizont des Reiches Gottes

(7) Wie organisieren?
Evangeliumsgemässe(re) Sozialform(en) und Strukturen in Funktion des Auftrags

(6) Praxis der Kirche
In der Gesellschaftsformation durch dreifache Vermittlung des Glaubens die vier Grundfunktionen wahrnehmen

(8) Wer handelt?
Charismen aller Verantwortliche Subjekte
Kirchliche Dienste
Ämterkonzeption und Personalpolitik

(4) Bisherige Praxis
analysieren und beurteilen

(5) Künftige Praxis
entwerfen und Prioritäten neu setzen

(2) Licht des Evangeliums
Verpflichtende Glaubenstradition des Evangeliums vom Reich Gottes und seiner Gerechtigkeit

(3) Kirche der Gegenwart
Struktur
Praxis
Selbstverständnis
auf Gemeinde-, Orts- und Weltkirchenebene

(1) Zeichen der Zeit
Herausfordernde Weltsituation in
Ökonomie/Ökologie
Politik
Kultur/Religion/Ideologie

Sind (3) Struktur und Praxis der Kirche jetzt so beschaffen und ist es für ihr Selbstverständnis konstitutiv, in der Spannung zwischen herausfordernder (1) Gesellschafts- und Weltsituation und (2) verpflichtender Glaubenstradition ihrem Auftrag gerecht zu werden und das Werk Christi weiterzuführen?

Die Beantwortung dieser Fragen zeigt auf, ob bzw. in welcher Weise und in welchem Ausmass die historisch gewordene Gestalt von Struktur, Praxis und Selbstverständnis der Kirche heute dazu führt, dass sich die Kirche von der Gesellschafts- und Weltsituation nicht oder zu wenig herausfordern lässt bzw. dass sie diese Situation zu wenig konsequent im Licht des Evangeliums deutet und damit ihrer eigenen Glaubenstradition zu wenig verpflichtet bleibt. Die Frage lautet: Sind Struktur, Praxis und Selbstverständnis der Kirche heute so ausgestaltet, dass sich die Kirche den Herausforderungen der Gesellschafts- und Weltsituation stellen und die daraus resultierende Verpflichtung angesichts ihrer eigenen Glaubenstradition wahrnehmen kann? Es ist die Frage, ob in der Kirche von allen Akteuren auf allen Ebenen die Prioritäten in Bezug auf die Ausgestaltung der Struktur, die Schwerpunkte der Praxis und des damit verbundenen Einsatzes von Personal, Zeit und Finanzen so gesetzt werden, dass die Kirche die genannten Herausforderungen annehmen und ihrer Verpflichtung nachkommen kann.

Künftige Praxis entwerfen und Prioritäten neu setzen 3.1.3

Wenn und soweit sich bei der Analyse und Beurteilung der (4) bisherigen Praxis der Kirche Defizite bei der Realisierung der vom Konzil formulierten Aufgaben zeigen, ist zum einen zu überlegen, was von der bisherigen Praxis und den bestehenden Strukturen aufgegeben oder was daran verändert werden muss. Zum andern geht es darum, in einem ersten vorläufigen Schritt Perspektiven einer (5) künftigen, anderen bzw. veränderten Praxis und für andere bzw. veränderte Strukturen zu entwerfen und die Prioritäten neu zu setzen.

3.1.4 Praxis der Kirche

Die zunächst zu entwerfende und danach zu realisierende (6) Praxis der Kirche ist eingebunden in eine konkrete Gesellschaftsformation mit den Bereichen Ökonomie/Ökologie, Politik und Kultur/Religion/Ideologie.[141] Im Sinne des vom Konzil in der Pastoralkonstitution (GS 4 und 3) vorgeschlagenen und später von der Theologie der Befreiung kritisch weiterentwickelten Vorgehens kommt die Kirche ihrem Auftrag, durch die Bezeugung des Reiches Gottes und seiner Gerechtigkeit das Werk Christi weiterzuführen, durch die dreifache – d. h. sozial-analytische, hermeneutische und praktische – Vermittlung des Glaubens nach. Diese dreifache Vermittlung des Glaubens realisiert die Kirche in Kombination mit der Wahrnehmung von vier Grundfunktionen oder -aufgaben. Diese vier Grundfunktionen, die weiter unten erläutert werden,[142] ergeben sich sowohl aus der Beschreibung der Jerusalemer Gemeinde (vgl. Apg 2,42–47) als auch daraus, dass es für ein christliches Verständnis des Glaubens wesentlich ist gelebt, gefeiert und verantwortet zu werden. Hier wird von folgendem Verständnis der vier Grundfunktionen ausgegangen: *Koinonie* als Stiftung von Gemeinschaft und Aufbau von Gemeinde; *Liturgie und Verkündigung* als symbolischer Ausdruck des Glaubens in religiöser Rede und liturgisch-sakramentaler Feier; *Katechese und Bildung* als Einüben und Reflektieren bzw. intellektuelles Verantworten des Glaubens; *Diakonie* als caritativer und politischer Einsatz für ein erfülltes Leben in Würde aller Menschen.

3.1.5 Struktur und Sozialform der Kirche

Damit die Kirche ihre Aufgabe optimal wahrnehmen kann, muss sie eine (7) Sozialform bzw. eine Vielfalt von Sozialformen (Territorial-, Personal- und Kategorialpfarreien, die in grössere Pastoralräume eingebunden sein können; Vereine und Verbände; hauskirchliche Strukturen; religiöse Bewegungen; basiskirchliche Gruppierungen usw.) anstreben und

---

141 Siehe Abschnitt 2.1.1.1.
142 Siehe Abschnitt 6.2.2.

solche Strukturen ausbilden, die ihrem Auftrag dienlich sind, durch die Bezeugung des Reiches Gottes das Werk Christi weiterzuführen. Sozialform(en) und Strukturen sind Funktion dieses Auftrags und müssen diesem unter- bzw. zugeordnet sein. Sie sind deshalb immer daraufhin zu befragen, ob sie dem Auftrag der Kirche dienen und ob dieser Auftrag die alles andere in der Kirche bestimmende Bezugsgrösse ist oder ob umgekehrt die historisch gewordene(n) Sozialform(en) und Strukturen in der Weise dominant geworden sind, dass sie die Wahrnehmung des Auftrags der Kirche bestimmen bzw. begrenzen und dass so die Wahrnehmung des Auftrags der Kirche eine Funktion ihrer Sozialform(en) und Strukturen ist, statt dass Sozialform(en) und Strukturen eine Funktion des Auftrags sind.

Subjekte und Personalpolitik 3.1.6

Die Kirche ist eine strukturierte Organisation und hat als gesellschaftlich verfasste Grösse eine bestimmte Sozialform bzw. eine Vielfalt von Sozialformen ausgebildet. Eine Organisation und eine Sozialform können aber nicht als solche handeln. Es sind immer Einzelne, Gruppen oder Gremien, die als Akteure die Praxis der Kirche betreiben. Diese sind in den Rahmen der strukturierten Organisation und der gesellschaftlichen Sozialform eingebunden. Insofern sind (7) Struktur und Sozialform der Kirche auf der einen und die (8) handelnden Akteure (Einzelne, Gruppen, Gremien, Instanzen) untrennbar aufeinander bezogen. Auch in Bezug auf die Akteure und die Personalpolitik gilt, dass diese in möglichst optimaler Weise der Wahrnehmung des Auftrags der Kirche dienen sollten.

Dabei geht es um die Frage, welche Personen, Gruppen und Gremien mit welchen Qualifikationen und welchen Kompetenzen erforderlich sind, damit die Kirche auf allen ihren Ebenen ihrem Auftrag ebenso situationsgerecht (im Sinne der Erforschung und Beachtung der Zeichen der Zeit) wie evangeliumsgemäss (im Sinne der Orientierung am Evangelium vom Reich Gottes) nachkommen kann.

3.1.7 Das Reich Gottes als Bestimmung der Kirche und Kriterium für deren Struktur, Praxis und Selbstverständnis

Schliesslich geht es darum, sich zu vergewissern, (9) worauf die Kirche zugehen und hoffen soll, welches ihre konkreten Ziele sind und worin ihre letzte Bestimmung besteht. Woraufhin die Kirche zugehen soll, kann so umschrieben werden: Auf das Reich-Gottes-verträgliche und ökumenisch entwickelte historische Projekt «Gerechtigkeit, Frieden und Bewahrung der Schöpfung» für ein Leben in Fülle aller Menschen. Dieses Projekt geht auf die Vollversammlung des Ökumenischen Rates der Kirchen von 1983 in Vancouver/Kanada zurück, wo die Empfehlung ausgesprochen wurde, die Kirchen sollten in einen «konziliaren Prozess gegenseitiger Verpflichtung (Bund) für Gerechtigkeit, Frieden und Bewahrung der Schöpfung» eintreten.[143] Dieses historische Projekt steht im utopischen Horizont der als Tat Gottes verheissenen Vollendung des Reiches Gottes und ist also nicht selbst das Letzte und Ganze. Das Letzte und Ganze ist vielmehr die eschatologische Erfüllung des Reiches Gottes. Von dieser Ausrichtung der Kirche her sollen ihre Struktur entwickelt, ihre Praxis bestimmt und ihr Selbstverständnis formuliert werden.

3.2 Zwei idealtypische Ansätze und deren Zuordnung im Rahmen der Konzeption

In der praktisch-theologischen Diskussion der letzten Jahre stehen sich im Wesentlichen zwei unterschiedliche Ansätze gegenüber. Es ist dies auf der einen Seite der Ansatz der «Kooperativen Pastoral», der vor allem von diözesanen Pastoral- und Personalverantwortlichen vertreten wird.[144] Auf der anderen Seite ist es der Ansatz der «Sozialpastoral», der

---

143 Vgl. *Deile*, Stirling 9.
144 Vgl. *Belok*, Vision, wo Ansätze und Erfahrungen mit der «Kooperativen Pastoral» aus elf Bistümern in Deutschland dokumentiert und reflektiert werden. Vgl. für die Schweiz *Pastoralplanungskommission*, Restrukturierung.

vor allem von Praktischen Theologen vertreten wird, die sich von den Impulsen des Zweiten Vatikanums und von der lateinamerikanischen Befreiungstheologie haben inspirieren lassen.[145] Im Folgenden wird die «Kooperative Pastoral» dem institutionsbezogenen Ansatz und die «Sozialpastoral» dem Reich-Gottes-orientierten Ansatz zugeordnet.

Im Rahmen der oben aufgezeigten pastoralen Konzeption lassen sich die Elemente der beiden unten noch genauer dargestellten Ansätze in folgender Weise zuordnen. Der «Kooperativen Pastoral» bzw. dem institutionsbezogenen Ansatz geht es um die Verbesserung der Zusammenarbeit in allen Bereichen und auf allen Ebenen, um die Optimierung organisatorischer Abläufe und um einen effizienten Umgang mit personellen und materiellen Ressourcen. Die Kooperative Pastoral beschäftigt sich deshalb zunächst und vor allem mit der (3) Kirche, ihrer (7) Struktur und Sozialform sowie der Frage: (8) Wer handelt? Für die «Kooperative Pastoral» bzw. den institutionsbezogenen Ansatz ist nicht konstitutiv, zuerst und vor allem vom Auftrag der Kirche her zu fragen und in Funktion davon die Kooperation und Organisation zu gestalten.

Die «Sozialpastoral» bzw. der Reich-Gottes-orientierte Ansatz geht von der gegenwärtigen (3) Kirche und ihrer (4) bisherigen Praxis aus und setzt diese in Bezug zum (9) Reich Gottes als der zentralen Bestimmung der Kirche. Danach wird nach der künftigen (5) Praxis der Kirche gefragt. Die (6) Praxis der Kirche muss aufgrund der Erforschung der (1) Zeichen der Zeit und deren Auslegung im (2) Licht des Evangeliums so schöpferisch entwickelt und realisiert werden, dass die Kirche ihrem Auftrag, das Werk Christi weiterzuführen, d. h. das Reich Gottes und seine Gerechtigkeit zu bezeugen, nachkommen kann. Erst von daher werden dann Fragen von (7) Struktur und Sozialform sowie von (8) Subjekten, kirchlichen Diensten und der Personalpolitik angegangen.

---

145 Vgl. *Pastoralamt*, Reich Gottes, in dem das Bistum Basel einen an der Pastoralkonstitution des Zweiten Vatikanums und an der Sozialpastoral orientierten Ansatz entwickelt hat (vgl. zur Rezeption *Knobloch*, Theologie 80–99; *Mette*, Trends 76 f.).

3.2.1 Die leitende Hauptdifferenz

Die unterschiedlichen theologischen Ansätze zeigen auf, worin die die Wahrnehmung, das Denken und das Handeln leitende Hauptdifferenz besteht. Diese Unterscheidung herauszuarbeiten ist notwendig, da es ohne sie weder Klarheit in der Theorie noch Orientierung für die Praxis gibt. In kirchlichen und theologischen Kreisen ist die Unterscheidung zwischen einer «traditionell-konservativen» und einer «modern-progressiven» Ausrichtung weit verbreitet. Einzelne, Gruppen, Bewegungen oder Theologien werden der einen oder anderen Seite zugeordnet. Diese Unterscheidung ist aber inhaltlich zu unbestimmt und bleibt zu formal, als dass sie klärend für das Denken und orientierend für das Handeln sein könnte. Auch wenn die beiden Ausrichtungen in der Weise genauer umschrieben werden können, dass die «traditionell-konservative» mehr oder weniger deutlich zentralistisch-klerikal-autoritäre Züge trägt und die «modern-progressive» eher durch die Orientierung an der kirchlichen und gesellschaftlichen Basis und an der Eigenverantwortung aller im Volk Gottes charakterisiert ist, bleiben Fragen wie diese offen: Was ist mit modern gemeint und woraufhin soll fortgeschritten werden? Welche Traditionen sollen aus welchen Gründen und wie bewahrt werden? Welches sind die Kriterien für die Zuordnung zur einen oder anderen Richtung? Zwischen «traditionell-konservativ» und «modern-progressiv» zu unterscheiden bleibt im Vordergründigen stecken. Daher muss radikaler, d.h. bis an die Wurzeln gehend, nach jener leitenden Hauptdifferenz gefragt werden, die inhaltlich genauer bestimmt und deshalb besser geeignet ist zur Identifizierung des für die Kirche und die Theologie bestimmenden Ansatzes.

Hier wird die praktisch-theologische These vertreten, die leitende Hauptdifferenz für das Verständnis von Kirche und Theologie bestehe im Gegenüber eines institutionsbezogenen und eines Reich-Gottes-orientierten Ansatzes. Es ist dies eine idealtypische Unterscheidung. Das heisst, die beiden Ansätze kommen nicht rein vor und unterscheiden sich zwar grundsätzlich, aber nicht absolut. Diese Unterscheidung steht nicht im Widerspruch zu anderen Unterscheidungen, sondern verdankt diesen wichtige Einsichten und schliesst sie ein bzw. baut auf ihnen auf.

Ohne Anspruch auf Vollständigkeit sei an folgende Unterscheidungen erinnert: Der Schweizer Reich-Gottes-Theologe Leonhard Ragaz (1868–1945) unterschied zwischen dem dynamischen «Reich Gottes» und der statischen «Religion» bzw. zwischen der lebendigen «Gemeinde» und der institutionalisierten «Kirche».[146] Auf den von den Nazis hingerichteten Theologen Dietrich Bonhoeffer (1906–1945) geht die Unterscheidung zwischen «billiger Gnade» und «teurer Gnade» zurück, d. h. einer Gnade ohne bzw. einer Gnade mit Nachfolge.[147] Franz Schupp (geb. 1936) stellt die idealtypischen Grundmodelle einer die Wahrheit und Praxis dekrethaft verwaltenden «geschlossenen Identität» und eine sich zu geschichtlich experimenteller Praxis herausgefordert wissenden «fragmentarischen Identität» gegenüber.[148] Der brasilianische Befreiungstheologe Clodovis Boff (geb. 1944) unterscheidet zwischen einer funktionalistischen und einer dialektischen Tendenz.[149] Der Begründer der neuen Politischen Theologie Johann Baptist Metz (geb. 1928) hebt die messianische Religion von der bürgerlichen ab.[150] Die radikalste und allen anderen Unterscheidungen – auch der hier vorgeschlagenen – zugrunde liegende Differenz hat der deutsche und in Costa Rica tätige Ökonom und Befreiungstheologe Franz Hinkelammert (geb. 1931) herausgearbeitet, nämlich «Die Bestätigung des Lebens durch das Nein zum Töten»[151] auf der einen Seite und die «Sünde, die in Erfüllung des Gesetzes begangen wird [… und] in der Zerstörung des Menschen als eines Subjektes in allen seinen Formen»[152] besteht, auf der anderen Seite. Bei dieser Unterscheidung geht es um die Frage, ob wirtschaftliche und andere Gesetze der Erhaltung der Bedingungen der Möglichkeit von Leben der Menschen und der Natur dienen oder ob in totalisierender

---

146 Vgl. *Ragaz*, Botschaft.
147 Vgl. *Bonhoeffer*, Nachfolge 29–43. Vgl. 6.3.1.
148 *Schupp*, Vermittlung 152.
149 Vgl. *Boff C.*, Theologie 114.
150 Vgl. *Metz*, Religion.
151 *Hinkelammert*, Schrei 87.
152 Ebd. 47.

Verabsolutierung von Gesetzen in Kauf genommen wird, dass die Erhaltung der Bedingungen der Möglichkeit von Leben der Menschen und der Natur beeinträchtigt oder verunmöglicht wird.

3.2.2 Die beiden Ansätze und das ekklesiale Paradox

3.2.2.1 Der institutionsbezogene Ansatz

Dem institutionsbezogenen Ansatz geht es darum, die Glaubenszeugnisse der biblischen Botschaft bürokratisch-rechtlich-dogmatisch verwaltend zu tradieren. Tradition wird als Tradierung bestimmter geschichtlich formulierter Traditionen verstanden. Für diese Art der Tradierung müssen die biblischen Glaubenszeugnisse in eine Form gebracht werden, die sich institutionell-bürokratisch verwalten lässt. Das geschieht im Wesentlichen in dreifacher Weise:

Zunächst wird – lehrmässig-doktrinär – versucht, die biblische Botschaft in ein dogmatisch-verbindliches theologisches Gedankensystem zu überführen. Dessen bruchlose Tradierung und vollständige Akzeptanz wird zum Prüfstein für die vom kirchlichen Lehramt definierte Rechtgläubigkeit erklärt. Daneben werden – gesetzlich-rubrizistisch – Vorschriften für das rechtmässige Feiern von Gottesdiensten und das gültige Spenden bzw. Empfangen von Sakramenten erlassen. Die Einhaltung dieser Vorschriften ist Kriterium für die Zugehörigkeit zur Kirche. Überdies werden – organisatorisch-disziplinär – die Zuständigkeiten innerhalb der Kirche rechtlich festgelegt und deren Missachtung bestraft. Kern der doktrinär-rubrizistisch-disziplinären Verwaltung der biblischen Glaubenszeugnisse durch die kirchliche Institution ist ihr Anspruch, das alleinige Bestimmungsrecht (Definitionsmonopol) in den Bereichen Lehre und Disziplin innezuhaben; dieses Recht hat das Lehramt sich selbst zugesprochen. Für den institutionsbezogenen Ansatz ist charakteristisch, dass die doktrinär-rubrizistisch-disziplinäre Verwaltung der biblischen Botschaft im Dienst der Institution stehen muss und weder deren Bestand noch deren Geschlossenheit gefährden darf.

3.2.2.2 Der Reich-Gottes-orientierte Ansatz

Demgegenüber geht es dem Reich-Gottes-orientierten Ansatz darum, die biblischen Glaubenszeugnisse nicht bürokratisch verwaltend zu tradieren, sondern sie schöpferisch bezeugend weiterzuführen. Dieser Ansatz versucht unter den jeweiligen gesellschaftlichen Bedingungen jene Reich-Gottes-Praxis und -Botschaft kreativ umzusetzen, die das zentrale Anliegen Jesu war und die – wie Leonhard Ragaz in seinem grossen Bibelwerk überzeugend dargelegt hat – als «Botschaft von dem lebendigen Gotte und seinem Reiche der Gerechtigkeit für die Welt»[153] sowohl der Schlüssel für das Verständnis der ganzen Bibel ist als auch deren Inhalt von der Genesis bis zur Apokalypse darstellt.

Die Kirche muss um ihrer christlichen Identität willen das Reich Gottes bezeugen, weil sie weder schon dadurch, dass sie im Schicksal Jesu Christi gründet, noch durch die blosse Verkündigung des Reiches Gottes bereits in diesem ist; denn auch für sie gilt das Wort Jesu:

> «Nicht jeder, der zu mir sagt: Herr! Herr!, wird in das Himmelreich kommen, sondern nur wer den Willen meines Vaters im Himmel erfüllt» (Mt 7,21).

In diesem Sinne sieht das Zweite Vatikanische Konzil die Sendung der Kirche darin, «das Reich Christi und Gottes anzukündigen und in allen Völkern zu begründen» (LG 5). Es erklärt: «Es [das messianische Volk] hat schliesslich als Ziel das Reich Gottes» (LG 9). Deshalb «strebt sie [die Kirche] einzig danach, dass das Reich Gottes komme und das Heil des ganzen Menschengeschlechts wiederhergestellt werde» (GS 45).

3.2.2.3 Zur Unterscheidung der Ansätze

Der innerste Kern, in dem sich die beiden Ansätze unterscheiden, ist die sie bestimmende Wahrnehmungs-, Denk- und Handlungslogik. Der institutionsbezogene Ansatz folgt idealtypisch der Logik bürokratischer Verwaltung im Dienst des Selbsterhalts der Institution und deren geschichtsenthobener Wer-Identität. Nicht die Logik des zu bezeugenden

---

153 *Ragaz*, Bibel Bd. 1, 17. Vgl. *Eigenmann*, Grundkurs.

Reiches Gottes ist bestimmend, sondern die Logik der Verwaltung und der Eigeninteressen der Kirche als Organisation. Diese Logik erhebt sich zu einer nicht mehr vom Reich Gottes bestimmten, sondern zu einer letztlich um sich selbst kreisenden Instanz. Sie orientiert sich an den Interessen der Institution und nicht an der inhaltlichen Fülle und komplexen Struktur des Reiches Gottes. Durch eine solche Verwaltung geschieht mit dem zu Verwaltenden etwas. Das Reich Gottes wird vom Bestimmenden zum Bestimmten. Es spielt entweder gar keine Rolle oder wird relativiert, indem es in Kirche und Theologie zu einem Thema unter vielen anderen zurückgestuft wird, oder es wird neutralisiert, indem es spiritualisiert, privatisiert und «verjenseitigt» wird.

Der Reich-Gottes-orientierte Ansatz ist der Logik des Reiches Gottes selbst verpflichtet. Diese Logik ist eine Logik des Lebens in Fülle für alle im Sinne eines Festes offener Tischgemeinschaft. Zu dieser gehören nicht nur ausnahmslos alle ohne Ansehen der Person, sondern vor allem die wirtschaftlich Armen, sozial Ausgeschlossenen und kulturell-religiös Geächteten (vgl. Lk 14,15–24). Die Logik des Reiches Gottes ist eine Logik der Überwindung von Trennungen und Ausschliessungen sowie des Abbaus von Diskriminierungen und Diffamierungen sowohl in der Kirche selbst als auch in der Gesellschaft. Diese Logik muss auch die Weise seiner Bezeugung bestimmen.

3.2.2.4 Das ekklesiale Paradox

Die beiden Ansätze können zwar in der beschriebenen Weise unterschieden und idealtypisch charakterisiert werden, doch kommen sie in der Praxis nicht in dieser Reinheit vor. Weder schliesst der institutionsbezogene Ansatz prinzipiell aus, dass durch ihn etwas im Sinne des Reiches Gottes bezeugt werden kann, noch kommt der Reich-Gottes-orientierte Ansatz ganz ohne institutionelle Strukturen aus. Die Kirche ist konstitutiv für ihre christliche Identität dem Reich Gottes als dem zentralen Anliegen Jesu und dem Inhalt der ganzen Bibel verpflichtet. Auch für die Kirche gilt, dass sie ihre Zugehörigkeit zum Reich Gottes dadurch erweist, dass sie sich ganz in seinen Dienst stellt und es in Wort und Tat bezeugt. Das ekklesiale Paradox besteht darin, dass die Kirche sich institutionell organisieren muss, um das prinzipiell nicht institutionalisierbare und jede Institutionalisierung sprengende Reich Gottes bezeugen zu können. Das Paradox, das Nichtinstitutionalisierbare durch eine Institution zu bezeugen, kann nicht denkerisch aufgelöst, sondern muss praktisch durchgehalten werden. Dabei kommt es entscheidend darauf an, dass in der auch institutionell vermittelten Art und Weise, wie das Reich Gottes bezeugt wird, dessen heilend-befreiende Lebenslogik bestimmend bleibt.

Gegenüberstellung der beiden idealtypischen Ansätze 3.2.3

Im Folgenden werden die beiden idealtypischen Ansätze unter einigen Gesichtspunkten charakterisiert und einander gegenübergestellt. Dabei ist zu beachten, dass die Unterschiede der beiden Ansätze nicht alle von der gleichen Qualität sind. Es gibt Unterschiede, die sich mehr oder weniger prinzipiell ausschliessen, und solche, die lediglich andere Akzente setzen.

Option und erkenntnisleitendes Interesse 3.2.3.1

Der *institutionsbezogene Ansatz* optiert primär für die Erhaltung und die Einheit der Kirche als Institution. In letzter Instanz ordnet er den Interessen der kirchlichen Organisation im Sinne des Weiterbestandes der bestehenden (Macht-)Strukturen alles andere unter. Der Einsatz für die «Armen und Bedrängten aller Art» geht nur so weit, wie er die Einheit der Kirche nicht gefährdet. Vor die Wahl gestellt, sich – auch politisch – für die Überwindung der gesellschaftlichen Diskriminierungen und Trennungen einzusetzen, dadurch aber die gesellschaftlichen Widersprüche in die Kirche selbst hineinzutragen und damit den institutionellen Zusammenhalt der Kirche zu bedrohen, entscheidet er sich für die Institution und beschränkt das sozialpolitische Engagement oder gibt es ganz auf. Leitend ist in letzter Instanz die Frage, was dem Image und den Interessen der Kirche als Institution dient.

Der *Reich-Gottes-orientierte Ansatz* macht Ernst mit der Einladung Jesu, zuerst das Reich Gottes und seine Gerechtigkeit zu suchen im Vertrauen darauf, alles andere werde dazugegeben (vgl. Mt 6,33). Er lässt sich von der Option für die «Armen und Bedrängten aller Art» als den bevorzugten

Adressaten des Reiches Gottes leiten. Es ist die Option für die wirtschaftlich Benachteiligten und Verarmten, die sozial Marginalisierten und Ausgeschlossenen sowie für die kulturell Bevormundeten und religiös Geächteten. Für ihn ist das Ziel der Kirche nicht wieder diese selbst, sondern der Dienst am Reich Gottes und seiner Gerechtigkeit. Gefährdet dieser Einsatz den Bestand und die Einheit der Kirche, führt er darüber eine Diskussion und fragt zurück nach dem Auftrag der Kirche. Beispielhaft dafür ist der vom Reformierten Weltbund angestossene *processus confessionis* über die Frage, ob der christliche Glaube mit der Akzeptanz der zerstörerischen Logik des neoliberalen Kapitalismus vereinbar ist oder nicht. In der in Accra 2004 verabschiedeten Schlusserklärung heisst es:

> «Vor dem Hintergrund unserer reformierten Tradition und der Erkenntnis der Zeichen der Zeit erklärt die Generalversammlung des Reformierten Weltbundes, dass die Frage der globalen wirtschaftlichen Gerechtigkeit eine für die Integrität unseres Gottesglaubens und unserer Nachfolgegemeinschaft als Christinnen und Christen grundlegende Frage ist. Wir glauben, dass die Integrität unseres Glaubens auf dem Spiel steht, wenn wir uns gegenüber dem heute geltenden System der neoliberalen wirtschaftlichen Globalisierung ausschweigen oder untätig verhalten.»[154]

3.2.3.2 Stellung und Verständnis des Reiches Gottes

Im *institutionsbezogenen Ansatz* ist das Reich Gottes im besten Fall ein Thema unter anderen. Charakteristisches Beispiel dafür ist der Katechismus der katholischen Kirche. Dieser führte in der ersten Ausgabe von 1993 im thematischen Register unter den 490 Hauptstichwörtern, die den Inhalt des Katechismus möglichst umfassend wiederzugeben beanspruchen, «Reich Gottes» überhaupt nicht und «Himmelreich» nur unter «Jungfräulichkeit um des Himmelreiches willen» an. Als Hauptstichwörter tauchen aber z. B. unter «A» «Amulett», unter «B» «Bescheidenheit», unter «T» «Tabak» und unter «Z» Zauberei», nicht aber unter «R» «Reich Gottes» oder unter «H» «Himmelreich» auf. In der 2003 publizierten

---

154 *Reformierter Weltbund*, Bund Nr. 16.

Neuübersetzung des Katechismus ist «Reich Gottes» ins thematische Register aufgenommen worden. Mit dem institutionsbezogenen Ansatz korrespondiert ein Verständnis vom Reich Gottes, das dieses im Sinne der *autobasileia,* wonach Jesus Christus selbst das ganze Reich Gottes ist, in einer bestimmten Christologie aufgehen lässt, oder es auf das Private beschränkt, in ihm eine bloss spirituelle Grösse sieht und es ins Jenseits verlegt.

Für den *Reich-Gottes-orientierten Ansatz* ist die zentrale Stellung des Reiches Gottes für den Glauben, die Kirche und die Theologie konstitutiv. Dies zeigt der programmatische Artikel von Jon Sobrino «Die zentrale Stellung des Reiches Gottes in der Theologie der Befreiung» im Standardwerk «Mysterium Liberationis» der Theologie der Befreiung, die sich als Reich-Gottes-Theologie versteht.[155] Ebenso entscheidend für diesen Ansatz ist, dass gegen die über weite Strecken in der Geschichte des Christentums vorherrschende Spiritualisierung, Privatisierung und «Verjenseitigung» des Reiches Gottes an seiner biblisch bezeugten inhaltlichen Fülle festgehalten und seine komplexe Struktur beachtet wird. Orientierung am Reich Gottes meint, alles müsste in Bezug auf den Glauben, die Kirche und die Theologie *sub specie regni Dei* – unter dem Gesichtspunkt des Reiches Gottes – gesehen und gestaltet werden.

3.2.3.3 Gottesverständnis

Für den *institutionsbezogenen Ansatz* ist die Bejahung der Existenz Gottes zentral. Als eigentlicher Gegensatz zum Glauben an Gott gilt ihm die Leugnung von dessen Existenz. Er denkt im Theismus–Atheismus-Schema und versucht, das Geheimnis des dreifaltig-einen Gottes denkerisch-spekulativ zu durchdringen. Gott wird über eine Wer- und nicht über eine Wo-Identität verstanden. Gott hat in diesem Denken die Funktion einer Art Welterklärungsformel. Mit Berufung auf Gott als der höchsten Autorität und obersten Instanz werden die bestehenden Verhältnisse nicht in Frage gestellt, sondern sanktioniert. Jene, die in Kirche und Gesellschaft real oben sind, berufen sich mit Gott auf ein imaginäres Oben, um in

---

155 Vgl. *Sobrino*, Reich Gottes.

dessen Namen ihr reales Oben abzusichern und jene im realen Unten auch unten zu behalten. Der Gott des institutionsbezogenen Ansatzes kann nicht eindeutig vom «Allerweltsgott» der US-Dollarnote («In God we trust» – Wir vertrauen auf Gott) oder des Schweizer Fünffrankenstücks («Dominus providebit» – Der Herr wird's richten) unterschieden werden, auf den sich unterschiedslos alle für die Legitimierung selbst gegensätzlicher Interessen berufen können und der als zivilreligiöse Klammer einer Gesellschaftsformation funktioniert. Der Gott des institutionsbezogenen Ansatzes ist faktisch – auch wenn er sich verbal auf den biblischen Gott beruft – der statische Gott der (Zivil-) Religion und der Philosophen. Der institutionsbezogene Ansatz fragt nicht – wie Edward Schillebeeckx zurecht fordert – nach der «Art und Weise, wie die Interrelation: Gott, Mensch und Welt, gesellschaftlich konkret funktioniert, [obwohl dies ...] mit zum Kern echten oder unechten Gottesglaubens»[156] gehört.

Der *Reich-Gottes-orientierte Ansatz* ist vom Glauben an den biblischen Gott Abrahams, Isaaks und Jakobs bestimmt. Es ist jener Gott, der sich dem Mose in einem ökonomisch-politischen Zusammenhang als derjenige offenbart hat, der das Elend seines Volkes gesehen und dessen laute Klagen gehört hat, seine Befreiung will und ihm ein schönes und weites Land verheisst (vgl. Ex 3,7 f.). Der befreiende und parteiische Gott des Exodus ist auch der Gott des Reiches. Gott wird über die Wo- und nicht über die Wer-Identität verstanden. Für diesen Ansatz gilt das Wort von Dietrich Bonhoeffer:

«Einen Gott, den ‹es gibt›, gibt es nicht.»[157]

Der Gegensatz zum Glauben an diesen biblischen Gott besteht für den Reich-Gottes-orientierten Ansatz nicht in der Leugnung seiner Existenz, sondern in der Duldung oder Verehrung von Götzen. Der Götzendienst kann zwei Formen annehmen. Zum einen ist es der Götzendienst innerhalb des Gottesglaubens, wenn mit Berufung auf Gott Herrschaft aus-

---

156 *Schillebeeckx*, Menschen 89.
157 Zit. in: *Feil*, Theologie 44.

geübt und etwas anderes als seine befreiende Parteinahme verbunden wird (vgl. Ex 32). Zum andern besteht er darin, dass Menschen ihren eigenen Werken (vgl. Jes 44,14–17; Jer 10,5) wie wirtschaftlichen Mechanismen, staatlichen Gesetzen oder religiösen Geboten dadurch zerstörerische Macht über sich und die Natur verleihen, dass sie sie verabsolutieren.[158] Für den Reich-Gottes-orientierten Ansatz besteht der Gegensatz zum Glauben an den Gott des Lebens darin, dass Götzen des Todes geduldet oder gar angebetet werden. In diesem Ansatz dient Gott nicht als eine Art Welterklärungsformel, sondern mit dem Glauben an Gott ist eine Weltgestaltungsvision im Sinne des Reiches Gottes und dessen als Tat Gottes verheissenen Vollendung verbunden. Für diesen Ansatz gilt:

> «Entscheidend ist [...] nicht die ausdrückliche Anerkennung oder Leugnung Gottes, sondern die Antwort auf die Frage: Für welche Seite entscheide ich mich in dem Kampf zwischen Gut und Böse, zwischen Unterdrückern und Unterdrückten?»[159]

Der Reich-Gottes-orientierte Ansatz macht Ernst damit, dass man «das gesellschaftliche Funktionieren des Gottesglaubens nicht von der theologischen Bedeutung des Gottesglaubens isolieren»[160] kann.

3.2.3.4 Glaube und Spiritualität

Im *institutionsbezogenen Ansatz* wird Glaube vor allem als Annahme satzhafter Wahrheiten verstanden. Die rechte Lehre – die Orthodoxie – ist letztlich entscheidend. Es herrscht ein intellektualistisches und individualistisch verkürztes Verständnis von Glauben vor. Der Glaube der Einzelnen wird in den Dienst der Erhaltung der bestehenden kirchlichen (und gesellschaftlichen) Verhältnisse gestellt. Er wird so spiritualisiert, dass er die gesellschaftlichen Widersprüche nicht tangiert, damit diese nicht als glaubensrelevante Widersprüche die institutionelle Einheit der Kirche gefährden. Im

---

158 Vgl. *Richard*, Kampf 13–30.
159 *Schillebeeckx*, Menschen 30.
160 Ebd. 88.

institutionsbezogenen Ansatz dient die Liturgie als Dekoration des verwandtschaftlichen Lebens und der gesellschaftlichen Verhältnisse. Spiritualität wird in den Dienst der Institution gestellt.

Exkurs Pathologische Funktionalisierung von Spiritualität

Ein kaum mehr überbietbares Beispiel institutionsbezogener Funktionalisierung von Spiritualität wird in der «Checkliste ‹Anforderungsprofil für die Übernahme eines Amtes als Dekan/Co-Dekan; Dekanatsleiter/-in/Co-Dekanatsleiter/-in›» vom 10.7.2003 des Bistums Basel vertreten. Dort heisst es zum «Bereich spirituelle Kompetenz» an erster Stelle: «Loyalität gegenüber dem Bischof und dem Bistum, die getragen ist durch die Verwurzelung im dreifaltigen Gott.» Hier wird Spiritualität zur Rechtfertigung dessen missbraucht, was der Münchner Psychotherapeut und Professor für Psychotherapie Albert Görres (1918–1996) als «Loyalismus» oder «Superloyalismus» analysiert und kritisiert hat.[161]

In seiner ausführlichen Vorbemerkung zum Artikel «Pathologie des katholischen Christentums» von Albert Görres betont und begründet Karl Rahner im Wissen um dessen Brisanz die Notwendigkeit einer solchen Pathologie für eine praktische Theologie.[162] Unter dem Titel «Die apologetische Tendenz», wonach alles Katholische gut und die gesamte kirchliche Wirklichkeit der Verteidigung wert sei, führt Albert Görres aus:

«Es steckt in der apologetischen Loyalität oft ein gutes Mass von Lebenskunst. Nicht selten ist auch die Tendenz, auf dem Weg der Loyalität, des konservativen Festhaltens und der Verteidigung des Bestehenden, Anerkennung, Geltung und Macht zu gewinnen. Die von der kirchlichen Gesellschaft geförderte und belohnte Haltung ist vorwiegend die der Loyalität und des Stehens zum Bestehenden. Auf der Linie der Kritik und Opposition ist kein Fortkommen. Ein kritisch eingestellter Mensch wird es als Laie oder Kleriker faktisch selten zu einer geachteten und befriedigenden Rolle im Ganzen bringen. Menschen, die stark vom Macht- und Geltungsstreben motiviert sind, werden ganz instinktiv im katholischen Raum zu Loyalisten, und die Hierarchie wird geneigt sein, sich mehr aus loyalistischen als aus kritischen Kreisen zu ergänzen. Das kann auf die Dauer zu einem verhängnisvollen Schwund des notwendigen Ferments der Kritik führen. An sich können sowohl Kritizismus wie Loyalismus unsachlich motiviert sein, aber auch wo beide den Grad von Untugenden annehmen, ist der Loyalismus im katholischen Raum sozialpsychologisch bevorzugt. [...] Der Superloya-

---

161 Vgl. *Görres*, Pathologie 308f.
162 Vgl. ebd. 279–283.

lismus trägt dazu bei, dass sich gerade beim eifrigen Katholiken besonders abstossende Eigenschaften einstellen: falsche Selbstsicherheit und die Neigung zu unerträglicher Rechthaberei.»[163]

Die mit dem institutionsbezogenen Ansatz verbundene Spiritualität ist eine funktionale Spiritualität der Beruhigung und Anpassung, die sich vor allem als Hilfe zur Kontingenzbewältigung versteht, d.h. als Hilfe dazu, die Fraglichkeiten des Lebens auszuhalten und sich mit dem schlecht Vorhandenen in der Welt zu arrangieren versuchen, statt dass die Spiritualität diese zu überwinden trachtet. Eine solche Spiritualität wird auf die Formen ihres religiösen Ausdrucks in Gebet, Meditation und Liturgie reduziert.

Der *Reich-Gottes-orientierte Ansatz* begreift Glauben grundlegend und zentral als eine bestimmte Lebenspraxis in der Nachfolge des gekreuzigt-auferstandenen Jesus Christus. Das rechte Handeln – die Orthopraxie – ist letztlich entscheidend. Die damit verbundene kritische Spiritualität ist eine Spiritualität der Ermutigung und des Widerstandes. Sie muss als christliche Spiritualität mit einer Umkehrpraxis verbunden sein, und in ihr hat der Gehalt Vorrang vor der Gestalt (Hans Urs von Balthasar). Im Reich-Gottes-orientierten Ansatz haben Gebet und Liturgie selbstverpflichtende oder auto-obligative Qualität, d.h. sie nehmen die Betenden und Liturgie Feiernden in der Weise in Pflicht, dass diese bereit sind, sich selbst auf jenes in religiöser Rede und liturgischem Feiern erinnerte bzw. symbolisch vorweggenommene wahre Leben im Sinne des Reiches Gottes auf den Weg zu machen. Ohne solche Selbstverpflichtung verkommt das Gebet nach dem Urteil Jesu zu heidnischem Geplapper (vgl. Mt 6,7).

3.2.3.5 Theologische Reflexion

Mit dem *institutionsbezogenen Ansatz* ist eine idealistische, d.h. eine von den wirklichen Lebensverhältnissen absehende Konzeption von Theologie verbunden. Diese versteht sich als Verwalterin von Wahrheiten, die über der Geschichte schweben. Dieser Ansatz kümmert sich bloss um den Sinn der

---

163 Ebd. 308 f.

Wahrheiten für die Kirche selbst und fragt nicht auch nach ihrer Bedeutung «in der Welt dieser Zeit» (GS). Sie reflektiert vor allem das Verhältnis von Glaube und Vernunft und kaum jenes von Glaube und Praxis. Sie sammelt und systematisiert satzhafte Glaubenswahrheiten und versucht, die Kluft zwischen dem Heilswillen Gottes und dem Unheil in der Welt im Sinne der Theodizee gedanklich zu überbrücken. Für sie ist die Reflexion der historischen Bedingtheit ihres eigenen Geschäfts nicht konstitutiv. Weder werden die gesellschaftlichen Verhältnisse als mit bedingende Faktoren für das Theologietreiben berücksichtigt noch dessen gesellschaftliches Funktionieren kritisch reflektiert.

Dem *Reich-Gottes-orientierten Ansatz* liegt ein Paradigmenwechsel mit zwei sich gegenseitig bedingenden Momenten zugrunde. Erkenntnistheoretisch besteht er im Bruch mit jeder Form idealistischen Denkens, das mehr oder weniger unabhängig von den wirklichen Lebensverhältnissen betrieben wird und für das die Reflexion weder der gesellschaftlichen Voraussetzungen noch deren Funktion konstitutiv ist. Ethisch-praktisch meint er den Bruch mit dem Bündnis mit den Reichen und Mächtigen und die Option für die «Armen und Bedrängten aller Art». Die Theologie wird als kritische, im Licht des Wortes Gottes ausgeübte Reflexion über die historische Praxis (Gustavo Gutiérrez) verstanden. Sie reduziert sich nicht auf das Sammeln und Systematisieren von Glaubenswahrheiten, sondern ist ein Prozess, durch den Erkenntnisse gewonnen werden, die im Dienst einer befreienden Praxis stehen. Ihr geht es um die Erschließung der Bedeutung von Glaubenswahrheiten in der Welt dieser Zeit. Theologische Reflexion will das Unheile der Welt nicht auf der Ebene des Denkens mit dem Heilswillen Gottes versöhnen, sondern versteht sich als Moment einer befreienden Veränderungspraxis in der Nachfolge des gekreuzigt-auferstandenen Jesus Christus. Theologie hat für diesen Ansatz weder das erste noch das letzte Wort, sondern sie deutet im Licht des Evangeliums bzw. des Reiches Gottes (hermeneutische Vermittlung des Glaubens) die erforschten Zeichen der Zeit (sozial-analytische Vermittlung des Glaubens), um zum Handeln in der Nachfolge Jesu und im Sinne des Reiches Gottes zu gelangen (praktische Vermittlung des Glaubens).

Kirche und Pastoralkonzept 3.2.3.6

Der *institutionsbezogene Ansatz* tendiert zu einer doktrinären und disziplinären Vereinheitlichung der Kirche. Die Kirche wird als Variante einer «totalen Institution» im Sinn von Erving Goffman verstanden, d.h. es wird versucht, die Mitglieder möglichst ganz in die Institution einzubinden.[164] Beispiel dafür ist die vatikanische «Instruktion zu einigen Fragen über die Mitarbeit der Laien am Dienst der Priester» vom 15. August 1997. Sie verlangt von Katholiken, die unter gewissen Bedingungen einen kirchlichen Dienst ausüben können, dass sie «sich durch gesunde Lehre und vorbildlichen Lebenswandel auszeichnen»[165]. Ausgeschlossen sind dagegen Katholiken, die «sich in einer nicht mit der kirchlichen Morallehre übereinstimmenden familiären Situation befinden»[166]. Zu den Ausbildungskursen für diese Katholiken wird erklärt:

> «Es ist dafür Sorge zu tragen, dass die dargebotene Lehre vollständig mit dem kirchlichen Lehramt übereinstimmt und sich in einem wirklich geistlichen Klima abwickelt.»[167]

Die Forderung nach *vollständiger* Übereinstimmung mit den disziplinären Weisungen und doktrinären Verlautbarungen des römisch-katholischen Lehramtes kennzeichnet den institutionsbezogenen Ansatz. Die vollständige Übereinstimmung in der dogmatischen Lehre und das strikte Befolgen der Morallehre sollten jeweils total sein. Das impliziert die Vorstellung von Einheit durch totalisierende Gleichschaltung doktrinär-disziplinärer Art aller in der Kirche im Sinne der vatikanischen Glaubenskongregation. Ethisch ist dies ein totalitäres Unterfangen. Theologisch muss es als idolatrisch, d.h. götzendienerisch, qualifiziert werden. Der französische Dogmatiker Joseph Moingt kommt zu diesem Urteil, wenn er zunächst mit Paulus sagt:

> «Die Einheit der Kirche ist ‹das Band des Glaubens und der Liebe›, das alle ihre Glieder ‹in *einem* Geist und in *einem* Leib› versammelt.»[168]

---

164 Vgl. *Goffman*, Asyle 13–123.
165 *Kongregation für den Klerus u.a.*, Instruktion 13.
166 Ebd.
167 Ebd.
168 *Moingt*, Leidenschaft 418.

Für Moingt erscheint klar, dass im

> «Neuen Testament keinerlei Entwurf einer autoritären und geregelten Einigung der verschiedenen Wesenselemente der kirchlichen, doktrinalen, liturgischen oder hierarchischen Wirklichkeit zu finden ist. Jesus übergibt seinen Aposteln als ‹Testament› weder ein Gesamt von Dogmen noch einen Gesetzes- oder Ritualkodex noch eine Machtorganisation; er überlässt ihnen nur seine Lehre vom Gottesreich […] und den Auftrag, Zeugnis zu geben.»[169]

Moingt erinnert an dies:

> «In den Anfängen und noch jahrhundertelang zeigten die Christen überhaupt kein Verlangen nach einer organischen, sichtbaren und mittelbaren Form ihrer Einheit im Glauben und in der Liebe. […] Sie erwarteten vom Reich Gottes die vollkommene Krönung ihrer Einheit.»[170]

In den Bemühungen um eine möglichst vollkommene sichtbare Einheit der Kirche vermutet Moingt nichts weniger als idolatrische Tendenzen:

> «Der sichtbare Aufweis der Einheit der Kirche wie auch ihrer Heiligkeit ist mehr zu erhoffen als zu erbauen; und hinter dem hartnäckigen Willen, so bald und so vollkommen wie möglich dieses Ziel zu erreichen, kann sich sehr wohl ein Mangel an eschatologischer Hoffnung verbergen, ein Mangel aufgrund einer Vergötzung der Sichtbarkeit.»[171]

Der institutionsbezogene Ansatz ist mit dem verbunden, was als «Kooperative Pastoral» bezeichnet wird. Die Kooperative Pastoral beschäftigt sich vor allem mit Fragen der Verbesserung von Zusammenarbeit und Organisation. Dem Ansatz der Kooperativen Pastoral fehlt aber meistens in der Weise eine wirklich theologische Grundlegung und inhaltliche Orientierung, dass diese wirklich bestimmend für die Konzeption der Pastoral ist und nicht bloss zur theologischen Dekoration eines pastoralen Mangelverwaltungskonzepts dient. Die Frage, woraufhin denn kooperiert werden soll, wird nicht

---

169 Ebd.
170 Ebd. 419.
171 Ebd. 419f.

oder zu wenig gestellt und bearbeitet. So bleibt der Ansatz im Blick auf die Sendung der Kirche formal.

Der *Reich-Gottes-orientierte Ansatz* lässt sich von einer Sicht der Einheit im Glauben leiten, die ihre Wurzeln in der Liebe hat. Diese Einheit

> «drängt sich nicht zuvörderst in Form eines Diskurses auf, der von aussen oder von oben befohlen wird; sie wächst vielmehr in einer Gemeinschaft des Glaubens, des Lebens und der Liebe. Der *sensus fidei* bildet sich an der Basis in der Gemeinschaft der Gläubigen untereinander.»[172]

Die Einheit der Kirche wird nicht zu disziplinärer und doktrinärer Vereinheitlichung pervertiert, sondern meint im Sinne der offenen Tischgemeinschaft oder Kommensalität (lat. *con* = mit und *mensa* = Tisch) des Reiches Gottes die Überwindung gesellschaftlicher und kirchlicher Diskriminierungen und Trennungen.

> «Die Christen wirken am sichersten für die Einheit der Kirche, wenn sie etwas gemeinsam tun, das nicht bloss ein innerkirchlicher Dienst bleibt, sondern ein Beitrag zur Einheit aller Menschen auf dieser Erde wird.»[173]

Die irdische Kirche wird weder die vollkommene noch die endgültige Form ihrer Einheit finden. Die Einheit ist eine eschatologische Verheissung, die nur um den Preis idolatrischer Sakralisierung einer bestimmten historischen Gestalt der Kirche mit dieser identifiziert wird.

Der Reich-Gottes-orientierte Ansatz steht dem nahe, was in der praktisch-theologischen Literatur als Sozialpastoral bezeichnet und diskutiert wird. Der Begriff «Sozialpastoral» meint

> «die radikale Bezogenheit christlichen und kirchlichen Handelns auf die konkreten gesellschaftlichen Bedingungen und Probleme, insbesondere auf die Überwindung von Not, Elend und Unterdrückung. In diesem Sinn meint Sozialpastoral die Praxis einer ‹Kirche für die Welt›, wie sie durch die Pastoralkonstitution ‹Gaudium et spes› des II. Vaticanums

---

172 Ebd. 422.
173 Ebd.

grundgelegt und durch die Dokumente der II. und III. Generalversammlung des lateinamerikanischen Episkopats von Medellín und Puebla auf die Situation des Subkontinents hin konkretisiert worden ist.»[174]

Von der Sache her ist mit dem Reich-Gottes-orientierten Ansatz eine so verstandene Sozialpastoral verbunden. Begrifflich wäre aber zum einen darauf hinzuweisen, dass jede Pastoral sozial sein müsste, insofern sie im Dienst des Menschen steht, der als soziales Wesen in gesellschaftliche Verhältnisse eingebunden ist, so dass es überflüssig erscheint, von *Sozial*pastoral zu sprechen. Zum andern sagt *Sozial*pastoral zu wenig, weil es im christlichen Glauben immer auch um die ganz persönliche Dimensionen geht, die dann allerdings nicht aufs Private reduziert werden dürfen. Deshalb ist hier gegenüber der Bezeichnung Sozialpastoral von einer Reich-Gottes-Pastoral die Rede. Es ist dies eine Pastoral, die sich persönlich, pastoral und politisch an der ganzen inhaltlichen Fülle und an der komplexen Struktur des Reiches Gottes orientiert.

3.2.3.7 Ökumene

Für den *institutionsbezogenen Ansatz* geht es bei der Ökumene vor allem um das theologische Selbstverständnis der einzelnen Kirchen, um kontroverstheologische Diskussionen über einzelne theologische Themen und um Fragen des Verhältnisses der Kirchen untereinander. Eine solche zwischenkirchliche Ökumene beschäftigt sich mit den lehrmässig-dogmatischen, liturgisch-sakramentalen und institutionell-kirchenrechtlichen Differenzen zwischen den Kirchen und Konfessionen. Sie betont im besten Fall trotz den v. a. ekklesiologischen Unterschieden auf der Ebene der Heilsmittel das Gemeinsame auf der Ebene der Heilsziele. Im schlechtesten Fall spricht die römisch-katholische Kirche anderen christlichen Gemeinschaften das Kirchesein ab und sieht sich als jene Kirche, in der allein die Kirche Jesu Christi existiert.[175] Insofern die zwischenkirchliche Ökumene von den wirklichen Lebensverhält-

---

174 *Steinkamp*, Solidarität 25.
175 Vgl. *Kongregation für die Glaubenslehre*, Erklärung «Dominus Iesus» 16.

nissen mehr oder weniger absieht, ist sie eine abstrakt-idealistische Ökumene, die *oikumene* im Sinne des ganzen bewohnten Erdkreises nicht in den Blick nimmt.

Dem *Reich-Gottes-orientierten Ansatz* geht es um die *oikumene* in einem umfassenden Sinn des Wortes, nämlich als bewohnter bzw. als für alle wieder bewohnbar zu machender Erdkreis. Für ihn stehen die Bemühungen der zwischenkirchlichen Ökumene im grösseren Horizont solcher *oikumene*. Ausgangspunkt dieser Ökumene ist die Option für die leidenden Menschen unten und am Rand der Gesellschaft, d. h. für die ökonomisch Ausgebeuteten, für die sozial Ausgeschlossenen und die kulturell Ausgegrenzten. Johann Baptist Metz spricht von der «Autorität der Leidenden», der sich auch die Kirchen zu unterwerfen hätten. Er hat deshalb eine «Ökumene der Compassion» vorgeschlagen. Unter «Compassion» versteht er jene elementare Leidempfindsamkeit, die für Jesus charakteristisch war, wenn sein erster Blick nicht der Sünde, sondern dem Leid des anderen galt.[176] Compassion versteht Metz

> «als die der Gottesleidenschaft entspringende Mitleidenschaftlichkeit, als teilnehmende Wahrnehmung fremden Leids, als tätiges Eingedenken des Leids der andern»[177].

Er plädiert für eine Ökumene der Compassion, die auf der Mystik des Leidens basiert, um die alle grossen Religionen der Menschheit konzentriert sind. Diese Mystik des Leidens

> «könnte auch die Basis sein für eine Koalition der Religionen zur Rettung und Beförderung der sozialen und politischen Compassion in unserer Welt – im gemeinsamen Widerstand gegen die Ursachen des ungerechten und unschuldigen Leidens, aber auch gegen die kalte Alternative einer Weltgesellschaft, in der ‹der Mensch› immer mehr in den menschenleeren Systemen der Ökonomie, der Technik und ihrer Kultur- und Informationstechnologie verschwindet. Diese Ökumene der Compassion wäre nicht nur ein religiöses, sondern auch ein politisches Ereignis.»[178]

---

176 Vgl. *Metz*, Christentum 6.
177 Ebd. 7f.
178 Ebd. 12.

Eine solche Ökumene der Compassion wäre eine säkulare Ökumene im Sinne des beschriebenen Ansatzes. Sie müsste sich auch zentral um die Erhaltung der natürlichen Lebensgrundlagen kümmern, da es ohne diese kein «Leben in Fülle» (vgl. Joh 10,10) für alle auf der Erde gibt.

3.2.4 Schematische Zusammenstellung der beiden Ansätze

institutionsbezogen	Idealtypischer Ansatz	Reich-Gottes-orientiert
Bürokratische Verwaltung und doktinär-rubrizistisch-disziplinäre Tradierung der biblischen Botschaft im Dienst der Institution Kirche.	Hauptmerkmal	Schöpferische Umsetzung und praktische Bezeugung des Reiches Gottes zur Überwindung von Trennungen und Diskriminierungen.
Option für Kirche als Institution und deren Einheit. Erhaltung der bestehenden (Macht-)Strukturen. Gesellschaftliche Widersprüche werden in der Kirche nicht zugelassen.	Option Erkenntnisleitendes Interesse	Option für Arme und Bedrängte aller Art. Kirche nicht Selbstzweck, sondern im Dienst am Reich Gottes. Nicht alles mit dem Glauben vereinbar: *status* bzw. *processus confessionis*.
Reich Gottes ist marginales Thema unter anderen, in Christologie aufgehoben. Wird privatisiert, spiritualisiert und «verjenseitigt».	Reich Gottes	Reich Gottes mit inhaltlicher Fülle und komplexer Struktur zentrales Thema. Alles in Glaube, Kirche und Theologie *«sub specie regni Dei»*.
Bejahung der Existenz Gottes zentral. Wer-Identität Gottes. Theismus-Atheismus-Schema mit Nähe zu zivilreligiösem Gott zur Sanktionierung der bestehenden Verhältnisse. Funktion des Gottesverständnisses wird nicht reflektiert.	Gottesverständnis	Parteischer Gott des Exodus und des Reiches. Wo-Identität Gottes. Götzen des Todes gegen Gott des Lebens. Gottesglaube verbunden mit Weltgestaltungsvision eines Lebens in Fülle aller. Funktion der Gottesrede wird kritisch reflektiert.
Privatisierter Glaube als Annahme satzhafter Wahrheiten. Orthodoxie zentral. Spiritualisiertes Glaubensverständnis ohne kritischen Bezug zur Gesellschaft. Funktionale Spiritualität der Beruhigung und Anpassung.	Glaube Spiritualität	Glaube als persönlich-politische Nachfolge Jesu. Orthopraxie zentral. Selbstverpflichtende Qualität von Gebet und Liturgie. Kritische Spiritualität des Widerstandes und des Kampfes.

institutionsbezogen	Idealtypischer Ansatz	Reich-Gottes-orientiert
Idealistische Konzeption von Theologie. Sinn der Wahrheit lediglich für die Kirche selbst. Thema: Glaube-Vernunft. Unheil der Welt und Heilswille Gottes sollen denkerisch in Einklang gebracht werden. Keine Reflexion ihrer Voraussetzungen und Funktion.	**Theologie**	Bruch mit idealistischem Denken und Bündnis mit Reichen und Mächtigen. Theologie als Produktion von Erkenntnissen. Bedeutung der Wahrheiten heute. Thema: Glaube und Praxis. Unheil der Welt und Heilswille Gottes eine Frage der Praxis.
Totalisierendes Einheitskonzept der Kirche bis zur Vergötzung der Sichtbarkeit. Kooperative Pastoral ohne handlungswirksame theologische Begründung.	**Kirche Pastoral**	Einheit der Kirche im Dienst offener Kommensalität und als eschatologische Verheissung. Reich-Gottes-Pastoral mit Nähe zur Sozialpastoral.
Zwischenkirchliche Ökumene. Kontroverstheologische Bearbeitung der dogmatischen, liturgischen und institutionellen Differenzen.	**Ökumene**	Säkulare Ökumene für den ganzen bewohnten Erdkreis. Ökumene der Compassion auf der Seite der Leidenden für ein Leben in Fülle aller.

Zum Weiterlesen

Belok, Manfred (Hg.): Zwischen Vision und Planung. Auf dem Weg zu einer kooperativen und lebensweltorientierten Pastoral. Ansätze und Erfahrungen in 11 Bistümern in Deutschland, Paderborn 2002.

Steinkamp, Hermann: Solidarität und Parteilichkeit. Für eine neue Praxis in Kirche und Gemeinde, Mainz 1994.

Kairologie – Erforschung der Zeichen der Zeit und der Lage der Kirche 4

«Kairologie» bedeutet wörtlich übersetzt die Rede oder Lehre vom kritischen, richtigen oder günstigen Zeitpunkt der Entscheidung.[179] In der Praktischen Theologie ist mit Kairologie das Verständnis der gegenwärtigen Epoche mit ihren Zeichen der Zeit gemeint. In der Kairologie geht es darum, die Situation in Gesellschaft, Welt und Kirche zu verstehen. Diese Situation wird im Licht des Evangeliums beurteilt, um danach im Handeln das Werk Christi ebenso situationsgerecht wie evangeliumsgemäss weiterzuführen. Der Kairologie geht es um die Vergewisserung über die Zeichen der Zeit als Hauptcharakteristika der gegenwärtigen Epoche. Gemäss dem Zweiten Vatikanum soll die Kirche jene Zeichen der Zeit erforschen, in denen es zentral um prekäre Zeiterscheinungen geht, in denen Wohl und Wehe der Menschen von heute sichtbar werden und auf dem Spiel stehen. Dies gilt aufgrund der «innigsten Verbindung der Kirche mit der ganzen Völkerfamilie» und der Solidarität der Jüngerinnen und Jünger Christi mit «Freude und Hoffnung, Trauer und Angst der Menschen dieser Zeit, besonders der Armen und Bedrängten aller Art» (GS 1).

Die Erforschung der Zeichen der Zeit ist der erste methodische Schritt Sehen im Sinn der sozial-analytischen Vermittlung des Glaubens. Die Kairologie ist keine vermeintlich neutrale Darstellung der gegenwärtigen Verhältnisse, da es eine solche für niemanden gibt. Jede Sicht der Wirklichkeit ist von Optionen im Sinne von wichtigen Grundentscheidungen bestimmt und abhängig von den mit diesen Optionen verbundenen erkenntnisleitenden Interessen. In die Kairologie als erstem Schritt gehen deshalb unausweichlich bereits wer-

---

[179] Das Griechische kennt zwei Begriffe für Zeit: *kairos* meint den richtigen Zeitpunkt oder die Qualität der Zeit, *chronos* die messbare, quantifizierbare Zeit.

tende Beurteilungen ein, die im Grunde zum Schritt Urteilen, also zur Kriteriologie gehören. Die Kairologie im Rahmen einer Praktischen Theologie, die den Impulsen des Zweiten Vatikanums verpflichtet ist, geht bei der Erforschung der Zeichen der Zeit von der Option für die «Armen und Bedrängten aller Art» aus. Die Analyse der gesellschaftlichen und kirchlichen Verhältnisse ist notwendige, aber nicht hinreichende Bedingung dafür, den Glauben auf der Höhe der Zeit situationsbezogen bezeugen zu können. In diesem Kapitel sollen die Quellen für die Erforschung der Zeichen der Zeit beschrieben (4.1), zentrale Momente der gesellschaftlichen und globalen Verhältnisse festgehalten (4.2) und die Lage der Kirche im Rahmen der soziohistorischen Entwicklungen beschrieben werden (4.3).

4.1 Quellen zur Erforschung der Zeichen der Zeit

Für die Erforschung der Zeichen der Zeit stehen verschiedene Quellen zur Verfügung. Zu diesen gehören zunächst eigene Beobachtungen und Erfahrungen in der unmittelbar zugänglichen Austauschumgebung eines Dorfes, eines Quartiers oder einer Stadt. Weiter geht es um Informationen über die gesellschaftliche Orientierungsumgebung und über kontinentale und globale Verhältnisse, die in Presse, Radio, Fernsehen und Internet zugänglich sind. Eine Quelle besonderer Art stellen Literatur und Film dar, weil Schriftstellerinnen und Schriftsteller bzw. Filmemacherinnen und Filmemacher oft über ein eigenes Sensorium für die Wahrnehmung der Zeichen der Zeit verfügen. Nicht-Regierungsorganisationen wie Amnesty International, Greenpeace, WWF (World Wide Fund For Nature), Attac (Association pour une Taxation sur les Transactions financièrs pour l'Aide aux Citoyens) usw. informieren über Probleme als Zeichen der Zeit. Eine wichtige Quelle stellen in der Schweiz seit 1999 der jährliche Sozialalmanach der Caritas Schweiz und deren Diskussions- und Positionspapiere dar. Zudem ist an das Wort der Kirchen in Deutschland «Für eine Zukunft in Solidarität und Gerechtigkeit» von 1997 und an «die Ökumenische Konsultation zur sozialen und wirtschaftlichen Zukunft der Schweiz» von

2001 zu erinnern. Schliesslich sind in wissenschaftlichen Publikationen ökonomischer, soziologischer, politologischer und psychologischer Art Informationen über Zeichen der Zeit enthalten.

4.2 Aspekte der gesellschaftlichen und globalen Verhältnisse

4.2.1 Individualisierung im Übergang von der Industrie- zur Risikogesellschaft

Unsere Epoche ist u. a. durch jene Entwicklung charakterisiert, die Ulrich Beck als den Übergang von der Industrie- zur Risikogesellschaft bezeichnet hat. Mit diesem Übergang ist eine Individualisierung verbunden. Dabei geht es um eine Entwicklung, in der die Moderne an ihre Grenzen stösst bzw. in der sie beginnt, sich kritisch zu sich selbst zu verhalten.[180]

4.2.1.1 Bruch in der Moderne

In der Moderne werden nach Ulrich Beck sowohl Reichtum wie Risiken produziert. Seine These leitet er wie folgt her:

> «*Modernisierung* meint die technologischen Rationalisierungsschübe und die Veränderung von Arbeit und Organisation, umfasst darüber hinaus aber auch sehr viel mehr: den Wandel der Sozialcharaktere und Normalbiographien, der Lebensstile und Liebesformen, der Einfluss- und Machtstrukturen, der politischen Unterdrückungs- und Beteiligungsformen, der Wirklichkeitsauffassung und Erkenntnisnormen»[181].

Dieser Wandel sei erheblich, denn er sei spürbar als Bruch

> «*innerhalb* der Moderne […], die sich aus den Konturen der klassischen Industriegesellschaft herausgelöst und eine neue Gestalt – die hier so genannte (industrielle) ‹Risikogesellschaft› – ausprägt»[182].

---

180 Vgl. *Beck*, Risikogesellschaft.
181 Ebd.
182 Ebd. 13.

4.2.1.2 Entzauberung von Wissenschaft und Technik

Die theoretische Leitidee zum Verständnis der Verunsicherungen angesichts einer sich selbst gefährdenden Zivilisation lautet:

> «Ähnlich wie im 19. Jahrhundert Modernisierung die ständisch verknöcherte Agrargesellschaft aufgelöst und das Strukturbild der Industriegesellschaft herausgeschält hat, löst Modernisierung heute die Konturen der Industriegesellschaft auf, und in der Kontinuität der Moderne entsteht eine andere gesellschaftliche Gestalt.»[183]

Exkurs Es gibt aber Grenzen in dieser Analogie, und es muss zwischen einfacher und reflexiver Modernisierung unterschieden werden.
«Heute, an der Wende ins 21. Jahrhundert, hat Modernisierung *ihr Gegenteil* [die traditionelle Welt] *aufgezehrt, verloren* und trifft nun *auf sich selbst* in ihren industriegesellschaftlichen Prämissen und Funktionsprinzipien. […] Wurden im 19. Jahrhundert ständische Privilegien und religiöse Weltbilder, so werden heute das Wissenschafts- und Technikverständnis der klassischen Industriegesellschaft entzaubert […]. Es ist dieser aufbrechende *Gegensatz* von Moderne und Industriegesellschaft […], der uns, die wir bis ins Mark hinein gewöhnt sind, die Moderne *in* den Kategorien der Industriegesellschaft zu denken, heute das Koordinatensystem verschwimmen lässt. Diese Unterscheidung […] zwischen *einfacher* und *reflexiver* Modernisierung, wird uns noch lange beschäftigen.»[184]

4.2.1.3 Destruktivkräfte werden freigesetzt

Die Risikogesellschaft setzt als Produkt der industriellen Fortschrittsmaschinerie Destruktivkräfte globalen Ausmasses frei und ist im Unterschied zu allen früheren Epochen wesentlich durch einen Mangel charakterisiert, da sie ihre Gefährdung nicht externen Kräften, sondern sich selbst zuschreiben muss.

> «Im Modernisierungsprozess werden mehr und mehr auch *Destruktivkräfte* in einem Ausmass freigesetzt, vor denen das menschliche Vorstellungsvermögen fassungslos steht.»[185] «Die heutigen Risiken und Gefährdungen unterscheiden sich […] wesentlich von den äusserlich

---

183 Ebd. 14.
184 Ebd.
185 Ebd. 27.

oft ähnlichen des Mittelalters durch die *Globalität* ihrer Bedrohung (Mensch, Tier, Pflanze) und ihre *modernen* Ursachen. Es sind *Modernisierungs*risiken. Sie sind *pauschales Produkt* der industriellen Fortschrittsmaschinerie und werden *systematisch* mit deren Weiterentwicklung verschärft.»[186] «Im Unterschied zu allen früheren Kulturen und gesellschaftlichen Entwicklungsphasen, die sich in vielfältiger Weise Bedrohungen gegenübersahen, ist die Gesellschaft heute im Umgang mit Risiken *mit sich selbst konfrontiert*. Risiken sind historisches Produkt, das Spiegelbild menschlicher Handlungen und Unterlassungen, Ausdruck hochentwickelter Produktivkräfte.»[187]

4.2.1.4 Ethik ist neu gefragt

Angesichts der durch die Moderne verursachten Risiken spricht Ulrich Beck von einer impliziten Ethik, denn die erlebten Risiken setzten

«*einen normativen Horizont* verlorener Sicherheit [... und] gebrochenen Vertrauens voraus. [...] Risiken sind in diesem Sinne sachlich gewendete Negativbilder von Utopien, in denen das Humane oder das, was davon übriggeblieben ist, im Modernisierungsprozess konserviert und neu belebt wird. Trotz aller Unkenntlichkeit kann dieser normative Horizont, in dem erst das Risikohafte des Risikos anschaubar wird, letztlich nicht wegmathematisiert oder wegeexperimentiert werden. Hinter allen Versachlichungen tritt früher oder später die Frage nach der *Akzeptanz* hervor und damit die alte neue Frage, *wie wollen wir leben?* [...] Diese Alt-Neu-Fragen, was ist der Mensch? wie halten wir es mit der Natur? [...] stehen im fortgeschrittensten Stadium der Zivilisationsentwicklung wieder ganz oben auf der Tagesordnung [...]. Risikofeststellungen sind die Gestalt, in der die Ethik und damit auch: die Philosophie, die Kultur, die Politik – *in* den Zentren der Modernisierung – in der Wirtschaft, den Naturwissenschaften, den Technikdisziplinen wiederaufsteht.»[188]

4.2.1.5 Von der Klassen- zur Risikogesellschaft

Im Übergang von der Klassen- zur Risikogesellschaft verändern sich die Wertsysteme fundamental. Es

---

186 Ebd. 29.
187 Ebd. 300.
188 Ebd. 37.

«beginnt sich die *Qualität von Gemeinsamkeit* zu ändern. Schematisch gesprochen, kommen in diesen zwei Typen moderner Gesellschaften völlig andersartige Wertsysteme zum Durchbruch. Klassengesellschaften bleiben in ihrer Entwicklungsdynamik auf das Ideal der *Gleichheit* bezogen [...]. Nicht so die Risikogesellschaft. Ihr normativer Gegenentwurf, der ihr zugrunde liegt und sie antreibt, ist die *Sicherheit*. An die Stelle des Wertsystems der ‹ungleichen› Gesellschaft tritt also das Wertsystem der ‹unsicheren› Gesellschaft. [...] Die treibende Kraft in der Klassengesellschaft lässt sich in dem Satz fassen: *Ich habe Hunger!* Die Bewegung, die mit der Risikogesellschaft in Gang gesetzt wird, kommt demgegenüber in der Aussage zum Ausdruck: *Ich habe Angst!*»[189]

4.2.1.6 Prekarität und Prekarisierung als Kennzeichnungen neuer Verhältnisse

Seit einiger Zeit wird in der Soziologie die Tatsache, dass viele Menschen im Zuge der neueren Entwicklungen in schwierigen oder misslichen, d.h. prekären Verhältnissen leben, als «Prekarität»[190] – eine Wortzusammensetzung aus «prekär» und «Proletariat» – und der entsprechende Prozess als «Prekarisierung» bezeichnet. Bei den davon betroffenen Menschen handelt es sich nicht um eine sozial homogene Gruppe. Es gehören dazu Selbständige und Angestellte auf Zeit, Praktikanten und Praktikantinnen, aber auch chronisch Kranke, Alleinerziehende und Langzeitarbeitslose. Unter Prekarisierung wird der Prozess der Zunahme prekärer, d.h. unsicherer Arbeitsverhältnisse verstanden: Arbeitsplätze mit geringer Arbeitsplatzsicherung, niedrigem Lohn, Teilzeitbeschäftigung, befristeten Verträgen und mangelndem Kündigungsschutz.[191]

4.2.1.7 Mehrfache Individualisierung

Bei seiner Darstellung der Risikogesellschaft weist Ulrich Beck auf deren Folgen hin, wenn er feststellt:

«wir sind Augenzeugen eines Gesellschaftswandels innerhalb der Moderne [...], in dessen Verlauf die Menschen aus den Sozialformen

---

189 Ebd. 65 f. Anzumerken ist, dass global gesehen der Hunger nach wie vor eines der drängendsten Probleme ist.
190 Vgl. *Dörre*, Arbeitsgesellschaft.
191 Vgl. *Kehrli/Knöpfel*, Armut 80.

der industriellen Gesellschaft – Klasse, Schicht, Familie, Geschlechtslagen von Männern und Frauen – *freigesetzt* werden, ähnlich wie sie im Laufe der Reformation aus der weltlichen Herrschaft der Kirche in die Gesellschaft ‹entlassen› wurden»[192].

Obwohl er gegenüber dem Begriff «Individualisierung» gewisse Vorbehalte anmeldet, weil er überbedeutungsvoll oder missverständlich ist, erklärt Ulrich Beck im Blick auf die Nachkriegsverhältnisse in der Bundesrepublik Deutschland:

«Dabei soll das Individualisierungstheorem zu der Zentralthese verdichtet werden: Das, was sich seit den letzten zwei Jahrzehnten in der Bundesrepublik (und vielleicht auch in anderen westlichen Industriestaaten) abzeichnet, ist nicht mehr im Rahmen der bisherigen Begrifflichkeiten immanent als eine Veränderung von Bewusstsein und Lage der Menschen zu begreifen, sondern – man verzeihe mir das Wortmonster – muss als Anfang eines *neuen Modus der Vergesellschaftung* gedacht werden, als eine Art ‹Gestaltwandel› oder ‹kategorialer Wandel› im Verhältnis von Individuum und Gesellschaft.»[193]

Die Individualisierung geschieht in drei Formen von Herauslösung, Verlust und neuer Einbindung:

«*Herauslösung* aus historisch vorgegebenen Sozialformen und -bindungen im Sinne traditionaler Herrschafts- und Versorgungszusammenhänge (‹Freisetzungsdimension›), *Verlust von traditionalen Sicherheiten* im Hinblick auf Handlungswissen, Glauben und leitende Normen (‹Entzauberungsdimension›) und – womit die Bedeutung des Begriffs gleichsam in ihr Gegenteil verkehrt wird – eine neue *Art der sozialen Einbindung* (‹Kontroll- bzw. Reintegrationsdimension›).»[194]

Individualisierung bei gleichzeitiger Nivellierung 4.2.1.8

Individualisierung ist insofern ein widersprüchlicher Vergesellschaftungsprozess, als er zwar von traditionalen Bindungen befreit, dies aber um den Preis neuer Formen nivellierender Einbindung in veränderte gesellschaftliche Verhältnisse, in denen das Private weitgehend fremdbestimmt ist.

---

192 *Beck*, Risikogesellschaft 115.
193 Ebd. 205.
194 Ebd. 206.

«Der einzelne wird zwar aus traditionalen Bindungen und Versorgungsbezügen herausgelöst, tauscht dafür aber die Zwänge des Arbeitsmarktes und der Konsumexistenz und der in ihnen enthaltenen Standardisierungen und Kontrollen ein. An die Stelle *traditionaler* Bindungen und Sozialformen (soziale Klasse, Kleinfamilie) treten *sekundäre* Instanzen und Institutionen, die den Lebenslauf des einzelnen prägen und ihn gegenläufig zu der individuellen Verfügung, die sich als Bewusstseinsform durchsetzt, zum Spielball von Moden, Verhältnissen, Konjunkturen und Märkten machen. [...] Auf diese Weise entsteht das soziale Strukturbild eines individualisierten Massenpublikums oder – schärfer formuliert – das standardisierte Kollektivdasein der vereinzelten Massen-Eremiten [...]. Die Privatsphäre ist nicht das, was sie zu sein scheint: eine gegen die Umwelt abgegrenzte Sphäre. *Sie ist die ins Private gewendete und hineinreichende Aussenseite von Verhältnissen und Entscheidungen,* die anderswo: in den Fernsehanstalten, im Bildungssystem, in den Betrieben, am Arbeitsmarkt, im Verkehrssystem etc., unter weitgehender Nichtberücksichtigung der privat-biographischen Konsequenzen getroffen werden.»[195]

4.2.2 Die Erlebnisgesellschaft

Einen Gegenakzent zur Risikogesellschaft stellt die Erlebnisgesellschaft dar, die Gerhard Schulze in seinem gleichnamigen Buch sechs Jahre nach Erscheinen von Becks «Risikogesellschaft» beschreibt.[196]

4.2.2.1 Charakteristik und Aporien der Erlebnisgesellschaft
Thematik und Anliegen seines Buches umschreibt Schulze in der Einleitung so:

«Seit der Nachkriegszeit hat sich die Beziehung der Menschen zu Gütern und Dienstleistungen kontinuierlich verändert. Wohin die Entwicklung gegangen ist, wird am Wandel der Werbung besonders offensichtlich. Wurde zunächst der Gebrauchswert der Produkte in den Mittelpunkt der Präsentation gestellt – Haltbarkeit, Zweckmässigkeit, technische Perfektion –, so betonen die Appelle an den Verbraucher inzwischen

---

195 Ebd. 211.213.214.
196 Vgl. *Schulze*, Erlebnisgesellschaft.

immer stärker den Erlebniswert der Angebote. Produkte werden nicht mehr als Mittel zu einem bestimmten Zweck offeriert, sondern als Selbstzweck. [...] Design und Produktimage werden zur Hauptsache, Nützlichkeit und Funktionalität zum Accessoire. [...] Ästhetik wird ironisch als Zweckmässigkeit verschleiert. Geländeautos beispielsweise sind vordergründig zweckmässig, nur besitzt Geländegängigkeit in unserem asphaltierten und betonierten Ambiente kaum Gebrauchswert, so dass sich diese Eigenschaft als ästhetisches Attribut entpuppt. Pragmatik als Ästhetik [...]. Das Geländeauto ist mit verchromten Stossstangen armiert [...]. All diese Ästhetisierung und Pseudo-Entästhetisierung von Produkten ist Teil eines umfassenden Wandels [...]. Das Leben schlechthin ist zum Erlebnisprojekt geworden. [...] Erlebnisorientierung ist die unmittelbarste Form der Suche nach Glück. Als Handlungstypus entgegengesetzt ist das Handlungsmuster der aufgeschobenen Befriedigung, kennzeichnend etwa für das Sparen, das langfristige Liebeswerben, den zähen politischen Kampf [...]. Bei Handlungen dieses Typs wird die Glückshoffnung in eine ferne Zukunft projiziert, beim erlebnisorientierten Handeln richtet sich der Anspruch ohne Zeitverzögerung auf die aktuelle Handlungssituation.»[197]

Anzumerken wäre hier zumindest zweierlei. Zum einen ist nur einem bestimmten Kreis von Menschen diese Art von Erlebnisgesellschaft wirklich zugänglich, da die Teilnahme an ihr an ein Minimum finanzieller Möglichkeiten gebunden ist, was für Arme, Arbeitslose und Working poor nicht zutrifft. Auf das Ausmass, die Gründe und Formen der Armut auch in der reichen Schweiz hat u.a. seit einiger Zeit die Caritas Schweiz aufmerksam gemacht und ihre Situationsanalyse und ihre Beurteilung publiziert.[198] Zum andern: Die angestrebte und zumindest tendenziell mögliche «Just-in-time-Bedürfnisbefriedigung» tritt insofern das Erbe der traditionellen Religion an, als diese auch als eine Art und Weise verstanden werden kann, den zeitlichen Aufschub von oder den grundsätzlichen Verzicht auf Befriedigungen von Bedürfnissen auszuhalten.

---

197 Ebd. 13f.
198 Vgl. *Kehrli/Knöpfel*, Armut.

4.2.2.2 Milieubildungen in der Erlebnisgesellschaft

In der Erlebnisgesellschaft werden verschiedene soziale Milieus ausgebildet. Für die Bundesrepublik Deutschland machte Schulze zu Beginn der 1990er Jahre fünf soziale Milieus aus, die hier lediglich aufgelistet und mit einem von Schulze genannten Charakteristikum andeutungsweise gekennzeichnet werden sollen. Es sind dies:

- das Niveaumilieu: «ältere Personen (jenseits der 40) mit höherer Bildung»;
- das Harmoniemilieu: «ältere Personen (typischerweise über 40) mit niedriger Schulbildung»;
- das Integrationsmilieu: «ältere Personen der mittleren Bildungsschicht [...] Das Besondere an diesem Milieu ist seine Durchschnittlichkeit»;
- das Selbstverwirklichungsmilieu: «Typisch [...] ist der Grenzverkehr zwischen Mozart und Rockmusik, Kunstausstellungen und Kino, [...] Lebensphilosophie der Perfektion und Lebensphilosophie des Narzissmus»;
- das Unterhaltungsmilieu: «jüngere Personen mit niedrigem Schulabschluss».[199]

Der französische Soziologe Pierre Bourdieu (1930–2002) unterschied drei Klassen, denen er drei verschiedene lebensstilkonstituierende Geschmacksformen zuordnete.

> «erstens die herrschende Klasse, die sich aus zwei gegensätzlichen [...] Fraktionen zusammensetzt, und zwar aus den über ökonomisches Kapital verfügenden ‹herrschenden Herrschenden› (idealtypisch: Unternehmern) und aus den über Kulturkapital verfügenden ‹beherrschten Herrschenden› (idealtypisch: Intellektuellen). Die zweite grosse soziale Klasse stellt die Mittelklasse oder das Kleinbürgertum dar mit den [...] Fraktionen des *absteigenden, exekutiven* und *neuen Kleinbürgertums*. [...] Die dritte Klasse schliesslich ist die Klasse der schlechthin Beherrschten oder, wie sie auch genannt wird, die Volksklasse (‹classe populaire›).»[200]

---

199 Vgl. *Schulze*, Erlebnisgesellschaft 283–330.
200 *Schwingel*, Bourdieu 106 f.

Zu diesen Klassen korrespondierend kann man folgende

> «drei lebensstilkonstituierende Geschmacksformen unterscheiden: Die erste stellt der *legitime Geschmack* der oberen Klasse dar, ein Geschmack, der ‹aus Freiheit oder Luxus geboren›, sich durch einen ‹Sinn für Distinktion› auszeichnet […]. Die zweite Geschmacksform ist *der mittlere (‹prätentiöse›) Geschmack* des Kleinbürgertums, der sich in erster Linie auf die durch Popularisierung in ihrem Distinktionswert schon entwerteten – und dadurch leichter zugänglichen – Werke der legitimen Kultur bezieht. […] Und drittens gibt es den *populären Geschmack* der ‹illegitime›, d. h. von den kulturellen Legitimationsinstanzen nicht sanktionierte Werke und Praktiken (etwa Groschenroman und Volksmusik) bevorzugt […].»[201]

Seit einigen Jahren ist von Sinus-Milieus® die Rede. Die Bezeichnung *Sinus* geht auf eine 1980 von Bundeskanzler Helmut Schmidt in Auftrag gegebene Umfrage über rechtsextremistisches Gedankengut in Deutschland zurück, die vom Sozialwissenschaftlichen Institut Novak und Sörgel durchgeführt wurde. Heute sind Sinus-Milieus® eine eingetragene Marke des Instituts Sinus Sociovision in Heidelberg. Vom Modell der Sinus-Milieus® wird gesagt, es sei das Ergebnis von über 25 Jahren sozialwissenschaftlicher Forschung.[202] Der Begriff «Milieu» geht auf die Gründerväter der französischen Soziologie wie Auguste Comte (1798–1857), Hyppolite Adolphe Taine (1828–1893) und Emile Durkheim (1858–1917) zurück.[203] Er ist an die Stelle von überkommenen Konzepten sozialer Schichtung getreten, die immer weniger zur Bestimmung gesellschaftlicher Einheiten taugen. Es handelt sich um einen neuen Milieubegriff, der weder einfach die soziale Umwelt oder das soziale Umfeld meint und nichts zu tun hat mit abwertenden Bedeutungszuschreibungen wie etwa im Zusammenhang mit dem Rotlicht- oder Dealermilieu.[204]

Das Modell der Sinus-Milieus® unterscheidet zehn Milieus im sozialen Raum, die sich vor allem nach Wertorientie-

---

201 Ebd. 111 f.
202 Vgl. Milieuhandbuch II.
203 Vgl. *Ebertz*, Milieus 258.
204 Vgl. ebd. 260.

rungen, Lebensstilen und ästhetischen Präferenzen unterscheiden. Der soziale Raum wird vertikal nach dem Schichtmodell von Unter- Mittel- und Oberschicht und horizontal nach den Orientierungen traditionelle Werte, Modernisierung und Neuorientierung gegliedert. [205] Es werden in Deutschland die folgenden zehn Milieus unterschieden: Zu den gesellschaftlichen Leitmilieus gehören Etablierte, Postmaterielle und Moderne Performer; zu den traditionellen Milieu zählen Konservative, Traditionsverwurzelte und DDR-Nostalgische; die Mainstream-Milieus bilden die Bürgerliche Mitte und die Konsum-Materialisten; zu den hedonistischen Milieus werden die Experimentalisten und die Hedonisten gerechnet.[206] Die einzelnen Milieus können nicht trennscharf voneinander abgegrenzt werden und verändern sich dauernd. Der Anteil der einzelnen Milieus an der Gesamtbevölkerung schwankt zwischen 4 % (DDR-Nostalgische) und 15 % (Bürgerliche Mitte).

4.2.3 Globalisierung und deren Dimensionen als Zeichen der Zeit

Die gegenwärtigen gesellschaftlichen und globalen Verhältnisse werden mit dem vieldeutigen Stichwort «Globalisierung» gekennzeichnet. Zunächst soll das Verständnis von Globalisierung geklärt und dargestellt werden, wie unterschiedlich die damit verbundenen Bedeutungen sind. Schliesslich wird herausgearbeitet, dass und wie man sich in vielen wirtschaftlichen Kontexten auf Globalisierung als neue Qualität weltumspannender Vernetzung und Verantwortung beruft, um eine ganze bestimmte, bloss an der Akkumulation von Kapital interessierte Globalisierungsstrategie zu rechtfertigen.

4.2.3.1 Globalisierung als zunehmende Verantwortung für den Globus
Die geschichtlichen Entwicklungen, die dazu führten, die gegenwärtige Epoche mit dem Begriff «Globalisierung» zu charakterisieren, hat Franz Hinkelammert dargestellt. Er hat

---
205 Vgl. *Gabriel*, Gold 212. Vgl. Milieuhandbuch 6.
206 Vgl. ebd. II und III.

zudem die mit der Globalisierung unausweichlich verbundenen ethischen – und letztlich theologischen – Implikationen aufgezeigt. Hinkelammert geht davon aus, dass Globalisierung zunächst nichts weiter meint, als dass die Welt ein Globus ist und es immer stärker wird.[207]

> «Seit langem weiss man, dass die Erde rund ist. Das wusste bereits Kopernikus [1473–1543], und Kolumbus [1451–1506] zog aus der astronomischen Erkenntnis des Kopernikus Konsequenzen, welche die Welt veränderten. Hiermit beginnt die aktive Globalisierung der Welt. Als ihr Ergebnis wurde die Erde runder […]. Alle weitere Geschichte kann man als eine Geschichte von Globalisierungen schreiben, welche die Welt immer runder machten, indem sie ständig neue Dimensionen dieser Rundheit aufzeigten.»[208]

Eine neue Dimension der Globalisierung entstand Ende des Zweiten Weltkriegs mit der Bedrohung durch die Atombombe:

> «Die neue Erfahrung der Rundheit der Erde setzte im Jahre 1945 ein, als Ergebnis des Zweiten Weltkriegs. Sie zwang sich auf mit der Explosion der ersten Atombombe. Es war die erste globale Waffe, ihre weitere Benutzung bedrohte die Existenz des menschlichen Lebens auf dieser Erde. Sobald mehrere Atommächte entstanden waren, gab es keinen Zweifel mehr, dass sich die Erde in ihrer Beziehung zur Menschheit radikal verändert hatte. Wenn die Menschheit ihre Handlungsweisen nicht veränderte, konnte sie ihr Leben auf der Erde nicht mehr sichern. Der Globus selbst war bedroht. In diesem Moment begann ein neues Bewusstsein von der Globalität des menschlichen Lebens und der Existenz des Planeten, der jetzt selbst globalisiert worden war. Wollte die Menschheit weiter existieren, musste sie eine Verantwortung übernehmen, von der sie bis dahin kaum geträumt hatte. Es war die Verantwortung für die Erde. Diese Verantwortung ergab sich nicht nur als eine ethische Verantwortung, sondern ebensosehr als Bedingung der Möglichkeit alles zukünftigen Lebens auf der Erde. Die ethische Forderung und die Bedingung der Möglichkeit menschlichen Lebens schmolzen zu einer einzigen Forderung zusammen. Das Ethische und das Nützli-

---

207 Vgl. *Hinkelammert*, Schrei 359.
208 Ebd. 359.

che hatten sich vereinigt – trotz aller positivistischer Denktradition, die beide Elemente seit langem sorgsam zu trennen versucht hatte.»[209]

Der Bericht des Club of Rome machte zu Beginn der 1970er Jahre eine neue Qualität der Globalisierung durch die Bedrohung des Lebens als Folge alltäglichen Handelns bewusst:

«[...] die Globalisierung der Erde [...] klopfte aufs Neue an die Pforten. Dieses Mal handelte es sich um den Bericht des Club of Rome über die Grenzen des Wachstums, der im Jahre 1972 an die Öffentlichkeit gelangte. Die Grenzen des Wachstums drückten in neuer Weise die Rundheit der Welt aus, ihren Charakter, Globus zu sein. Aber dieses Mal kam die Bedrohung nicht durch irgendein spezifisches Instrument, das man scheinbar durch externe Mittel kontrollieren konnte, sondern ergab sich aus dem alltäglichen Handeln aller Menschen. Alles menschliche Handeln, von den Unternehmen über den Staat bis zum Verhalten eines jeden einzelnen Menschen in seiner Alltäglichkeit war nun mit eingeschlossen. Erneut wurde die Verantwortung für den Globus offensichtlich, dieses Mal auf eine weit intensivere Weise. Jetzt musste die Menschheit eine Antwort geben auf die alltäglichen Wirkungen ihres eigenen Handelns. Die Kanalisierung des menschlichen Handelns durch das Nutzenkalkül und durch die Maximierung der Gewinne auf den Märkten wurde nun fraglich. Alle diese Handlungsweisen mussten unter dem Gesichtspunkt der Bedingung der Möglichkeit menschlichen Lebens einer Kritik unterzogen werden. Aber diese Kritik war gleichzeitig und notwendigerweise eine Kritik auch von einem ethischen Gesichtspunkt her. Erneut vereinten sich das Nützliche und das Ethische in einer einzigen Forderung.»[210]

Eine weitere Form der Globalisierung im Sinn der Bedrohung des Lebens stellt die Biotechnologie dar:

«In den Achtzigerjahren des 20. Jahrhunderts war [...] eine neue Form jener Gefahr präsent, die sich aus der Globalisierung der Erde ergab. Jetzt ging es um die Biotechnologie. Das Leben selbst in seinen abstrakten Bauteilen wurde zum Objekt eines neuen menschlichen Handelns. Es entstand die gleiche Bedrohung des Globus [...]. Aber die Bedrohung stand nun in direktem Zusammenhang mit den Methoden der empirischen Wissenschaft. [...] Die Verantwortung des Menschen für

---

209 Ebd. 361.
210 Ebd. 361 f. Vgl. für die Schweiz: *Binswanger/Geissberger/Ginsburg*, Wege.

die runde Erde, den Globus, meint nun die Verantwortung gegenüber den Wirkungen der Methoden der empirischen Wissenschaften.»[211]

In den letzten Jahren ist deutlich geworden, dass eine Bedrohung durch die Brutalisierung des Zusammenlebens entstanden ist, die nicht nur die bisher letzte, sondern vielleicht auch die grösste darstellt:

> «Als Folge all dieser globalen Katastrophendrohungen entsteht eine neue Bedrohung; eine allgemeine Krise des menschlichen Zusammenlebens. Die zunehmende Ausgrenzung grosser Bevölkerungsteile führt gegenüber den Ausgegrenzten zu einer unvermeidlichen Brutalisierung. Die Brutalisierung der menschlichen Beziehungen aber verallgemeinert sich. Sie erzeugt eine zunehmende Brutalisierung der sozialen Beziehungen aller – insbesondere bei jenen, die die anderen ausgrenzen […]. Es entwickelt sich nicht etwa eine einfache Polarisierung zwischen den Integrierten und den Ausgegrenzten […]. Der Pol der Integrierten verliert seine Fähigkeit zu einem menschlichen Zusammenleben vielleicht noch stärker als der Pol der Ausgegrenzten. Der Zusammenbruch der menschlichen Beziehungen stellt die Möglichkeit des menschlichen Zusammenlebens selbst in Frage. Es ist die bisher wohl letzte globale Bedrohung. Sie könnte auch die gefährlichste sein, da sie zur Unfähigkeit führt, Widerstand gegenüber den Folgen der übrigen globalen Bedrohung zu verwirklichen.»[212]

In der heutigen Globalisierung bedeutet Mord Selbstmord, da – im Bild gesprochen – die Kugel, die ein Schütze gegen den anderen abschiesst, danach den Globus umkreist und schliesslich in seinem eigenen Rücken landet:

> «Wir können deshalb die Globalisierung der Wirklichkeit folgendermassen zusammenfassen: Mord ist Selbstmord. Der Mord des Anderen hört auf, ein Ausweg zu sein. Wer durch Mord des Anderen zu gewinnen glaubt, der verliert. Aber diese neue Situation anzunehmen, ist keineswegs ein Sachzwang. Obwohl nun Mord Selbstmord ist, bleibt natürlich der Selbstmord möglich. Er verbirgt sich hinter dem Argument des Nutzenkalküls, welches das Argument des Zynikers ist. Es ist das wohl am weitesten verbreitete Argument: ‹Warum soll ich verzichten? In der Lebenszeit, die mir wahrscheinlich bleibt, kann ich weiter-

---
211 *Hinkelammert*, Schrei 362.
212 Ebd. 363.

machen, ohne die Konsequenzen selbst zu tragen.› Hier entspringt die heute so verbreitete Mystik des kollektiven Selbstmords der Menschheit. Aber wenn ich mich als Teil der Menschheit oder als Subjekt einer Reihe von menschlichen Generationen verstehe, ist dieser zynische Ausweg der Verantwortungslosigkeit verschlossen. Dann muss ich die Verantwortung übernehmen. Ethik und Nützlichkeit vereinigen sich und stehen damit im Widerspruch zum Nutzenkalkül.»[213]

4.2.3.2 Unterscheidungen in der mehrdeutigen «Globalisierung»

Zur genaueren Bestimmung dessen, was meist mehrdeutig mit «Globalisierung» bezeichnet wird, hat Ulrich Beck die begriffliche Unterscheidung von «Globalität», «Globalisierung» und «Globalismus» vorgeschlagen.

Globalität
Als Globalität bezeichnet Ulrich Beck jene grundlegende Dimension der Globalisierung, die in der nicht mehr aufhebbaren globalen Abhängigkeit von allen und von allem auf der Welt besteht.

> «*Globalität* meint: *Wir leben längst in einer Weltgesellschaft*, und zwar in dem Sinne, dass die Vorstellung geschlossener Räume fiktiv wird. Kein Land, keine Gruppe kann sich gegeneinander abschliessen. Damit prallen die verschiedenen ökonomischen, kulturellen, politischen Formen aufeinander. [...] ‹‹Weltgesellschaft› [meint] die Gesamtheit sozialer Beziehungen [...], die *nicht* in nationalstaatliche Politik integriert oder durch sie bestimmt (bestimmbar) sind.»[214] «*Globalität ist eine nicht hintergehbare Bedingung menschlichen Handelns am Ausgang dieses Jahrhunderts.*»[215]

Globalisierung
Unter Globalisierung versteht Ulrich Beck jene wirtschaftlichen Prozesse, die die politischen Verhältnisse auf der Welt verändern.

---

213 Ebd. 364.
214 *Beck*, Globalisierung 27 f.
215 Ebd. 35.

Aspekte der gesellschaftlichen und globalen Verhältnisse

«*Globalisierung* meint demgegenüber die *Prozesse,* in deren Folge die Nationalstaaten und ihre Souveränität durch transnationale Akteure, ihre Machtchancen, Orientierungen, Identitäten und Netzwerke unterlaufen und querverbunden werden. [...] Globalisierung [ist ein] dialektischer *Prozess* [...], der transnationale soziale Bindungen und Räume schafft, lokale Kulturen aufwertet und dritte Kulturen [...] hervortreibt. [...] Globalisierung meint also auch: *Nicht-*Weltstaat. Genauer: Weltgesellschaft *ohne Weltstaat* und *ohne Weltregierung.* Es breitet sich ein global *des*organisierter Kapitalismus aus. Denn es gibt keine hegemoniale Macht und kein internationales Regime – weder ökonomisch noch politisch.»[216]

Globalismus
Mit Globalismus meint Ulrich Beck jene neoliberale Strategie, die in ideologischer Weise die Globalisierung dem Primat der Wirtschaft unterwirft.

«Mit *Globalismus* bezeichne ich die Auffassung, dass der Weltmarkt politisches Handeln verdrängt oder ersetzt, d. h. die Ideologie der Weltmarktherrschaft, die Ideologie des Neoliberalismus. Sie verfährt monokausal, ökonomistisch, verkürzt die Vieldimensionalität der Globalisierung auf eine, die wirtschaftliche Dimension, die auch noch linear gedacht wird, und bringt alle andere Dimensionen – ökologische, kulturelle, politische, zivilgesellschaftliche Globalisierung – wenn überhaupt, nur in der unterstellten Dominanz des Weltmarktsystems zur Sprache.»[217] «Globalismus ist ein Denkvirus, der inzwischen alle Parteien, alle Redaktionen, alle Institutionen befallen hat. Nicht dass man wirtschaftlich handeln muss, ist sein Glaubenssatz, sondern dass alle und alles – Politik, Wissenschaft, Kultur – dem Primat des Ökonomischen zu unterwerfen sind. [...] Neoliberaler Globalismus ist insofern ein *hoch*politisches Handeln, das sich jedoch völlig *un*politisch gibt. Politiklosigkeit *als* Revolution! Die Ideologie lautet: Man handelt nicht, sondern vollzieht die Weltmarktgesetze, die – leider – dazu zwingen, den (Sozial-)Staat und die Demokratie zu minimalisieren.»[218]

---

216 Ebd. 28 f. 31. 32.
217 Ebd. 26.
218 Ebd. 203.

4.2.4 Der neoliberale und nihilistische Kapitalismus

Im Folgenden sollen im Sinne des «Globalismus» als einer bestimmten ökonomischen Strategie im Rahmen der «Globalisierung» die Grundzüge des neoliberalen Kapitalismus in seinen utopischen und nihilistischen Formen dargestellt werden. Diese Formen des Kapitalismus gehören zu den wichtigsten Zeichen der Zeit. Sie sind nicht nur bestimmte Wirtschaftsweisen und bleiben nicht auf den Bereich der Ökonomie beschränkt.[219] In politischer Hinsicht bestimmen bzw. beeinträchtigen sie in vielfältiger Weise das Leben der Einzelnen, lösen sie die sozialen Zusammenhänge in Gesellschaft und Welt auf. Zudem wirken sie sich zerstörerisch auf die natürlichen Lebensgrundlagen aus. In Bezug auf die kulturell-religiös-ideologischen Verhältnisse tragen sie als historische Totalprojekte totalitäre und damit – religiös gesprochen – idolatrische, d. h. götzendienerische Züge.

4.2.4.1 Der «totale Markt» im «totalen Kapitalismus»

Das zentrale Dogma des Neoliberalismus lautet: Der Markt hat immer Recht, und die Marktmechanismen werden sich eigengesetzlich von selbst zum grösstmöglichen Wohl aller Menschen regulieren. Friedrich August von Hayek (1899–1992) als Vertreter der radikalsten Tradition der gegenwärtigen bürgerlichen Ökonomie erklärt,

> «dass wir den Markt zu betrachten haben als einen Orientierungsmechanismus, als *den* Kern, der es dem Menschen ermöglicht, sich an Verhältnisse anzupassen, die er nicht zu durchschauen vermag, und andere Umstände zu nutzen, die er ebensowenig kennt, die aber alles zu einer einzigen Ordnung der Dinge gestalten. Ich denke, dass meine ganze spätere theoretische Arbeit auf dem Gebiet der Wirtschaft in Wirklichkeit eine Vervollkommnung dieser schlichten Idee ist. […] Wollen wir die Weltbevölkerung am Leben halten und ihr eine Chance geben, ihre Lebensweise in der Zukunft zu vervollkommnen, dann führt kein Weg an den Methoden des Marktes vorbei, weil dieser *die einzige* dem Men-

---

219 Zur Geschichte des Neoliberalismus und der Bedeutung der Mont Pèlerin Society im Zusammenhang der neoliberalen Hegemoniegewinnung vgl. *Walpen*, Feinde.

schen bekannte Form ist, jene unendliche Fülle an speziellen Informationen zu nutzen, die in diesen Millionen von Menschen zerstreut existieren und deren wir uns nur voll bedienen können, wenn sie im Marktgesetz gespeist werden.»[220]

In der Theorie Hayeks besteht der neuralgische Punkt darin, dass der Markt als die einzige Grösse herausgestellt wird, die die Funktion der Orientierung auszuüben vermag. Und darin unterscheidet sich Hayek von allen anderen, die zugeben, *auch* der Markt lenke die Menschen. Der Markt, wie ihn Hayek versteht, meint nicht

«den auf oft idyllisch gelegenen Plätzen abgehaltenen Wochenmarkt mit frischem Gemüse und schmackhaften Würsten [… noch] den in jeder Gesellschaftsformation vorhandenen […] Austausch arbeitsteilig hergestellter Güter, der […] über das Zusammenwirken von Angebot und Nachfrage und die Konkurrenz zwischen den Marktteilnehmern den Interessenkonflikt zwischen dem Anbieter, der möglichst teuer verkaufen, und dem Nachfrager, der möglichst billig einkaufen will, durch die Bildung des Marktpreises zum Ausgleich [bringt, sondern] […] eine durch profitanstrebende Unternehmen gesteuerte Geldverbindung zwischen Verkäufern und Käufern, deren letztes Ziel die durch den Warenumsatz garantierte Kapitalakkumulation ist. […] Dieser kapitalistische Markt strebt nach Totalität.»[221]

Im Namen des totalen Marktes wird heute davon gesprochen, es gebe keine Alternative zu ihm. Dies wird mit dem TINA-Syndrom (*there is no alternative*) beschrieben. Das Problem sei nicht einfach der Markt.

«Fragt man nach Alternativen – zur heutigen – Marktwirtschaft, so kann es sich *nicht* einfach um *Alternativen zum Markt als solchem handeln*. Jede Alternative zur heutigen Marktwirtschaft muss sich weiterhin im Rahmen von Märkten bewegen. Man kann den Markt als solchen nicht durch etwas anderes ersetzen. […] Wenn wir heute nach Alternativen fragen, so fragen wir nach Alternativen zu einer Marktwirtschaft, die den *Markt* immer mehr in die *totalisierende, einzige Instanz* aller gesellschaftlichen Entscheidungen verwandelt.»[222]

---

220 Zit. in: *Assmann/Hinkelammert*, Götze 126.128.
221 *Füssel*, Perspektiven 171.
222 *Hinkelammert*, Kapitalismus 248.

Es geht also um die Problematik der Totalisierung der Marktgesetze im kapitalistischen Weltsystem, das sich als ein totales präsentiert, wenn vom «totalen Markt» (Henri Lepage) im «totalen Kapitalismus» (Milton Friedman) die Rede ist.[223]

4.2.4.2 Der Eigennutz als beste ökonomische Form der Nächstenliebe

Im Rahmen des Glaubens an den sich von selbst regulierenden Markt zum Wohl aller wird der Eigennutz zur besten ökonomischen Form der Nächstenliebe erklärt:

> «Die Verheissung, [...] die man uns mit Engelszungen glauben machen will, lautet: Das Eigeninteresse führe auf dem raschesten Weg zu wirtschaftlichem Wachstum und zur grösstmöglichen Produktion von Reichtümern wie infolgedessen auch von Gütern für alle. Eigeninteresse sei soziale Wohltat. Und sobald die Fakten die soziale Wirkkraft des Eigeninteresses dementieren, wiederholt man uns die Verheissung im Gewand der angeblich unbestreitbaren Prämisse umso nachdrücklicher: Was nütze es denn, den Kuchen zu verteilen, wenn man ihn nicht zuvor backe und möglichst vergrössere? Das Verteilen und die soziale Wirkung ergäben sich als selbstverständliche Folge aus der Produktion. So erweist sich das Eigeninteresse noch einmal als ökonomische Version des Gebotes zur Nächstenliebe.»[224]

Dieses ökonomische Paradigma des Eigeninteresses, das sich in der Marktwirtschaft entfaltet, stellt zentrale Themen der christlichen Botschaft, insonderheit die Nächstenliebe, auf den Kopf. Es hat dem Christentum die Substanz entführt – das christliche Verständnis von Nächsten- und mithin von Gottesliebe.

> «Die sichere Überzeugung, die ‹benevolentia›, das Wohlwollen, vernachlässigen zu können und nur auf die wohltätige Kraft des Paradigmas des Eigeninteresses auf dem sich selbst regulierenden Markt vertrauen zu müssen, alles das stellte eine der grundstürzendsten und unglaublichsten Revolutionen im ethischen und religiösen Denken der Menschheit dar.»[225]

---

223 Vgl. *Hinkelammert*, Kultur 174.
224 *Assmann/Hinkelammert*, Götze 86.
225 Ebd. 123.

In diesem (Un-) Sinn wird das Gleichnis vom barmherzigen Samaritaner (vgl. Lk 10,25–37) umgedeutet, wenn der Chefökonom der Deutschen Bank, Norbert Walter, das lukanische Beziehungsgeflecht von Geber und Nehmer verkehrt:

> «Die Barmherzigkeit des neutestamentlichen Samariters [...] verfehlt nicht einfach nur ihr Ziel, die Nächstenliebe, sondern bedarf einer völlig neuen Interpretation. Der Samariter im ‹verantwortungsethischen› Sinne ist zunächst derjenige, der Hilfe verweigert und so Eigenverantwortung stimuliert.»[226]

4.2.4.3 Verantwortungs-los kollektivsuizidale Effizienz

Friedrich August von Hayek attestiert dem Markt eine derart überlegene Weisheit, dass ihm der Mensch grenzenlos glauben und vertrauen muss, auch wenn er katastrophale Folgen zeitigt:

> «Menschliches Wissen wird nie, nicht einmal von fern, an die überlegene Weisheit des Marktes zu rühren vermögen.»[227]

Deshalb fordert der Markt «einen grenzenlosen Glauben und ein unbegrenztes Vertrauen auf die wohltätige Kraft der ihm innewohnenden ökonomischen Logik»[228].

> «Das Verhalten am Markt ist, unter dem Gesichtspunkt der Logik des Gewinns, desto erfolgreicher, je weniger es sich um die zerstörerischen Wirkungen der Operationen auf den Märkten kümmert. Die merkantile Logik des Gewinns zwingt dazu, die Folgen einfach zu vergessen. Möglich ist das deshalb, weil die katastrophalen Konsequenzen des Marktes ursächlich ja nicht auf die bösen Absichten der am Markt Beteiligten zurückgehen, sondern auf die unbeabsichtigten Wirkungen, die sich aus deren absichtsvollem Tun am Markt ergeben. [...] Da am Markt jeder und jede für sich allein agiert, kann niemand etwas an den Wirkungen wie Arbeitslosigkeit, Verarmung, Unterentwicklung und Zerstörung der Natur ändern. Alle Welt pflegt also ihre Nichtverantwortung für das, was passiert.»[229]

---

226 *Ramminger*, Umwertung 202.
227 *Assmann/Hinkelammert*, Götze 158.
228 Ebd. 133.
229 Ebd. 200 f.

Das geschieht aufgrund des so genannten Sachzwangs, effizient und rational marktkonform im Interesse der Kapitalakkumulation zu handeln. Dadurch wird aber ein Zerstörungsprozess in Gang gesetzt, der die Grundlage unseres Lebens untergräbt:

> «Wir befinden uns in einem Wettbewerb, in dem jeder den Ast absägt, auf dem er sitzt.»[230]

Entscheidend dabei ist, dass sich das Zweck-Mittel-Kalkül verselbständigt hat und über jede Rationalität der Reproduktion des Lebens gestellt wird. Dies impliziert eine Logik, die einen Kollektivsuizid zwar nicht intentional (absichtlich) anstrebt, aber als nicht-intentionale Folge intentionalen Handelns am Markt in Kauf nimmt. Für die einzelnen Entscheidungen am Markt ist zwar jeder und jede selbst verantwortlich, für das, was sich als Folge unübersehbar vieler Einzelentscheidungen daraus ergibt, ist aber nur noch der Markt verantwortlich und nicht die an ihm beteiligten Akteure. Da jedoch der Markt überlegen weise ist, wird die Verantwortung wahrgenommen, in dem sie an den Markt abgegeben wird, so dass die Verantwortung in perverser Weise die Form buchstäblicher Verantwortungs-losigkeit annimmt. Die viel beschworene «unsichtbare Hand» (Adam Smith), durch die angeblich «alles fragmentarische menschliche Handeln automatisch und ohne jede bewusste Lenkung in eine gleichgewichtige Totalität eingefügt wird»,[231] leistet aber genau das nicht, weil sie «diese Art Gleichgewichtstendenz nur auf partiellen Märkten und gerade nicht in bezug auf die interdependenten Systeme der Arbeitsteilung und der Natur»[232] hat.

> «Gipfel dieser Metaphysik [, in der die Logik des Marktes über das Leben von Menschen und Natur hinweggeht,] ist die Religiosität des Marktes. Das Ja zum Fetisch der Nichtverantwortung bedeutet Demut und entpuppt sich als zentraler Wert. Das Leben von Menschen und Natur gegen den Markt und seine Logik verteidigen zu wollen, wird

---

230 *Hinkelammert*, Welt 203.
231 *Hinkelammert*, Kapitalismus 252 f.
232 Ebd. 253.

hingegen als Stolz und Überheblichkeit an den Pranger gestellt. Sich für nicht verantwortlich für die verheerenden Folgen des Marktes erklären gilt als Weg der Tugend des Marktes, und ein Fragezeichen hinter das Abschieben von Verantwortung setzen heisst sich an der Welt versündigen und ein lasterhaftes Leben führen. Der Markt ist die letzte Grundlage aller Dinge; seine Hypostase ist Gott.»[233]

Markt statt Gott *Exkurs*
Dies wird deutlich, wenn in einem bekannten Kirchenlied «Gott» durch «der Markt» ersetzt wird und dabei das Credo des real existierenden Neoliberalismus an den überlegen weisen Markt und an die mit ihm verbundenen Verheissungen herauskommt:
«1. Was der Markt tut, das ist wohlgetan, es bleibt gerecht sein Wille; wie er fängt meine Sachen an, will ich ihm halten stille. Er ist mein Markt, der in der Not mich wohl weiss zu erhalten; drum lass ich ihn nur walten.
2. Was der Markt tut, das ist wohl getan; er wird mich nicht betrügen. Er führt mich auf rechter Bahn, so lass ich mir genügen an seiner Huld und hab Geduld; er wird mein Unglück wenden, es steht in seinen Händen.
3. Was der Markt tut, das ist wohl getan; er ist mein Licht und Leben, der mir nichts Böses gönnen kann; ich will mich ihm ergeben in Freud und Leid. Es kommt die Zeit, da öffentlich erscheinet, wie treulich er es meinet.
4. Was der Markt tut, das ist wohl getan; dabei will ich verbleiben. Es mag mich auf die raue Bahn Not, Tod und Elend treiben, so wird der Markt mich ganz väterlich in seinen Armen halten; drum lass ich ihn nur walten» (angelehnt an das Lied im Katholischen Gesangbuch der deutschsprachigen Schweiz Nr. 549/ Gotteslob Nr. 294).

Die idolatrische Theologisierung des totalen Marktes 4.2.4.4

Insofern sich die neoliberale Konzeption des «totalen Marktes» in einem «totalen Kapitalismus» bis in die Begrifflichkeit als eine absolute darstellt, beansprucht sie, das Ganze (*totum*) und das Letzte (*ultimum*) zu sein und besetzt damit den utopischen Horizont. So haben wir es im Neoliberalismus nicht mehr nur mit einer ökonomischen Theorie, sondern mit einer perversen Theologisierung des totalen Marktes zu tun.

Zum einen handelt es sich um eine implizite Theologisierung, wenn «das Paradigma des uneingeschränkten Marktes mit seinem Anspruch, der ausschliessliche und allgemein

---
[233] *Assmann/Hinkelammert*, Götze 202.

verbindliche Weg zu sein, bedingungslose Zustimmung [...], einen grenzenlosen Glauben und ein unbegrenztes Vertrauen auf die wohltätige Kraft der ihm innewohnenden ökonomischen Logik» fordert, so dass es «sämtliche Merkmale eines dogmatisch verfestigten religiösen Glaubens» annimmt[234]. Diese «dem ökonomischen Paradigma innewohnende Theologie [stellt] das Kernstück der Idolatrie des Marktes»[235] dar.

Zum andern gibt es eine explizite Theologisierung, wenn Michael Novak als Inhaber des Lehrstuhls für Religion und Politik am American Enterprise Institut mit Berufung auf den leidenden Gottesknecht (vgl. Jes 53,2–3) in den multinationalen Unternehmungen «eine ausserordentlich verachtete Inkarnation von Gottes Gegenwart in dieser Welt»[236] sieht.

4.2.4.5 Der nihilistische Kapitalismus als «ultimativ letzte Religion»

Eine in mehrfacher Hinsicht wohl nicht mehr überbietbare perverse Theologisierung der neoliberalen Religion vertreten Norbert Bolz und David Bosshart, wenn sie in ihrem für Marketingfachleute geschriebenen Buch «Kult-Marketing» erklären:

> «Gegen die Entzauberung der Welt durch Wissenschaft setzt das Kult-Marketing heute auf Strategien der ästhetischen Wiederverzauberung. Die Wissenschaften können uns ja schon lange keine Antwort auf unsere Lebensfragen mehr geben. Und das gerade deshalb angewachsene religiöse Bedürfnis nach Bindung und Verbindlichkeit können die grossen Religionen des Westens offenbar auch nicht mehr befriedigen. Nun tauchen die Götter, die aus dem Himmel der Religion verschwunden sind, als Idole des Marktes wieder auf. Werbung und Marketing besetzen die vakant gewordenen Stellen des Ideenhimmels. [...] Der Kapitalismus im Stadium gesättigter Konsummärkte wird zur ultimativen, ‹letzten› Religion dieser Welt [...] Die grossen Shopping Malls sind die neuen *Kathedralen* des Konsums. [...] Konsumrituale und die Fetische von Markenartikeln aller Preisklassen erfüllen natürliche religiöse Funktionen. [...] Der Kapitalismus erweist sich als die anpassungsfähigste, die ‹windigste› aller Religionen. Er braucht nicht einmal mehr

---

234 Vgl. ebd. 133.
235 Ebd. 134.
236 *Hinkelammert*, Politik 307.

Dogmen, sondern genügt sich selbst. [...] *Die Stärke der Religion des Kapitalismus liegt in ihrer Promiskuität: Das vagabundierende, nie stillbare Begehren nach immer neuen Göttern bedeutet die Rückkehr des heidnischen Polytheismus.*»[237]

Qualifizieren Bolz und Bosshart einerseits «Marketing als Gottesdienst am Kunden»[238], bezichtigen sie andererseits Idealisten des Götzendienstes:

> «Bis vor wenigen Jahren war das stärkste Idol der Idealisten die ‹Gesellschaft›. Mit dem Zusammenbruch des sozialistischen Staatsgötzendienstes hat sich das Devotionsbedürfnis von der Gesellschaft auf die Natur verschoben. *Natur ist der Götze unserer Zeit, und Ökologie ersetzt zunehmend die Theologie.* Der Trendforscher Matthias Horx bemerkt zu Recht: ‹Sammeln und Sortieren des Hausmülls ist die moderne Form des Rosenkranzbetens.›»[239]

Bolz und Bosshart knüpfen bei ihrem Verständnis des Kapitalismus als «ultimativ letzte Religion» beim deutschen Philosophen Walter Benjamin (1892–1940) an, der – allerdings in kritischer Absicht – den Kapitalismus als Religion beschrieben und die These vertreten hat, das Christentum habe sich in Kapitalismus verwandelt:

> «Im Kapitalismus ist eine Religion zu erblicken, d. h. der Kapitalismus dient essentiell der Befriedigung derselben Sorgen, Qualen, Unruhen, auf die ehemals die so genannten Religionen Antwort gaben. [...] Drei Züge sind [...] an dieser religiösen Struktur des Kapitalismus erkennbar. Erstens ist der Kapitalismus eine reine Kultreligion, vielleicht die extremste, die es je gegeben hat. Es hat in ihm alles nur unmittelbar mit Beziehung auf den Kultus Bedeutung, er kennt keine spezielle Dogmatik, keine Theologie. [...] Mit dieser Konkretion des Kultus hängt ein zweiter Zug des Kapitalismus zusammen: die permanente Dauer des Kultus. Der Kapitalismus ist die Zelebrierung eines Kultes sans rêve et sans merci. [...] Dieser Kultus ist zum dritten verschuldend. Der Kapitalismus ist vermutlich der erste Fall eines nicht entsühnenden, sondern verschuldenden Kultus. [...] Darin liegt das historisch Unerhörte des Kapitalismus, dass Religion nicht mehr Reform des Seins sondern

---

237 *Bolz/Bosshart*, Kult-Marketing 11 f.22.23; vgl. *Bolz*, Manifest.
238 *Bolz/Bosshart*, Kult-Marketing 197.
239 Ebd. 35.

dessen Zertrümmerung ist. [...] Der Kapitalismus hat sich – wie nicht allein am Calvinismus, sondern auch an den übrigen orthodoxen christlichen Richtungen zu erweisen sein muss – auf dem Christentum parasitär im Abendland entwickelt, dergestalt, dass zuletzt im wesentlichen seine Geschichte die seines Parasiten, des Kapitalismus ist. [...] Das Christentum zur Reformationszeit hat nicht das Aufkommen des Kapitalismus begünstigt, sondern es hat sich in den Kapitalismus umgewandelt.»[240]

Ihre Sicht des Kapitalismus begründen Bolz und Bosshart, indem sie nach ihren eigenen Angaben von Karl Marx lernen:

> «Kein Geringerer als Karl Marx hat die Funktion der Ware für die gesättigte Gesellschaft exakt vorweggenommen: ‹Eine Ware scheint auf den ersten Blick ein selbstverständliches, triviales Ding. Ihre Analyse ergibt, dass sie ein sehr vertracktes Ding ist, voll metaphysischer Spitzfindigkeiten und theologischer Mucken.› Kurz: Dem Kapitalismus gelingt es, die Waren zu unseren Göttern zu erheben.»[241]

Im Buch «Kult-Marketing» übernehmen Bolz und Bosshart die Marx'sche Fetischismustheorie und führen sie als zynische Theorie weiter, wie Hinkelammert präzis festhält:

> «Marx hatte die Ware als Fetisch analysiert und den Markt als Götzendienst. Diese Aussagen bei Marx sind Sachaussagen. Die Vertreter des utopischen Kapitalismus [Friedrich A. von Hayek, Milton Friedman] diskutierten seine Thesen nicht einmal. Sie erklärten die Fetischismustheorie für Metaphysik. [...] Boltz [sic] und Bosshart übernehmen die Aussagen von Marx. Bei Marx allerdings haben sie eine kritische Bedeutung, da Marx den Bezugspunkt des Allgemeininteresses teilt, allerdings auch umformt. Er wird bei Marx zur konkreten Wirklichkeit des konkreten Menschen, die durch den Markt gefährdet wird. Auch hier nehmen Boltz und Bosshart ihre Umwertung der Werte vor. Sie übernehmen die Fetischismustheorie als Sachaussage, drehen sie aber um, um sie zu vereinnahmen. Danach ist der Markt ein Fetisch, aber er ist es eben. Daher ist er kein Götzendienst, wie Marx meinte, sondern ein Gottesdienst, wie Boltz und Bosshart glauben. Da er es ist, soll er es auch sein. Ausserdem kann die Ware nur Fetisch sein, und eine

---

240 *Benjamin*, Kapitalismus 100–102; vgl. *Baecker*, Kapitalismus.
241 *Bolz/Bosshart*, Kult-Marketing 248.

Abschaffung der Warenbeziehungen hat sich als unmöglich erwiesen. Na, und? So kann die Fetischismustheorie als zynischer Kapitalismus weitergeführt werden.»[242]

4.2.5 Totalisierende Austestung aller Grenzen als Kennzeichen der Moderne

Franz Hinkelammert stellt die Moderne in kausalen Zusammenhang mit der spanischen Inquisition, weil auch die Moderne dahin tendiere, ebenso die menschlichen – und darüber hinaus auch die sozialen – Grenzen nach dem naturwissenschaftlichen Modell der Zerreissprobe auszutesten.

«Vor mehr als 300 Jahren kündigte Francis Bacon [1561–1626] die Naturwissenschaften mit dieser Vorstellung an: Man muss die Natur auf die Folter spannen, bis sie ihre Geheimnisse preisgibt. [...] Bacon reagiert auf diese Weise auf den spanischen Grossinquisitor Torquemada [1420–1483], der sich Ende des 15. Jahrhunderts folgende Frage stellte: Ist es erlaubt, einen Häretiker *nicht* zu foltern? Und er gab die Antwort: Es ist nicht erlaubt, ihn nicht zu foltern; würde man ihn nicht foltern, so würde man ihn der letzten Chance berauben, seine ewige Seele zu retten. Der Häretiker hat das Recht, gefoltert zu werden. Bacon säkularisierte die Position Torquemadas, indem er an die Stelle der ewigen Seele den unendlichen technischen Fortschritt setzt. So wird sichtbar, dass die Inquisition die Kulturrevolution war, aus der die Moderne hervorging.»[243]

Die Materialzerreissprobe wird heute auf die Gesellschaft ausgeweitet.

«Seit Bacon ist dies die Grundorientierung des Okzidents: Es gilt, die Folter bis zu dem Punkt zu treiben, an dem das Geheimnis preisgegeben wird – Inquisition gegenüber der Natur und schliesslich gegenüber jedem Objekt der Erkenntnis und des Handelns. Aber dieses Prinzip der Belastung bis an die Grenzen der Belastbarkeit macht sich überall breit. Lester Thurow [Ökonom am Massachusetts Institute of Technology] wendet es auf die sozialen Beziehungen an. [...] Auf die Frage eines Journalisten: ‹Was wird Ihrer Ansicht nach in einer modernen

---

242 *Hinkelammert*, Schrei 329 f.
243 Ebd. 369 f.

globalisierten Wirtschaft geschehen?› antwortet Thurow: ‹Wir testen das System. Wie tief können die Löhne fallen, wie hoch kann die Arbeitslosenquote steigen, ehe das System bricht. Ich glaube, dass die Menschen sich immer mehr zurückziehen ... Ich bin überzeugt, dass der Mensch in der Regel erst dann die Notwendigkeit einsieht, Dinge zu ändern, wenn er in die Krise gerät.› Es ist die Materialzerreissprobe, nun angewandt auf die zwischenmenschlichen Beziehungen. Es wird nicht einfach das System getestet, sondern die Menschlichkeit als solche.»[244]

Die totalisierende Austestung der Grenzen ohne Rücksicht auf zerstörerische Folgen für die Menschen, die Gesellschaft und die Natur wird tendenziell auf alle Lebensbereiche angewandt. Beispiele dafür sind im Bereich Ökonomie/Ökologie: eine möglichst vollkommene Deregulierung des Marktes; ein ruinöser Konkurrenzkampf von Regionen und Staaten in der Senkung von Steuern zur Verbesserung der eigenen Standortvorteile; Verabsolutierung der Kapitalinteressen durch die Totalisierung der Interessen der Shareholder, d.h. der Aktionäre; Privatisierung der Gewinne und Sozialisierung der Kosten vor allem in rosinenpickender Privatisierung rentabler Teile der öffentlichen Dienste; Senkung der Löhne der unteren Einkommen unter das Existenzminimum (Working poor) bei gleichzeitiger Erhöhung der Bezüge der oberen und obersten Kader in astronomischen Ausmassen; Sparen um jeden Preis der öffentlichen Hand vor allem dort, wo wenig Widerstand erwartet wird; Ökonomisierung als In-Wert-Setzung tendenziell aller Lebensbereiche; Konsumismus im Sinne des Konsumierens des Konsums.

Beispiele für die totalisierende Austestung der Grenzen sind im Bereich Politik: die Totalisierung des Wettbewerbs und des Konkurrenzprinzips mit desolidarisierender und zerstörerischer Wirkung für Einzelne, Familien, Gemeinden, Unternehmen und die Gesellschaft; das Denken und Handeln bloss noch innerhalb der Spirale der Gewalt, wie sie Dom Helder Camara beschrieben hat als Spirale zwischen der strukturellen Gewalt als der Gewalt Nr. 1, der revolutionären oder terroristischen Gewalt als Reaktion auf die strukturelle

---

244 Ebd. 371 f.

Gewalt als Gewalt Nr. 2 und der repressiven polizeilichen und militärischen Gewalt des Staates als Gewalt gegen die revolutionäre und terroristische Gewalt als Gewalt Nr. 3, die wiederum die strukturelle Gewalt aufrechterhält;[245] die dualistische Einteilung der Welt in Reiche des Bösen und des Guten, die Rede von «Achsen des Bösen» und die Qualifizierung einzelner Staaten als Schurkenstaaten; Tendenzen zu ethnischer Säuberung oder ethnischer Ausgrenzung in fremdenfeindlichen politischen Programmen.

Beispiele für totalisierende Austestungen von Grenzen sind im Bereich Kultur/Religion/Ideologie: das nicht einhaltbare Versprechen v.a. rechtspopulistischer Parteien von Nullrisiko und Totalsicherheit durch eine Politik blosser Repression; die Etablierung der Gesellschaft als letzten «metaphysischen Horizont» (Franz-Xaver Kaufmann); die Rede von dem mit der Marktwirtschaft und der Demokratie gekommenen «Ende der Geschichte» (Francis Fukuyama); die Identifikation des historischen Projekts des Neoliberalismus oder des (zynischen) Kapitalismus als «ultimativ letzter Religion» mit dem utopischen Horizont selbst; in der Kirche die Tendenz zu doktrinärer und disziplinärer Gleichschaltung aller und der totalisierenden Verabsolutierung bestimmter Einheitsvorstellungen als «Vergötzung der Sichtbarkeit» (Joseph Moingt).

In der totalisierenden Austestung aller Grenzen selbst auf Kosten von Menschen, Gesellschaft und Natur durch Verabsolutierung wirtschaftlicher Gesetze, politischer Prinzipien oder institutioneller Interessen im Bereich der Gesellschaft und durch die Verabsolutierung doktrinärer und disziplinärer Einheitsvorstellungen im Bereich der Kirche schliesst sich die Welt oder die Kirche in sich selbst ein und wird jede Utopie, d.h. jeder U-Topos, jeder Nicht- bzw. Noch-nicht-Ort ausgeschlossen. Da in dieser Denkweise Gesetze, Prinzipien oder Interessen das letzte Wort haben, wird in Kauf genommen, dass für die Erfüllung von Gesetzen, für das Einhalten von Prinzipien und zugunsten institutioneller Interessen das Leben Einzelner, der Gesellschaft oder der Natur beeinträchtigt oder zerstört wird. Diese Denkweise folgt einer Logik des

---

245 Vgl. *Camara*, Spirale.

Todes und nicht des Lebens. Sie ist kennzeichnend für unsere Epoche und eines der wichtigsten Zeichen der Zeit, da es die Würde des Menschen zutiefst gefährdet.

Die Logik des Lebens, die allein das Überleben des Globus nicht gefährdet, besteht darin, dass sich alle Gesetze, Prinzipien und Interessen vor dem konkreten Leben der Einzelnen, dem geordneten Zusammenleben der Gesellschaft und Völker und der Erhaltung der natürlichen Lebensgrundlagen verantworten müssen. Als Bedingung der Möglichkeit von Leben braucht es zwar Gesetze, Prinzipien und Institutionen. Diese aber müssen im Dienst des Lebens stehen und dürfen deshalb nicht verabsolutiert werden. Es braucht sie zwar zum Leben, aber gerade dieses Leben erfordert, dass nicht sie, sondern das Leben das letzte Wort hat. Zur Erhaltung der Bedingung der Möglichkeit von Leben gehört deshalb, dass die Geltung der Gesetze, Prinzipien und institutionellen Interessen angesichts zerstörerischer Wirkungen als Folge ihrer Durchsetzung suspendiert wird und alle Gesetze, Prinzipien und institutionelle Interessen dem Leben der Menschen und der Natur unterworfen werden.

4.3 Die Kirche im Rahmen der sozio-historischen Entwicklungen

Zur Kairologie im Rahmen der Praktischen Theologie gehört, sich nicht nur über die gesellschaftlichen Verhältnisse Rechenschaft zu geben, sondern auch die spezifische Situation der Kirche selbst zu reflektieren. Dazu ist ein Blick in die Geschichte erforderlich, denn in deren Verlauf haben das Christentum und die Kirche in mehrfacher Hinsicht grosse Entwicklungen durchgemacht und starke Veränderungen erfahren. Unter der hier vor allem interessierenden (christentums-) soziologischen Rücksicht können verschiedene Sozialformen unterschieden werden. Deren Geschichte macht die historische Relativität der heute noch vorherrschenden volkskirchlichen Sozialform(en) deutlich und lässt die gegenwärtige gesellschaftliche Stellung der Kirche und ihre soziologische Verfassung besser verstehen.

4.3.1 Von der «verrandeten» Sondergruppe über die gesamtkulturelle zur territorialstaatlichen Verfassung

Die meisten der ersten Christinnen und Christen gehörten den unteren gesellschaftlichen Schichten an. Sie bildeten im römischen Reich «verrandete»[246] und zerstreute Gruppen. Sie waren *paroikoi* – *paroikos* ist der Fremdling ohne Bürgerrecht – und bildeten nach dem synagogalen Gruppenmodell der Juden in einer Stadt jeweils eine *paroikia*. Sie wurden unter einzelnen Kaisern wie Nero (54–68), Domitian (81–96), Decius (249–251) und Diokletian (285–305) staatlich verfolgt oder wurden Opfer örtlicher Pogrome. Im Römischen Reich galten die Christinnen und Christen als Atheisten.

> «Ihre Andersartigkeit zog ihnen den gefährlichen Vorwurf der *Gottlosigkeit* zu, der zweierlei beinhaltete: Zum einen lastete er ihnen (wie z. B. auch schon dem Sokrates) an, die Götter der Gesellschaft (der Polis) verlassen zu haben und damit die stabilisierende und schützende Ordnung der Gesellschaft gefährlich zu stören. Die Christen bekannten sich offen zu diesem ‹Atheismus›. Zum anderen hiess der Atheismus-Vorwurf im Fall der Christen auch, dass man ihnen wegen ihrer abweichenden religiösen Praxis den Status einer Religion bestritt, weil sie nämlich weder Bilder noch Tempel oder Altäre hatten, wozu sie sich ebenfalls bekannten.»[247]

Im Übergang vom 2. zum 3. Jahrhundert kam es mit Klemens von Alexandrien (um 150–215) und Origenes (um 185–254) zu einer grundlegenden Wende im Kirchenmodell. Das alexandrinische Christentum machte es möglich, Christ oder Christin zu werden und trotzdem reich zu bleiben. Klemens bereitete die Konstantinische Wende vor. Er ebnete die theoretischen Wege eines bürgerlichen Christentums durch die Spiritualisierung des Verhältnisses zum Besitz. Die einzige von ihm erhaltene Predigt trägt den bezeichnenden Titel: «Welcher Reiche kann gerettet werden?» Der römischen Reichsverwaltung blieb diese Neuorientierung nicht verborgen. Sie erblickte im Christentum allmählich ein Instrument,

---

246 Diese Begrifflichkeit findet sich beim Kirchenhistoriker Eduardo Hoornaert. Sie drückt das Prozesshafte aus.
247 *Brox*, Kirchengeschichte 43.

die neue Reichsidee zu stärken, die sich am ägyptischen Staatsmodell orientierte. Nach diesem Modell ist das Ziel des Staates nicht das Wohl der Untertanen, sondern die Stärkung seiner selbst. Die letzte und blutigste Verfolgung ab 303 unter Kaiser Diokletian, die die angestrebte vollständige Vernichtung des Christentums verfehlte, hatte 311 ein Toleranzedikt von Kaiser Galerius (305–311) zur Folge. 321 verfügte Kaiser Konstantin die Sonntagsruhe. Ganz entscheidend war die teilweise Übernahme der diokletianischen Einteilung des Reiches Ende des 3. Jahrhunderts seitens der Kirche. Das Reich wurde in 101 Provinzen eingeteilt, die zu 17 jeweils von einem Vikar geleiteten Diözesen zusammengefasst waren und insgesamt 4 Präfekturen bildeten. Seit 325 sind die Bezeichnungen «Diözese» und «Vikar» durch die Kirche nachgewiesen.

> «Historisch gesehen hat die Kirche das Territorialprinzip übernommen, das ein Organisationsprinzip des römischen Reiches war. Diese Übernahme hatte enorme pastorale Folgen; die erste war die langsame Ablösung des Katechumenats (weil eine Gruppenkirche prinzipiell die Bekehrung einzelner Menschen erfordert) durch die Kindertaufe (die im Prinzip ‹Kulturen› bekehrt). [...] Weil es soviel leichter geworden war, in den christlichen Gesellschaftsverband aufgenommen zu werden, musste die Kirche ihre Seelsorgsinstrumente entscheidend ändern; eine innere Logik führte von der Kindertaufe zur häufigen Busse, zur Schaffung ländlicher Pfarreien (die die christliche Bevölkerung fern vom bischöflichen Zentrum stützen sollen), zur sonntäglichen Pflichtmesse (denn das ohne persönliche Bekehrungsprozess in der Kindheit getaufte christliche Volk neigt zur Laxheit in den religiösen Pflichten), zur Osterkommunion sowie dann – viel später – zum Religionsunterricht und zur Errichtung katholischer Schulen.»[248]

Der wohl entscheidendste Einschnitt in der Geschichte des institutionell verfassten Christentums war die Konstantinische Wende. Ab 313 waren die Christinnen und Christen aufgrund der in der Mailänder Konvention von Konstantin und Licinius im Römischen Reich verordneten Religionsfreiheit geduldet. Mit dem Edikt «Cunctos populos» vom 28. Februar

---

248 *Hoornaert*, Anfänge 132.

380 forderte Kaiser Theodosius von allen Reichsbewohnern, dass sie Christen würden. 391 verbot er alle nichtchristlichen Kulte. Damit wurde das Christentum zur alleinigen Staatsreligion.

Historisch gesehen kann sich kein Geschehnis seit dem Tode Jesu an Wichtigkeit für die Entwicklung des Christentums mit der Konstantinischen Wende messen. Aus der Gemeinschaft vornehmlich armer, «verrandeter» und z. T. verfolgter Christen und Christinnen wurden Verbündete der Mächtigen und Stützen des römischen Reiches. Dadurch wurden die Verhältnisse umgekehrt. Der Gott, der die Mächtigen entthront und die Kleinen erhebt, stützt plötzlich den Thron der Mächtigen und rechtfertigt das Opfer der Kleinen. Die «Christianisierung» des Imperiums ging einher mit einer «Imperialisierung» des Christentums, d. h. mit einer derartigen Umdeutung des Christentums in eine Christenheit, die dann zur Legitimierung von Macht und Gewalt benutzt werden konnte.[249]

> «Das imperiale Christentum entspricht der Christianisierung des Imperiums. Imperium und Christentum können sich miteinander nur identifizieren durch eine wechselseitige Umformung. Das Imperium übernimmt ein Christentum, das die imperiale Macht stützen kann. Das Christentum muss sich in die imperiale Christenheit verwandeln, um das Imperium christianisieren zu können. […] Die Christenheit entsteht als ein Christentum, das ‹von dieser Welt› ist. […] In dem Ausmass […], in dem das Christentum die Bekehrung des Imperiums selbst und nicht bloss der Bevölkerung sucht und erreicht, wird die Opferinterpretation des Todes Jesu den ersten Platz einnehmen. Damit kann der Tod Jesu zum Gründungsopfer des Imperiums werden. Vom 3. Jahrhundert an gewinnt die Opferinterpretation an Bedeutung und beherrscht das Christentum vom 11. Jahrhundert an mit der Theologie des Anselm von Canterbury. Der Tod Jesu, der in den ersten Jahrhunderten von Paulus her vor allem als die Zahlung eines Lösegeldes angesehen wurde, das der Satan illegitim, aber mit Gewalt verlangte, gilt jetzt als Bezahlung einer legitimen Schuld bei Gott, dessen ordnende Gerechtigkeit diese Zahlung verlangt.»[250]

---
249 Vgl. *Hinkelammert*, Schrei 212–216.
250 Ebd. 270 f.

Das imperialisierte Christentum musste als Christenheit die Texte der christlichen Botschaft

> «so interpretieren, dass sie ihren ursprünglichen Sinn verändern. Sie müssen jetzt eine Christenheit stützen, die sich gegen die Ursprünge des Christentums gestellt hat. In der Neuformulierung dieser Texte entsteht die antijüdische Lektüre, die den aufkommenden Antisemitismus stützt. Sie ist ein Ergebnis der Umwandlung des Christentums in die orthodoxe Christenheit. In der Zeit, in der diese Umwandlung vonstatten ging, war der Antijudaismus ein wichtiges und vielleicht sogar entscheidendes Moment ihrer Durchsetzung. Die Christenheit wendet sich gegen den Jesus, der an ihrem Anfang steht, projiziert ihn auf die Juden und verfolgt ihn dann in ihnen.»[251]

Der neue Status als Staatsreligion hatte für das Christentum zur Folge, dass es im Laufe des 4. Jahrhunderts als Christenheit

> «den Platz und die Funktion einer nun zurückgedrängten Staatsreligion einnahm und so einem ganz bestimmten und schon *vorgeformten Erwartungshorizont* entsprechen musste. Die römische Staatsreligion steckte jenen Erwartungshorizont ziemlich genau ab: Es ging um eine gegenseitige Stützung, wobei der Staat von der Religion eine sakralpolitische Unterstützung forderte und dafür der Religion rechtliche Privilegien einräumte sowie für die materielle Basis sorgte. Der gesellschaftliche Raum der Kirche wurde dadurch ziemlich genau festgelegt. Dieser Raum war ein *Sakralbereich*: heilige Orte, heilige Riten, sakrale Personen. […] Der Kult wurde nun zur primären Aufgabe der Kirche. Denn das Wohl des Staates hing von den Opfern ab, die dem Gott dargebracht wurden. […] Seit dem 4. Jahrhundert wurde der Handkuss des Bischofs eingeführt […]. Bis ins 4. Jahrhundert gab es keine Kirchweihe. Selbst der Altar war bis zu diesem Zeitpunkt nicht geweiht.»[252] «Der zentrale Ort der Präsenz des Christentums war kultischer Art geworden, er war durch sakrale Grenzziehungen von der übrigen Öfentlichkeit [sic] abgehoben oder über diese hinausgehoben. Dies bedeutete nicht den Verlust des Politischen, wohl aber eine Umfunktionierung desselben.»[253]

---

251 Ebd. 274.
252 *Schupp*, Glaube 70f.
253 Ebd. 75.

Im Zuge der Konstantinischen Wende kam es zur *gesamtkulturellen Verfassung der Christenheit* im Früh- und Hochmittelalter. Gesellschaft und Kirche deckten sich weitgehend. In dieser Epoche bildete sich zunächst nach der *Reichskirche* die *Königskirche* heraus. Durch die Königsweihe wurde der König in eine priesterlich-sakrale Sphäre erhoben. Er war das sichtbare Haupt der Kirche und Stellvertreter Christi, wogegen der Priester diese Stellvertretung gar nicht ausüben konnte.[254]

Mit der als «päpstliche Revolution» bezeichneten und nach Papst Gregor VII. (1073–1085) benannten gregorianischen Reform im 11./12. Jahrhundert wurde aus der Königskirche die *Papstkirche*. Diese Epoche war gekennzeichnet durch den Machtkampf zwischen Kaiser und Papst, wobei die Kirche das Monopol umfassender und unbestrittener letzter Sinndeutung von Mensch, Welt und Geschichte hatte. Das Programm *libertas ecclesiae* (Freiheit der Kirche) als Gegenreaktion auf die katastrophalen Zustände im 10. Jahrhundert, dem *saeculum obscurum* (das dunkle Jahrhundert), in dem das Papsttum zum Spielball des römischen Adels geworden war, führte dazu, dass sich die Kirche mit dem Papst an der Spitze und mit der vatikanischen Kurie als eine gegenüber dem Reich auch institutionell-bürokratisch eigenständige Organisation etablierte.[255] Damit begann der Prozess der Ausdifferenzierung der abendländischen Gesellschaft in verschiedene relativ autonome Teilbereiche (neben der Kirche später u.a. das Bildungs- und Gesundheitswesen). Mit dem Wormser Konkordat von 1122 wurde ein strukturelles Gleichgewicht zwischen geistlicher und weltlicher Gewalt hergestellt, indem der deutsche König die freie Wahl der Bischöfe zugestand, auf die Investitur ins geistliche Amt mit Ring und Stab verzichtete und dem Kirchenstaat die volle Unabhängigkeit garantierte.[256]

Die Reformation spaltete zu Beginn im 16. Jahrhundert die abendländische Christenheit, die dadurch einen Gestaltungsverlust auf der Ebene der Gesamtkultur erlitt. Im

---

254 Vgl. *Frank*, Kirchengeschichte 70.
255 Vgl. ebd. 78–87.
256 Vgl. ebd. 90.

Zusammenhang mit den Richtungskämpfen innerhalb der Reformation bildeten die Täufer, deren blutige Verfolgung 1525 in Zürich begann, die ersten Freikirchen, d. h. als gegenüber dem Staat freie Gemeinschaften von Christinnen und Christen. Nach der Reformation führte der Augsburger Religionsfriede von 1555 mit dem Prinzip *cuius regio, eius religio* (wessen Region, dessen Religion), wonach der jeweilige Landesfürst in seinem Gebiet über die Konfession seiner Untertanen bestimmen konnte, zur *territorialstaatlichen Verfassung* der Christenheit mit konfessionell geschlossenen geografischen Räumen. Der Wiener Kongress von 1815 stellte den Rechtsgrundsatz auf, dass die Konfessionszugehörigkeit keinen Unterschied im Genuss der bürgerlichen und politischen Rechte begründen dürfe. Damit hob er die politisch verordneten Konfessionsgrenzen auf, und die territorialstaatliche Verfassung der Christenheit zerfiel.

4.3.2 Sondergesellschaftliche Formierung des Katholizismus im Milieukatholizismus

4.3.2.1 Aufbau einer zentralistisch-bürokratischen Grossorganisation

Nachdem im Zuge der französischen Revolution die politischen Herrschaften von Fürstbischöfen und Fürstäbten zerstört worden waren, musste die katholische Kirche ihre organisatorischen Grundlagen in Europa neu ordnen.

> «Unter historisch von Land zu Land höchst differenzierten Bedingungen gelang es dem Papsttum – gestützt auf den Kirchenstaat – in den wenigen Jahren zwischen 1817 und 1870 die zentrale Kontrolle über die entmachteten episkopalen Mittelinstanzen zu erlangen, die Koordinationsfunktionen an der Spitze zu konzentrieren und eine zentralistisch-bürokratische Gesamtstruktur zu errichten. Im Anschluss an den Wiener Kongress setzte eine Ära kirchlich-staatlicher Vertragsabschlüsse ein […]. Auf den in der Vertragsära geschaffenen rechtlichen Grundlagen setzte seit der Mitte des 19. Jahrhunderts eine vom Zentrum ausgehende, straffe Durchorganisation der amtskirchlichen Kernorganisation ein. Die Nuntiaturen erhielten eine wichtige Funktion im Aufbau und in der Kontrolle des neuen, römisch-kurial orientierten Episkopats, der sich nun nicht mehr automatisch aus dem Adel rekrutierte, sondern kircheninternen Karrieren (mit einer Schlüsselfunktion der

Die Kirche im Rahmen der sozio-historischen Entwicklungen

neu errichteten römischen Seminarien) entstammte. Nach dem Vorbild der römischen Kurie begann der Aufbau der Diözesanverwaltungen, die das Prinzip bürokratischer Kontrolle nach unten hin effektiv fortsetzten. [...] Binnen weniger Jahre wird aus dem feudalen, zwischen dezentraler Episkopalstruktur und mehr oder weniger fiktivem Zentralismus schwankendem kirchlichen Machtgebilde eine zentral geleitete und bürokratisch durchstrukturierte Grossorganisation. Mit den Mitteln der Bürokratie als dem neuzeitlichen Instrument der Selbstbehauptung schlechthin [...] versuchte das kirchlich-katholische Christentum seine traditionelle Identität als monopolistische Symbolsinnwelt zu wahren.»[257]

4.3.2.2 Ausbildung des neuscholastischen Deutungssystems

Zur Abwehr der «Zeitirrtümer» und der bürgerlichen Emanzipationsbewegungen, zur Behauptung einer kirchlichen Eigensphäre nach aussen und zur Legitimation der neu gewonnenen Strukturen nach innen griff die katholische Tradition auf die Scholastik zurück.

«Zur ‹philosophia und theologia perennis› erklärt, wurde die Neuscholastik seit der zweiten Hälfte des 19. Jahrhunderts zur einzig legitimen Ausdrucksform kirchlich-theologischer Deutung dekretiert und mit weitgehendem Erfolg gesamtkirchlich durchgesetzt.»[258]

Die Durchsetzung der Neuscholastik gegen die geschichtlich denkende und biblisch am Reich Gottes orientierte Tübinger Schule eines Johann Sebastian Drey (1777–1853) und Johann Baptist von Hirscher (1788–1865) war Teil des Aufbaus des modernen Katholizismus als Sozialform in der zweiten Hälfte des 19. Jahrhunderts. Ganz anders als die Vertreter der Tübinger Schule stellten die neuscholastischen Philosophen und Theologen von Einheit auf Dissoziation um. Für sie standen sich Kirche und Theologie auf der einen und die moderne Welt auf der anderen Seite unversöhnlich gegenüber. Die Katholiken konstituierten ihre Identität in scharfer Abgrenzung von Protestanten, Liberalen, und Sozialisten.[259] Mit dem Rückgriff auf die scholastische Naturrechtslehre wurden zwei

---

257 Gabriel, *Gesellschaftsentwicklung* 213f.
258 Gabriel, Christentum 82.
259 Vgl. ebd. 84.

Ziele verfolgt. Zum einen wurde dadurch nach innen trotz gesellschaftlicher Differenzierung und Autonomisierung der Anspruch des kirchlichen Lehramtes legitimiert. Zum anderen konnten nach aussen die Prinzipien der Soziallehre aufgrund ihrer vernunftgemässen Einsehbarkeit auch denen vermittelt werden, die sich nicht auf die Offenbarung als Quelle stützten.[260]

4.3.2.3 Strukturelle Modernisierung durch zentrale Bürokratisierung

In engem Zusammenhang mit der Durchsetzung der Neuscholastik transformierte sich im Laufe des 19. Jahrhunderts auch die Organisationsstruktur der katholischen Kirche. Dieser Transformationsprozess lässt sich mit Max Weber insofern als Modernisierung verstehen, als feudale Herrschaftsmuster ersetzt wurden durch hierarchisch-bürokratische Strukturen.[261] Wichtigste und bis heute prägende institutionelle Veränderungen sind folgende:

> «Die seit dem päpstlichen Absolutismus vorhandenen zentralen Verwaltungsinstanzen wurden ausgebaut. Das System der päpstlichen Legaten erhielt seine typische Doppelfunktion als diplomatische Repräsentanz päpstlicher Souveränität im staatlichen Bereich und als Kontrollorgan zwischen römischer Zentrale und bischöflichen Mittelinstanzen. Was schon das Trienter Konzil [1545–1563] vorsah, wurde erst jetzt durchgesetzt: die Rechenschaftspflicht der Bischöfe hinsichtlich ihrer Bistumsführung im turnusmässigen ‹Ad-limina-Besuch› vor den römischen Instanzen und die Schaffung zentraler Priesterseminare in Rom zur Rekrutierung und Heranbildung einer homogenen kirchlichen Führungselite. [...] Die neue Herrschaftsstruktur verlieh dem Bischof eine strategisch wichtige Mittelposition. Einerseits rückte er in die zentralistisch-hierarchische Organisationsstruktur ein und sah sich einer ständigen Kontrolle des römisch-kurialen Zentrums ausgesetzt. Andererseits wurde er zum Herrn einer sich ausdifferenzierenden Bistumsverwaltung und einer Priesterschaft, die sich zum ersten Mal in der Kirchengeschichte auch ökonomisch in seiner Hand befand.»[262]

---

260 Vgl. 87.
261 Vgl. ebd. 87 f.
262 Ebd. 89 f.

Sakralisierung der Organisationsformen 4.3.2.4

Im Katholizismus verband sich der Aufbau einer rationalen Bürokratie mit der Strategie, die empirische Kirchenstruktur als Ausdruck einer triumphalen Gegenwart Gottes in einer gottlosen Welt zu sakralisieren. Die Differenz zwischen Kirche und Gesellschaft wurde zur Differenz zwischen Heil und Unheil, zwischen gut und böse und zwischen Rettung und Verdammnis hochstilisiert.[263] An der ultramontanen Ekklesiologie des 19. Jahrhunderts lassen sich in extremer Form die Elemente der Sakralisierung ablesen, die auf dem Ersten Vatikanum 1869–1870 in das Kirchenschema und die dogmatische Definition des päpstlichen Primats und der päpstlichen Unfehlbarkeit eingegangen sind.

«Zum Ausgangs- und alles überstrahlenden Mittelpunkt der sakralen Legitimation der Kirchenstruktur wird das Papsttum. Der Papst erscheint als die unmittelbare Fortsetzung der Inkarnation Christi, als der eigentliche Offenbarungsträger, der mit Adam, Abraham, Moses und Petrus in eine heilsgeschichtliche Reihe gerückt wird. Unzweifelhaft hört der Papst die ‹stets vernehmlich zu ihm sprechende Stimme› des Heiligen Geistes. [...] Die Thesen der ultramontanen Theologen sind eingebettet in eine mit Pius IX., dem ‹Begründer des modernen Papsttums›, einsetzende Papstverehrung. [...] Vom Haupt der Kirche aus strahlt die sakrale Legitimation über auf die gesamte Hierarchie. [...] Wie der Papst der ‹Heilige Vater› der Kirche ist, ist der Bischof Vater seiner Diözese. Dem hierarchischen Deszendenzschema entsprechend hat auch der einfache Klerus teil an der sakralen Legitimation. Der neu bekräftigte Zölibat, das Tragen der Soutane in der Öffentlichkeit wie insgesamt die durch lange Seminarerziehung abgesicherte, sakrale Sonderexistenz der Priester sind Ausdruck dieser Entwicklung. [...] Die sakrale Stellung des Papstes findet auf dem Ersten Vatikanum ihren Höhepunkt und ihre Absicherung im päpstlichen Jurisdiktionsprimat und in der Definition der Unfehlbarkeit.»[264]

---

263 Vgl. ebd. 90.
264 *Gabriel*, Gesellschaftsentwicklung 216 f.

Exkurs **Papst-Hymne**

Die dogmatisch-lehramtliche Sakralisierung des Papstes hat sich auch in einem Kirchenlied niedergeschlagen, das im Untertitel als Papst-Hymne bezeichnet wird, papolatrische Züge trägt und noch im 1952 erschienenen «Laudate» des Bistums Basel abgedruckt wurde:

«1. Christus, König, es singt unser Chor und jubelt dir freudig sein Danklied empor. Denn stark ragt der Kirche gewaltiger Bau, die Welt überwölbend ins himmlische Blau. Und mag in Gewittern und nächtiger Stund' das Weltall erzittern bis tief in den Grund: getrost, getrost, denn du gabst als Hort und Pol uns den Papst; getrost, denn du gabst als Hort und Pol uns den Papst.
2. Christus, König, wir danken es dir, nicht arme, verlassene Söhne sind wir. Es lebt uns im weissen, marmorenen Dom ein Vater und Schutzherr im ewigen Rom. Und steigt aus den Pforten der Hölle das Tier mit grimmigen Worten und teuflischer Gier: getrost, getrost, denn du gabst als Hort der Heimat den Papst; getrost, denn du gabst als Hort der Heimat den Papst.
3. Christus, König, dein Reich stehet fest, und hoch ragt dein Baum und mit weitem Geäst. Da fliegen die Vögel des Himmels herein und wollen drin wohnen, um selig zu sein. Und braust durch die Zeder der höllische Sturm, und nagt am Geäder der Wurzeln der Wurm: getrost, getrost, denn du gabst als Hort der Wahrheit den Papst; getrost, denn du gabst als Hort der Wahrheit den Papst.
4. Christus, König, du bist unser Glück; du gabst uns das Eden der Urzeit zurück. Und wieder steht glänzend ein Cherub davor und öffnet mit goldenen Schlüsseln das Tor. Und spricht er, wir hören, sind allzeit bereit, ihm Treue zu schwören in Kampf und in Streit: getrost, getrost, denn du gabst als Hort und Führer den Papst; getrost, denn du gabst als Hort und Führer den Papst.»[265]

4.3.2.5 Aufbau eines katholischen Milieus

In der zweiten Hälfte des 19. Jahrhunderts kam es in Deutschland und in der Schweiz zur Bildung von vielfältigen Milieus, von denen zwei den Umfang von Grossgruppen erreichten. Es waren dies zum einen das rote Milieu des sozialistisch geprägten Teils der Arbeiterschaft und zum anderen das schwarze Milieu des grossen Teils der katholischen Bevölkerung. Katholisches Milieu meint einen abgrenzenden und ausgrenzenden katholisch-konfessionellen Gruppenzusammenhang mit einem gewissen Wir-Gefühl, der über eine

---

265 Laudate. Gebet- und Gesangbuch für das Bistum Basel, Solothurn 1927/1942/1952, Nr. 149.

eigene Weltanschauung, eigene Institutionen und eigene Alltagsrituale verfügte. Dieses Milieu hatte kognitive, affektive und moralische Dimensionen.[266]

4.3.2.5.1 Weltanschauung des katholischen Milieus

Die Weltanschauung des katholischen Milieus war dualistisch strukturiert.

> «Der Welt Gottes und der Kirche stand die Welt der bösen Mächte gegenüber. [...] Die Versuchungen dieser Welt konkretisierten sich in besonderer Weise in der Leiblichkeit und Geschlechtlichkeit des Menschen. [...] Der Belastung eines Lebens ‹sub specie aeternitatis› [angesichts oder unter dem Gesichtspunkt der Ewigkeit] mit Angst, Schuldgefühlen und Zwängen der Verinnerlichung von Verhaltensnormen stand die grosse Entlastung durch die Mutter Gottes, die Engel, die Heiligen, die Kirche und ihre Priester gegenüber.»[267]

Der Index der verbotenen Bücher sollte helfen, die katholische Weltanschauung vor Infragestellung zu schützen.

4.3.2.5.2 Organisationen des Milieus

Bis zum Kulturkampf im 19. Jahrhundert überwogen in einer ersten Phase spontane Zusammenschlüsse in Form von Vereinen.

> «Erst nachdem der Druck des Kulturkampfs nachliess und erste Gefahren der Desintegration am Horizont erkennbar wurden, kam es in einer zweiten Phase zu einer Überformung des lokal gebundenen, vielfältigen Vereinswesens durch grosse ‹schlagkräftige› Organisationen.»[268]

In den Niederlanden wurde für die aufgrund von Weltanschauungen strukturierte Gesellschaft der Terminus «Versäulung» eingeführt. Von der Wiege bis zur Bahre war man konfessionell-weltanschaulich eingebunden. Für die Schweiz gehörten dazu: die Katholisch-Konservative Partei, die Christlichsoziale Partei, die Katholischen Turnvereine, die Katholische Tourenvereinigung, eigene Schulen, ein eigenes Lehrerseminar, die Universität Fribourg, die Christlichsoziale

---

266 Vgl. *Gabriel*, Christentum 96 f.
267 Ebd. 99.
268 Ebd. 100.

Krankenkasse, Katholische Spitäler, der Schweizerische Studentenverein, die Katholische Arbeiterbewegung, Kolpingvereine, eigene Zeitungen und Verlage usw.

4.3.2.5.3 Ritualisierung des Alltags

Im katholischen Milieu kam es zu einer fast vollständigen Ritualisierung des Alltags. Diese bezog sich

> «auf den Tagesrhythmus mit den täglichen Gebeten in der Familie und dem öffentlichen Angelusläuten, auf den Wochenrhythmus mit der Sonntagspflicht und dem Fleischverbot am Freitag, den Jahresrhythmus mit den jahreszeitlich geprägten Frömmigkeitsformen und den Hochfesten des Jahreskreises. Vielfältige rituelle Absicherungen fanden aber auch die alltäglichen Gefährdungen des Lebens durch Weihwasserkreuz auf der Stirn, durch Gebete und Segen um gesundheitliches Wohlergehen und durch Bittprozessionen zum Schutz vor den Unbilden und Abhängigkeiten gegenüber der Natur. [...] Die Ritualisierung verweist in besonderem Masse darauf, dass die Anziehungskraft des Katholizismus in seiner Fähigkeit bestand, den von massiver Entwurzelung und Verlust traditioneller ‹Heimat› im Modernisierungsprozess bedrohten Bevölkerungsgruppen eine stabile, religiöse Beheimatung zu geben.»[269]

4.3.2.5.4 Höhepunkt des katholischen Milieus in den 1950er Jahren

Die Blütezeit des katholischen Milieus begann in den 1920er Jahren und erreichte ihren Höhepunkt Mitte der 1950er Jahre. In Deutschland drückten die Katholiken dem Land ihren Stempel auf, und die katholische Soziallehre avancierte während der Kanzlerschaft Adenauers zur «offiziösen Staatsphilosophie».[270] In der Schweiz manifestierte sich der Organisationskatholizismus am eindrücklichsten an den Katholikentagen.[271]

Das katholische Milieu vermittelte zwar Beheimatung, forderte dafür aber einen sehr hohen Preis. Dazu gehörten die straffe Organisation nach innen mit einem autoritären

---

269 Ebd. 102.
270 Vgl. ebd. 104.
271 Vgl. *Altermatt*, Katholizismus 161.

Oben-Unten-Schema, rigiden Feindbildern nach aussen gegen Sozialismus, Liberalismus und Protestantismus und ein Bildungsdefizit, d. h. eine vor allem im Bereich der Naturwissenschaften massive Untervertretung der Katholiken und Katholikinnen.[272]

4.3.3 Auflösung und Pluralisierung des Katholizismus

4.3.3.1 Auflösungsprozesse nach dem Zweiten Weltkrieg

In den 1960er Jahren kam es nach einer retardierenden Phase in den 1950er Jahren

> «zu einem tiefgreifenden Umbruch der bürgerlich-modernen Industriegesellschaft. Ein altes Muster der Modernität löst sich auf, und ein neues kündigt sich an. [...] Es kommt zu einer Krise des kirchlich verfassten Christentums als Teil der sich auflösenden bürgerlich-modernen Industriegesellschaft.»[273]

Der bäuerlich-handwerkliche Sektor löste sich zunehmend auf. Gleichzeitig setzte sich immer mehr die Konsumgesellschaft durch. Zu Symbolen von deren Durchbruch wurden die Waschmaschine, der Kühlschrank, der Roller und das Automobil.

> «Die Auflösung des bäuerlich-handwerklichen Sektors ist abzulesen an der [in Deutschland] mehrere Millionen Beschäftigte zählenden Umschichtung aus der Landwirtschaft und dem Kleinhandwerk in die Industrie, an der Industrialisierung der Landwirtschaft selbst, am Verdrängen des traditionellen, kleinräumigen Lebensmittelhandels durch Ladenketten, am weitgehenden Verschwinden ganzer kleinhandwerklicher Erwerbszweige wie etwa Schneider und Schuster. [...] Mit der Auflösung des bäuerlich-handwerklichen Sektors verschwindet unwiederbringlich der soziale Raum einer traditional geprägten Lebensweise. Damit verliert die für die klassische Industriegesellschaft konstitutive Mischung von Tradition und Modernität eine ihrer zentralen Grundlagen.»[274]

---

272 Vgl. *Görres*, Pathologie; *Gabriel*, Christentum 106.
273 Ebd. 122.
274 Ebd. 123 f.

4.3.3.2 Auflösung der Grossmilieus

Das Katholische Milieu löst sich analog zu jenem der sozialistischen Arbeiterschaft vor allem als Folge eines Individualisierungsschubs auf. Vier Aspekte sind mit Karl Gabriel zu nennen:

«1. Im Kampf gegen das katholische, ländliche Bildungsdefizit werden auch die Kinder der sub-urbanen katholischen Bevölkerungsteile stärker aus ihren Herkunftsmilieus gelöst und dem Zwang einer gewissen Vereinzelung mit Chancen, aber auch der Nötigung zu Selbstfindungs- und Selbstreflexionsprozessen unterworfen.
2. In bisher nicht gekanntem Ausmass werden vor allem die Katholiken in die durch Bildung und Arbeitsmarkt in Gang gebrachten Prozesse sozialer Mobilität in all ihren Formen einbezogen.
3. Die aus der Konfessionszugehörigkeit stammenden Elemente der Solidarität halten dem durch die Bildungsexpansion und den Arbeitsmarkt ausgelösten Konkurrenzdruck nicht stand.
4. Die katholischen Bevölkerungsteile werden in die durch die Massenmedien geprägte Massenkultur der Bundesrepublik [und der Schweiz] integriert.»[275]

4.3.3.3 Auflösung des Katholizismus als Sozialform

In den 1950er Jahren zeigten sich Risse in der katholischen Weltanschauung. Der Dualismus von Gott und Teufel, Gott und Welt, Himmel und Hölle, gut und bös verlor seine Plausibilität.

«Innerkirchlich wird diese Entwicklung ablesbar an der allmählichen Erosion des Topos der Höllenpredigt mit ihrer Dramatisierung der Wirklichkeit des Todes und des Gerichts. Die dualistische ‹Welt-Anschauung› war eng verknüpft mit der Akzentuierung der Sexualität als zentralem, angstbesetztem Gefährdungsmoment des ewigen Heils.»[276]

Aufgrund der geografischen Mobilität und der massenmedialen Information konnten sich die die katholische Identität stabilisierenden Feindbilder nicht mehr halten. Die Bedeu-

---

275 Ebd. 126.
276 Ebd. 167.

tung der konfessionell bestimmten Institutionen wie Schule oder Krankenhaus nahm ab. Zunehmend war nicht mehr die weltanschauliche Ausrichtung und konfessionelle Einbindung einer Institution entscheidend, sondern deren fachliche Qualität. Zur Auflösung des katholischen Milieus trug die Entritualisierung des Alltags bzw. dessen veränderte Ritualisierung bei.

> «Für die konfessionsspezifischen Alltagsrituale – vom Fleischverbot am Freitag über Buss- und Andachtsübungen zu festgelegten Zeiten, bis zum katholischen Kalenderjahr mit seinen Höhepunkten – ist nun in besonders ausgeprägter Form zu konstatieren, dass sie ihre Funktion als einheitsstiftende Gruppenrituale relativ plötzlich und ersatzlos einbüssen.»[277]

Das Fernsehen mit seinem Vorabend- und Abendprogramm und seinen periodisch wiederkehrenden grossen Samstagabend-Unterhaltungssendungen übernahm z. T. die Funktion, den Tages- und Wochenrhythmus bzw. den Jahreslauf zu strukturieren. Im Prozess der Auflösung des konfessionsspezifischen Milieus der Katholiken und Katholikinnen seit den 1960er Jahren spielte eine Vielzahl von Faktoren eine Rolle.

> «Sozio-ökonomische Veränderungen gehen Hand in Hand mit Verschiebungen in der Sozialstruktur und in der Form, wie der einzelne in die Gesellschaft integriert wird. Die einsetzende Entritualisierung des konfessionell geprägten Alltagslebens verbindet sich mit einem Auswanderungsprozess der Katholiken aus den institutionellen Netzen der Kontaktwahrung und -verstärkung. Damit wird gleichzeitig die konfessionsspezifische ‹Welt-Anschauung› mit ihren Deutungs- und Auslegungsschemata der Welt für die Mehrheit der Katholiken unplausibel und untradierbar.»[278]

4.3.3.4 Der grosse Einbruch zwischen 1968 und 1973

Nach einer Phase der Renaissance und Stabilität in der kirchlich verfassten Christenheit von 1949–1968 kam es gegen Ende der 1960er-Jahre mit einer starken Zäsur zu einer neuen Phase.

---

277 Ebd. 170.
278 Ebd. 172.

> «Zwischen 1968 und 1973 verlor die katholische Kirche [wohl nicht nur in Deutschland, sondern im ganzen deutsprachigen Raum] knapp ein Drittel ihrer regelmässigen Gottesdienstbesucher. Unter den 16- bis 29jährigen war es beinahe die Hälfte. Auf dem niedrigeren Niveau der protestantischen Kirchenbesucherzahlen spielte sich in diesem Zeitraum ziemlich genau dasselbe ab. Auch hier war es plötzlich rund ein Drittel weniger, die regelmässig den Gottesdienst besuchten. ‹Die plötzliche Abwendung von der Kirche› – so fasst Renate Köcher die Daten des Institut für Demoskopie Allensbach zusammen – ‹erfasste zwar alle Gruppen der Bevölkerung, doch nicht annähernd im gleichen Ausmass. Es waren vor allem Männer, die höheren Bildungsschichten, Grossstadtbewohner und besonders junge Leute, die dem Gottesdienst fernblieben.›»[279]

Das heisst, es blieben tendenziell Ältere, Frauen, Leute mit niedriger Bildung in kleineren Ortschaften der Kirche als Gottesdienstbesucherinnen und Gottesdienstbesucher erhalten. Zur Erklärung dieses massiven Einbruchs belegt Schmidtchen in vielen Variationen,

> «dass diejenigen Katholiken, die sich in ihren Freiheitsbestrebungen, in ihrer Suche nach sozialer Gerechtigkeit, in ihren Wünschen, etwas vom Leben haben zu wollen, und im Ziel, überflüssige Autoritäten abzubauen, von der Kirche behindert sehen, eine insgesamt kritischere Haltung zur Kirche einnehmen und seltener am Gottesdienst und den übrigen kirchlichen Teilnahmeformen partizipieren»[280].

Nach einer Phase der Enttraditionalisierung und Transformation der christlichen Religion (1968–1978) sind die 1980er Jahre durch Pluralisierung und Individualisierung gekennzeichnet.

> «Insgesamt geht der regelmässige Gottesdienstbesuch in den achtziger Jahren nur langsam zurück. [...] Zumindest was die Rituale an den Lebenswenden angeht, besitzen die Kirchen im Westen der Bundesrepublik [und der Schweiz] nach wie vor ein Ritenmonopol. Dagegen hat sich die innere Differenzierung der Kirchenmitgliedschaft in den achtziger Jahren weiter verschärft.»[281]

---

279 Ebd. 53 f.
280 Ebd. 55.
281 Ebd. 62.

4.3.3.5 Kirche als Spezialistin für das Unspezialisierte

Im Zuge der Ausdifferenzierung der abendländischen Gesellschaft in relativ autonome Teilbereiche seit dem 11. Jahrhundert, als Folge der De-Institutionalisierung der christlichen Religion[282] und einer zunehmend fast alle Bereiche des Lebens erfassenden professionalisierten und ökonomisierten Spezialisierung kommt der Kirche tendenziell noch die Aufgabe zu, Restrisiken wie schwere Krankheit, Leiden und Tod zu bearbeiten.

> «Schaut man genauer hin, so verengt sich allerdings die Zuständigkeit der Kirche immer mehr auf diejenigen Bereiche, die nicht von anderen Spezialisten abgedeckt werden. Der Priester oder Pastor wird also sozusagen zum *Spezialisten für das Unspezialisierte* und für die charakteristischen Grenzereignisse, wie Geburt, Heirat, dauerhafte Krankheit und Tod. Deshalb gewinnen die Kasualien an Gewicht.»[283]

4.3.3.6 Pluralisierung des Katholizismus

Im Laufe des Umbruchs der gesellschaftlichen Verhältnisse nach dem Zweiten Weltkrieg und verstärkt seit Ende der 1960er Jahre kam es nicht nur zur Auflösung des Katholizismus als Sozialform. Vielmehr setzten zugleich auch Prozesse zur Neuformierung der katholischen Tradition ein.[284] Es können im Katholizismus verschiedene Sektoren ausgemacht werden.

4.3.3.6.1 Der fundamentalistische Sektor

Im Umbruch zur Postmoderne haben sich im Katholizismus die Elemente eines kirchlichen Fundamentalismus zu einem eigenen Sektor verselbständigt. Dieser hat ein restauratives Programm und

---

282 Die erste Sonderfallstudie «Religion in der Schweiz» wird in folgender Kurzformel zusammengefasst: "Von institutionell festgelegter und vorgegebener, kollektiv-verbindlicher, konfessionell-kirchlich verfasster zu individualisierter, entscheidungsoffener, selbstreflexiver, pluriformer Religiosität» (*Dubach/Fuchs*, Modell 87).
283 *Kaufmann*, Religion 167.
284 Vgl. *Gabriel*, Christentum 177.

«möchte zurück in die Struktur des klassischen modernen Katholizismus zwischen 1850 und 1950 mit seinem offiziösen, hierarchisch gestützten Fundamentalismus. [...] Sicherheit vor und in dem verschärften Modernisierungsprozess wird in der absoluten Geltung der vorkonziliaren Tradition und ihren Frömmigkeitsformen gesucht. [...] Zum fundamentalistischen Sektor sind heute nach verfügbaren empirischen Hinweisen in den westlichen, entwickelten Ländern keinesfalls mehr als 10 Prozent der Katholiken zu rechnen. Soweit der Fundamentalismus in der Hierarchie zur Geltung kommt, erzeugt er heute so etwas wie ein ‹vertikales Schisma› in der katholischen Kirche.»[285]

4.3.3.6.2 **Der explizite und interaktive Sektor**
Im gegenwärtigen Katholizismus ist die Mehrzahl derer, die sich ausdrücklich als Christinnen und Christen verstehen, nicht fundamentalistisch. Es sind dies

«jene Katholiken, die ihren Glauben institutionsnahe leben und durch die regelmässige Teilnahme am kirchlichen Interaktionsgefüge absichern. Der einigermassen regelmässige Sonntagskirchgang hat sich in den letzten Jahren zum wichtigsten, Grenzen markierenden Kriterium dieses Sektors herausgebildet. [...] Die bekundete starke Bindung an die Kirche [...] geht einher mit Autonomieansprüchen in der eigenen Lebensführung und Distanznahmen gegenüber kirchlichen Normansprüchen, insbesondere im Bereich der Sexualethik und der gesetzlichen Regelung des Schwangerschaftsabbruchs. Für die Mehrheit ist eine gewisse Betreuungsmentalität unverkennbar. Ihr entspricht die Konzentration der kirchlich-pastoralen Bemühungen auf die Erhaltung einer flächendeckenden Seelsorge mit Schwerpunkten in der Sakramentenpastoral und der Gemeinschaftsbildung. [...] Eines der zentralen Probleme dieses Sektors ist seine ausgeprägte Überalterung. [...] Wie nicht anders zu erwarten, unterscheiden sich die in diesem Sektor beheimateten Katholiken von der Gesamtbevölkerung durch eine wertmässig konservative Mentalität.»[286]

Exkurs Für die Schweiz ist empirisch belegt, dass von den praktizierenden Katholiken und Katholikinnen 42 % politisch rechts, 6 % links, 49 % ohne politische Präferenz oder Interesse sind und 32 % eine Nähe zur CVP und 4 % eine solche zur

---

285 Ebd. 179–181.
286 Ebd. 181 f.

EVP haben.[287] Der explizite und interaktive Sektor des Katholizismus befindet sich nach wie vor in einem Schrumpfungsprozess.

4.3.3.6.3 Der Sektor diffuser Katholizität

Einem dritten Sektor lassen sich die Mehrheit der Katholikinnen und Katholiken unter 60 Jahren zuordnen. Dieser Sektor einer diffusen, unbestimmten Katholizität ist am schwersten abzugrenzen. Sein Glaubenssystem kann als verblasst, säkularisiert und synkretistisch charakterisiert werden. Im Unterschied zum «expliziten» Sektor

> «entsprechen die Glaubensformen hier der gesellschaftlich erzeugten, massenkulturellen Sozialform der Religion. Der Glaube zeigt eine individualistische Prägung. Das Selbstverständnis ist um den als legitim betrachteten Anspruch zentriert, nach eigenen Kriterien der Plausibilität und Nützlichkeit für die Lebensbewältigung eine Auswahl aus den verfügbaren Deutungen treffen zu können, ja zu müssen. […] Die Kirche gilt innerhalb des Sektors diffuser Katholizität nach wie vor als unverzichtbarer öffentlicher Repräsentant ‹sozialer› Wertbezüge. […] Im Sektor diffuser und impliziter Christlichkeit spielt das Motiv der ‹Soziodizee›, der sozialen Verantwortung für das menschliche Schicksal eine erkennbare Rolle. […] Im Kontext diffuser Katholizität [bekommen] die Riten an den Lebenswenden stärker den Charakter von Familienritualen als Ausdruck einer Familienreligiosität, für die man als Dienstleistung auf die verfasste Kirche zurückgreift. Der Abstand zu einer kirchlich-theologisch legitimierbaren Sakramentenpraxis erscheint unüberbrückbar und führt zu Spannungen, die nicht nur bei theologischen Rigoristen in der alltäglichen pastoralen Praxis vielfältige Sinn- und Plausibilitätsprobleme der Sakramentenpastoral hervorrufen.»[288]

4.3.3.6.4 Der Sektor formaler Organisation

Auf die Auflösung seiner Sozialform hat der deutsche Katholizismus mit einer Verstärkung der beruflichen und organisatorischen Dimension reagiert. Das Rückgrat des institutionell verfassten Christentums wird im Unterschied zu gesellschaft-

---

287 Vgl. *Dubach/Campiche*, Sonderfall 271.
288 *Gabriel*, Christentum 183–185.

lichen Kulturmustern und individuellen Religiositätsstilen durch das organisatorische Element gebildet. Dieses

> «differenziert die kirchliche Mitgliedschaft nach dem Muster flächendeckender Grossorganisationen in beruflich Arbeitende, Interaktive und generalisierend Unterstützende. [...] Es konstituiert sich ein abgegrenzter Kreis von ‹Organisationsrollen-Christen›, deren Bindung an die Kirche eine formale Dimension besitzt. [...] Sie sind immer auch – zumal als familiengebundene Laien – mit ihren Interessen der materiellen Existenzsicherung an die Kirche gebunden. [...] Heute ist die Tendenz erkennbar, den plötzlichen Zusammenbruch der über ein Jahrhundert wirksamen milieuspezifischen sozialen Kontrolle durch formal-organisatorische Kontrollmittel zu kompensieren. [...] Die organisatorische Stabilität steht in einem scharfen Kontrast zur geringen Überzeugungskraft der kirchlichen Organisation als Trägerin christlicher Sinngehalte. Für die Tradierung des Christentums erweist sich die organisatorische Stabilität als geradezu kontraproduktiv.»[289]

4.3.3.6.5 Der «Bewegungs»-Sektor

Einen eigenen Sektor im Katholizismus bilden die neuen christlichen Bewegungen, von denen es zwei Grundtypen gibt.

> «Gemeinsam sind ihnen Grundcharakteristika einer ‹post›modernen Christlichkeit, die sie insgesamt als innovative Reaktionen auf den reflexiv gewordenen Modernisierungsprozess ausweisen. Gleichzeitig unterscheiden sie sich aber deutlich in geistlich-religiöse und prophetisch-christliche Bewegungen.»[290]

Zentrale Bezugspunkte der geistlich-religiösen Bewegungen wie Fokolare, Schönstätter, Charismatische Bewegung, Cursillo, Neokatechumenale Bewegung, Communione e liberazione sind die tägliche Erfahrung und die eigene Lebensgeschichte,

> «auf die hin die christliche Tradition fruchtbar gemacht wird. Glaubenssicherheit und -identität kann [...] nicht mehr durch die Übernahme der herkömmlichen, vom Alltagsleben getrennten religiös-kirchlichen Rollen gewonnen werden. An deren Stelle treten Formen des Halt-Suchens

---

289 Ebd. 185–188.
290 Ebd. 188 f.

in der Reflexivität einer ‹bewussten› Glaubensentscheidung und im ‹dauerreflexiven› Austausch von Glaubenserfahrungen in der Gruppengemeinschaft. [...] Sie begründen in Reaktion auf den verschärften Individualisierungsprozess neue Gemeinschaftsformen. [...] Die in den Bewegungen engagierten Menschen sind auf der Suche nach ‹sozialen Anerkennungsverhältnissen›, die sie weder in der Gesellschaft noch in den durch Anonymität gekennzeichneten Beziehungsformen in den Kirchgemeinden finden.»[291]

Dem gegenüber ist der Glaube der basisgemeindlichen Bewegungen ganz anders zu charakterisieren. Ihr Glaube findet seinen Ausdruck nicht wie bei den geistlich-religiösen Bewegungen in einem Sicherheit vermittelnden Ja, sondern

«der ‹Code› des basisgemeindlichen Glaubens [befähigt] gerade zum prophetischen ‹Nein›. [...] Die gemeinsame Glaubensreflexion erschliesst den prophetischen Protest und eine alternative Praxis der Solidarität mit den Betroffenen. In der prophetischen Tradition des Christentums erhält der Glaube in den basisgemeindlichen Bewegungen seine spezifische Prägung durch die Verbindung von Mystik und politisch-gesellschaftlicher Praxis. Im Zentrum steht das Bemühen, den Alltag religiös zu transzendieren und gleichzeitig Alternativen angesichts der ausweglos erscheinenden Gefährdungen des radikalisierten und reflexiv gewordenen Modernisierungsprozesses zu erschliessen.»[292]

Die Auflösung des Katholizismus in seiner bisherigen Sozialform ist nur eine Seite eines komplexen Transformationsprozesses.

«Das spektakuläre Auflösungsgeschehen zieht heute gesellschaftlich wie innerkirchlich das Hauptinteresse auf sich und droht damit die gleichzeitig beobachtbaren Restrukturierungsprozesse aus dem Blickfeld zu verbannen. Die Auflösung hinterlässt kein Chaos, wie die Vertreter der alten Ordnung nur allzugern glauben machen wollen. Der sich neu herausbildende Pluralismus ist weder ufer- noch gestaltlos, sondern lässt fest umrissene Konturen erkennen. Darin erweist er sich als tief eingelassen in die gesellschaftlichen Transformationsprozesse hin zu einem neuen gesellschaftlichen Pluralismus.»[293]

---

291 Ebd. 189 f.
292 Ebd. 191 f.
293 Ebd. 192.

4.3.3.7 Charakterisierung der volkskirchlichen Sozialform

Trotz Auflösung des geschlossenen katholischen Milieus und trotz rückläufiger religiös-kirchlicher Praxis vieler Katholikinnen und Katholiken besteht die Sozialform der Volkskirche im deutschsprachigen Raum weiter. Auch wenn ihre Krise nicht zu übersehen ist, ist sie doch zumindest in rechtlicher Hinsicht in Formen öffentlichrechtlicher Körperschaften weiterhin stabil und bleibt auch finanziell weitgehend abgesichert. Diese Körperschaft ist durch folgende Merkmale gekennzeichnet.[294]

4.3.3.7.1 Grosser Teil der Bevölkerung gehört dazu

Zu ihr gehört in den meisten Landesteilen immer noch ein grosser Teil der Bevölkerung. Das gilt mit regionalen Unterschieden für die deutschsprachigen Länder. Die Grosskirchen sind in der Regel öffentlichrechtlich anerkannte Körperschaften und finanzieren sich vor allem über Kirchensteuern, die zum Teil vom Staat eingezogen werden.

4.3.3.7.2 Privilegierte Stellung

Die Grosskirchen geniessen nach wie vor Privilegien gegenüber anderen gesellschaftlichen Gruppierungen. So etwa im Bildungswesen (z. B. Theologische Fakultäten an staatlichen Universitäten, Religionsunterricht an öffentlichen Schulen), in Rundfunk und Fernsehen (z. B. eigene Sendungen, Mitsprache und -entscheidung in bestimmten Sendegefässen) in Spitälern, in der Armee und in Gefängnissen mit je eigenen Seelsorgerinnen und Seelsorgern.

4.3.3.7.3 Mitgliedschaft praktisch durch Geburt

Mitglied der Volkskirche wird jemand praktisch kurz nach der Geburt durch die Säuglingstaufe, denn weitgehend bestimmt immer noch die Ursprungsfamilie aufgrund ihrer Tradition die Konfessionszugehörigkeit. Kinder und Jugendliche werden dann vor allem durch den Religionsunterricht in den Glauben und in die Kirche eingeführt. Die in einem grossen Ausmass auf Kinder und Jugendliche beschränkte Einführung in den Glauben in Form der pädagogischen Tra-

---

294 Vgl. *Eigenmann*, Rand 30–33.

dierung des Glaubens hat zur Folge, dass der christliche Glaube in weiten Kreisen der Gesellschaft als eine Angelegenheit vor allem für Kinder gilt, dem kaum eine lebenspraktische Bedeutung für mündige Erwachsene zugetraut wird.

4.3.3.7.4 Für alle da durch Spiritualisierung und Privatisierung des Glaubens

Volkskirche meint, dass die Kirche für das ganze Volk, d. h. für alle ohne Rücksicht auf selbst unterschiedliche Interessen da ist, weil fast alle zu ihr gehören und sie vor allem auch in juristischer und finanzieller Hinsicht von fast allen getragen wird. Das Gemeinsame in der Kirche wird dann auf die Zugehörigkeit zur gleichen Institution, auf das gemeinsame Feiern des Gottesdienstes, auf das Beten desselben Glaubensbekenntnisses und auf die Zustimmung zur gleichen dogmatischen Lehre reduziert. Das allen Gemeinsame in einer Volkskirche liegt so auf der Ebene des Institutionellen, Liturgischen, Spirituellen und Lehrmässigen und im Bereich des Privaten. Nur durch eine solche Spiritualisierung und Privatisierung des Glaubens kann die Einheit der Kirche aufrechterhalten werden angesichts der in ihr selbst existierenden realen Interessenunterschiede und -gegensätze ökonomischer Art zwischen Arbeitgebern und Arbeitnehmern und politischer Art trotz verschiedenen gesellschaftlichen Leitvorstellungen. Die realen sozialen Unterschiede werden innerhalb der Kirche mehr oder weniger ausgeklammert, da sie sonst in die Kirche selbst hineingetragen und deren Einheit gefährden würden.

4.3.3.7.5 Auswahlchristentum

Auch wenn noch ein recht grosser Teil der Bevölkerung einer christlichen Kirche oder Gemeinschaft angehört, so haben deren Mitglieder doch ein eher distanziertes Verhältnis zu ihrer Glaubensgemeinschaft. Dies weist neben den stabilen rechtlichen und finanziellen Seiten der Volkskirche auf deren labile Aspekte hin. Aus dem Liturgie- und Bildungsangebot wird das ausgewählt, was jede und jeder für sich als sinnvoll erachtet und gebrauchen kann oder aus Gründen verwandtschaftlichen Drucks oder gesellschaftlicher Erwartungen mitmacht. So sind die religiösen Angebote der Kirchen zu den Lebenswenden Geburt, Heirat und Tod nach wie vor gefragt; denn noch haben die Kirchen in diesen Bereichen eine ziemlich starke Monopolstellung inne. Feierliche Gottesdienste zu einzelnen auch gesellschaftlich oder wirtschaftlich bedeutsamen Festen wie Ostern und Weihnachten sind nach wie vor gut besucht.

4.3.3.7.6 Bürokratische Organisation

Die Volkskirche tendiert zu einer bürokratischen Organisation, in der ein weitgehend vorstrukturierter Betrieb in Form von feststehenden und wiederkehrenden Aktivitäten und Angeboten liturgischer, bildender oder unterhaltender Art aufrecht erhalten wird. Damit ist die Gefahr verbunden, dass sich die Kirche von ihrem Ursprung im Schicksal Jesu Christi entfernt und sich gegenüber den existentiellen und politisch-strukturellen Herausforderungen der heutigen Zeit und Welt immunisiert und nur mehr um sich selbst kreist.

4.3.3.7.7 Institutionelle Fixierung

Dies wird am deutlichsten, wo es der Kirche und ihren amtlichen Vertretern hauptsächlich um den Weiterbestand der kirchlichen Institution, um die Erhaltung des Mitgliederbestandes, um eine flächendeckende Erfassungs- und Versorgungspastoral, um die Verteidigung der Stellung und des Einflusses in der Gesellschaft und um die Selbstdarstellung nach aussen geht. Eine so auf die Institution fixierte Kirche würde aber aufhören, im Geiste Jesu für andere da zu sein und die Welt auf das Reich Gottes hin umzugestalten (vgl. oben 3.2 die zwei idealtypischen Ansätze).

4.3.3.8 Die Sinus-Milieu-Studie

Vor einiger Zeit hat die Sinus-Milieu-Studie «Religiöse und kirchliche Orientierungen in den Sinus-Milieus® 2005»[295] über die Präsenz bzw. Abwesenheit der katholischen Kirche in den verschiedenen gesellschaftlichen Milieus der Bundesrepublik Deutschland in kirchlichen Kreisen für Aufregung gesorgt. Das hat seine guten Gründe.

---

295 Vgl. Milieuhandbuch.

«Die Ergebnisse sind für die katholische Kirche einigermassen provokativ. Bekommt sie doch bestätigt, dass sie in der Wahrnehmung der Bevölkerung offenbar nur noch in jenen drei […] Milieus [Bürgerliche Mitte, Traditionsverwurzelte und Konservative], die rund 35 Prozent der Bevölkerung repräsentieren, verwurzelt ist und das nicht einmal langfristig stabil. In allen anderen Milieus stösst die katholische Kirche dagegen weitgehend auf Desinteresse oder gar Ablehnung.»[296]

Die Sinusstudie hat damit zwar lediglich bestätigt, was seit Längerem bekannt war, sie hebt aber eine Erkenntnis besonders hervor:

«Die katholische Kirche steht nicht einem, gar ‹dem› modernen Milieu gegenüber, sondern einer Vielzahl unterschiedlicher Milieus mit teilweise konträren Erwartungen an sie. Schärfer noch: die Kirche selbst ist in das Spannungsfeld differenter Milieus geraten und kann sich gerade noch auf drei Milieuschollen halten, während die anderen schon mehr oder weniger weit aus ihrer Reichweite abgedriftet sind.»[297]

Ohne hier alle Probleme zu diskutieren, die mit der Sinusstudie verbunden sind, und ohne ihre Brisanz herunterspielen zu wollen, sei doch auf Dreierlei hingewiesen. Zunächst handelt es sich bei dieser Studie um einen Marktlagebericht, wie er nicht anders von einer Marktforschungsgesellschaft wie der Heidelberger Sociovision erwartet werden kann. Ausserdem wird an ihr kritisiert, sie lege ihr eigentliches Interpretationsverfahren, das sie als Betriebsgeheimnis zu betrachten scheint, nicht offen, so dass nicht nachvollzogen werden kann, wie sie zu ihren Ergebnissen kommt, die sich im Übrigen auf lediglich 170 Befragungen stützen.[298] Schliesslich fragt die Studie Wahrnehmungseinschätzungen ab, die sich vor allem auf die Pfarrgemeinden und die bischöfliche Hierarchie beziehen, wogegen andere kirchliche Handlungsfeder wie die Caritas, der Bildungssektor und die Kategorialpastoral weithin unberücksichtigt bleiben.[299]

---

296 *Bucher*, Provokation 450.
297 Ebd. 451.
298 Vgl. *Gabriel*, Gold 213 f. Auch Michael Ebertz bemängelt, einige methodische Grundlagen der Sinus-Forschung blieben weitgehend wohl auch aus ökonomischen Interessen, im Dunkeln (vgl. *Ebertz*, Anschlüsse 175).
299 Vgl. *Bucher*, Provokation 451.

4.3.4 Relativierung der soziologischen Erhebung der Lage der Kirche

Der (christentums-) soziologische Durchgang durch die Geschichte der Kirche und deren Positionierung in der gegenwärtigen Gesellschaft machen die Wechselwirkungen zwischen gesamtgesellschaftlichen und kirchlichen Entwicklungen deutlich. Die Einsicht in diese Zusammenhänge soll dazu beitragen, dass Veränderungen in und mit der Kirche nicht vorschnell religiös-moralisierend negativ als Prozesse von Glaubensverdunstung oder -verlust beklagt werden. Es sind immer auch nichttheologische Faktoren gesellschaftlicher Entwicklungen, die das Glaubensleben der Einzelnen und die die Kirche als Organisation beeinflussen und mitbestimmen. Ohne Zweifel hat die Kirche im Laufe der Geschichte an Einfluss verloren. Viele ihrer früheren Funktionen im Gesundheitswesen, in der Kommunikation und in der Bildung wurden zunehmend von anderen gesellschaftlichen Akteuren übernommen. Aber nicht jeder gesellschaftliche Funktionsverlust ist auch schon ein Verlust an Glaubenssubstanz. Ohne sich der Mühe zu unterziehen, die Veränderungen in und mit der Kirche im Rahmen der gesamtgesellschaftlichen Entwicklungen sozialwissenschaftlich zu analysieren und die darin wirksamen nichttheologischen Faktoren zu identifizieren, ist ein differenziertes und theologisch verantwortetes Urteil über das, was in und mit der Kirche geschieht, nicht möglich. Von daher sind die christentumssoziologischen Befunde über die Lage der Kirche in einem doppelten Sinn zu relativieren. Zum einen sind sie in dem Sinn relativ, dass sie zwar ernst genommen werden müssen, aber nicht einfach mit der Substanz der Kirche gleichgesetzt werden dürfen. Zum andern sind sie in dem Sinn zu relativieren, dass sie in Relation gesetzt werden zum biblisch bezeugten Ursprung der Kirche und zu ihrer Bestimmung, das Reich Gottes zu verkünden und in allen Völkern zu begründen (vgl. LG 5).

Das folgende Kapitel «Kriteriologie» enthält Elemente für eine theologische Qualifizierung der sozialwissenschaftlich erhobenen Lage der Kirche. Vor allem aber vermittelt es theologische Kriterien, um die in der «sozial-analytischen

Vermittlung des Glaubens» erforschten Zeichen der Zeit nunmehr im Licht des Evangeliums vom Reich Gottes zu beurteilen.

Zum Weiterlesen

Gesellschaftliche Wirklichkeit
Amery, Carl: Global Exit. Die Kirchen und der Totale Markt, München 2002.
Assmann, Hugo/Hinkelammert, Franz J.: Götze Markt, Düsseldorf 1992.
Beck, Ulrich: Risikogesellschaft. Auf dem Weg in eine andere Moderne, Frankfurt a. M. 1986 u. ö.
Beck, Ulrich: Was ist Globalisierung? Irrtümer des Globalismus – Antworten auf Globalisierung, Frankfurt a. M. ³1997.
Binswanger, Hans-Christoph: Die Wachstumsspirale. Geld, Energie und Imagination in der Dynamik des Marktprozesses, Marburg 2006.
Bolz, Norbert/Bosshart, David: KULT-Marketing. Die neuen Götter des Marktes, Düsseldorf 1995.
Duchrow, Ulrich: Alternativen zur kapitalistischen Weltwirtschaft. Biblische Erinnerungen und politische Ansätze zur Überwindung einer lebensbedrohenden Ökonomie, Gütersloh/Mainz 1994.
Felber, Christian: Gemeinwohl-Ökonomie. Das Wirtschaftsmodell der Zukunft, Wien 2010.
Hinkelammert, Franz J.: Der Schrei des Subjekts. Vom Welttheater des Johannesevangeliums zu den Hundejahren der Globalisierung, Luzern 2001.
Hinkelammert, Franz J.: Die ideologischen Waffen des Todes. Zur Metaphysik des Kapitalismus, Freiburg (Schweiz)/Münster 1985.
Hinkelammert, Franz J.: Kritik der utopischen Vernunft. Eine Auseinandersetzung mit den Hauptströmungen der modernen Gesellschaftstheorie, Luzern/Mainz 1994.
Schulze, Gerhard: Die Erlebnisgesellschaft. Kultursoziologie der Gegenwart, Frankfurt a. M. ⁸2000.
Strehle, Res: Wenn die Netze reissen. Marktwirtschaft auf freier Wildbahn, Zürich 1994.
Ulrich, Peter: Der entzauberte Markt. Eine wirtschaftsethische Orientierung, Freiburg i. Br. 2002.
Ziegler Jean: Das Imperium der Schande. Der Kampf gegen Armut und Unterdrückung, München 2008.

Lage der Kirche
Altermatt, Urs: Katholizismus und Moderne. Zur Sozial- und Mentalitätsgeschichte der Schweizer Katholiken im 19. und 20. Jahrhundert, Zürich 1990.

Altermatt, Urs: Konfession, Nation und Rom. Metamorphosen im schweizerischen und europäischen Katholizismus des 19. und 20. Jahrhunderts, Frauenfeld 2009.

Dubach, Alfred/Campiche, Roland J. (Hg.): Jede(r) ein Sonderfall? Religion in der Schweiz. Ergebnisse einer Repräsentativbefragung, Zürich/Basel 1993.

Dubach, Alfred/Fuchs, Brigitte: Ein neues Modell von Religion. Zweite Schweizer Sonderfallstudie – Herausforderung für die Kirchen, Zürich 2005.

Ebertz, Michael N.: Kirche im Gegenwind. Zum Umbruch in der religiösen Landschaft, Freiburg i. Br. 1997.

Gabriel, Karl: Die neuzeitliche Gesellschaftsentwicklung und der Katholizismus als Sozialform der Christentumsgeschichte, in: *Gabriel, Karl/Kaufmann, Franz-Xaver (Hg.):* Zur Soziologie des Katholizismus, Mainz 1980, 201–225.

Gabriel, Karl: Christentum zwischen Tradition und Postmoderne, Freiburg i. Br. 1992.

Hoornaert, Eduardo: Die Anfänge der Kirche in der Erinnerung des christlichen Volkes, Düsseldorf 1987.

Kriteriologie – Auslegung der Zeichen der Zeit im Licht des Evangeliums vom Reich Gottes

Kriteriologie bezeichnet die Lehre zur Bestimmung von Kriterien, mit denen die «Zeichen der Zeit» im «Licht des Evangeliums» ausgelegt und beurteilt werden sollen. Das Zweite Vatikanum verpflichtete die Kirche zu diesem Vorgehen, damit als Ausdruck der «innigsten Verbindung der Kirche mit der ganzen Völkerfamilie» die Jüngerinnen und Jünger Christi «Freude und Hoffnung, Trauer und Angst der Menschen dieser Zeit, besonders der Armen und Bedrängten aller Art» (GS 1) teilen und «das Werk Christi selbst weiterführen» (GS 3) können. Die Beurteilung der Zeichen der Zeit, deren Erforschung im Sinne der «sozial-analytischen Vermittlung des Glaubens» vorausgesetzt ist, ist der zweite Schritt, nämlich die «hermeneutische Vermittlung des Glaubens». Die beurteilende Auslegung der Zeichen der Zeit im Licht des Evangeliums ist ein Mittel, um den Glauben nicht nur auf der Höhe der Zeit bezogen auf die jeweilige Situation in Gesellschaft und Welt, sondern auch in schöpferischer Treue gegenüber der zentral in den biblischen Schriften enthaltenen Glaubenstradition praktisch bezeugen zu können. Wenn die Zeichen der Zeit im Licht des Evangeliums ausgelegt werden sollen, um das Werk Christi selbst weiterzuführen, muss geklärt werden, worin dieses Werk Christi besteht. Im Summarium des ältesten Evangeliums formuliert Jesus sein zentrales Anliegen:

> «Die Zeit ist erfüllt, das Reich Gottes ist nahe. Kehrt um, und glaubt an das Evangelium» (Mk 1,15).

Das Reich Gottes war Inhalt der Verkündigung und Praxis Jesu. Jesus identifizierte sich ganz mit dem Reich Gottes, ohne dieses aber mit sich selbst gleichzusetzen, wenn er seine Jüngerinnen und Jünger zur Bezeugung des Reiches Gottes aussandte und dessen Erfüllung als Tat Gottes verhiess. Aufgrund seines Reich-Gottes-Zeugnisses wurde Jesus von den

Römern gekreuzigt. Indem die Jüngerinnen und Jünger in seiner Nachfolge Jesus als den gekreuzigt-auferstandenen Jesus Christus verkündeten, bezeugten sie das befreiend-erlösende Werk Christi. In dem von Jesus im Neuen oder Ersten Testament bezeugten Reich Gottes sind wesentliche Anliegen auch der Traditionen der Tora, der Prophetie, der Weisheit und der Apokalyptik des Alten oder Zweiten Testamentes enthalten.

Die Kriterien zur Beurteilung der in der Kairologie (Kap. 4) beschriebenen und analysierten Verhältnisse sollen im Sinne der Hermeneutik der «Korrespondenz von Relationen» bzw. der «kritischen Interrelation» herangezogen werden (vgl. oben 2.2.2.2.2). Sie dürfen nicht als «Durchpausermeneutik» (Clodovis Boff) wie «Formeln zum ‹Kopieren› oder Techniken zur ‹Anwendung›» missverstanden werden. Was die Schrift uns anbietet, «sind Orientierungen, Modelle, Typen, Richtlinien, Prinzipien, Eingebungen, kurz Elemente, mit deren Hilfe wir uns selbst eine ‹hermeneutische Kompetenz› erwerben können»[300].

Zunächst geht es in diesem Kapitel um das Reich Gottes als zentrale Bezugsgrösse einer Praktischen Theologie, die sich als Reich-Gottes-Theologie versteht, weil das Reich Gottes das zentrale Anliegen Jesu war und weil das Zweite Vatikanum die Sendung der Kirche wesentlich vom Reich Gottes her sieht (5.1). Danach geht es um die kirchliche Überlieferung und Sozialverkündigung und deren wichtigste Beurteilungskriterien (5.2). Vor diesem Hintergrund wird als Beispiel hermeneutischer Vermittlung des Glaubens der neoliberale utopische bzw. nihilistische Kapitalismus beurteilt (5.3). Schliesslich wird die kriteriologische Grundfrage erörtert, die theologisch letztlich die Frage nach dem Gott des Lebens und den Götzen des Todes ist (5.4).

---

300 Beide Zitate: *Boff C.*, Theologie 244.

5.1 Das Reich Gottes und seine Gerechtigkeit als zentrale kriteriologische Bezugsgrösse

Im Folgenden werden zunächst die inhaltliche Fülle und die komplexe Struktur des Reiches Gottes dargelegt, wie sie im Wesentlichen in den synoptischen Evangelien bezeugt werden.[301] Im Anschluss daran werden in praktischer Absicht Thesen für eine Reich-Gottes-Verträglichkeitsprüfung gesellschaftlicher Leitvorstellungen formuliert. Danach wird ein transzendentales Verständnis des Reiches Gottes aufgezeigt. Es geht dabei um jene Dimension des Reiches Gottes, die in ihm als Geschenktem nicht nur seine inhaltliche Fülle und komplexe Struktur sieht, sondern es als Bedingung der Möglichkeit begreift, es anzunehmen und in seinem Sinn zu handeln.

5.1.1 Zentrale Stellung des Reiches Gottes

Nach dem Zeugnis der synoptischen Evangelien nach Matthäus, Markus und Lukas war das zentrale Anliegen Jesu das Reich Gottes bzw. das Reich der Himmel. An über 90 Stellen ist in diesen Evangelien von «Reich Gottes» (*basileia tou theou*), «Himmelreich» (*basileia ton ouranon*), «Reich des Vaters» (*basileia tou patrou*) oder «Reich» (*basileia*) im Zusammenhang mit der Verkündigung und der Praxis Jesu die Rede.

Nicht nur im Markusevangelium (vgl. Mk 1,15) steht die Reich-Gottes-Verkündigung programmatisch am Anfang des öffentlichen Wirkens. Im Lukasevangelium erklärt Jesus kurz nach seinem ersten öffentlichen Auftritt in der Synagoge von Nazaret, wo er programmatisch seine Anliegen zusammengefasst hatte (vgl. Lk 4,14–21):

> «Ich muss auch den anderen Städten das Evangelium vom Reich Gottes verkünden; denn dazu bin ich gesandt worden» (Lk 4,43).

In der Bergpredigt des Matthäusevangeliums lässt Jesus seine Jüngerinnen und Jünger beten:

---

301 Vgl. *Eigenmann*, Reich 33–116.

> «Unser Vater im Himmel, dein Name werde geheiligt, dein Reich komme, dein Wille geschehe wie im Himmel, so auf der Erde» (Mt 6,10).

Die Verkündigung des Reiches Gottes war für Jesus so wichtig, dass er einem, der vor Antritt der Nachfolge noch seinen Vater begraben wollte, sagte:

> «Lass die Toten ihre Toten begraben; du aber geh und verkünde das Reich Gottes!» (Lk 9,60)

Die zentrale Bedeutung des Himmelreiches bezeugte Jesus mit dem Doppelgleichnis im Matthäusevangelium:

> «Mit dem Himmelreich ist es wie mit einem Schatz, der in einem Acker vergraben war. Ein Mann entdeckte ihn, grub ihn aber wieder ein. Und in seiner Freude verkaufte er alles, was er besass, und kaufte den Acker. Auch ist es mit dem Himmelreich wie mit einem Kaufmann, der schöne Perlen suchte. Als er eine besonders wertvolle Perle fand, verkaufte er alles, was er besass, und kaufte sie» (Mt 13,44–46).

Im Zusammenhang mit der Frage nach der falschen und rechten Sorge erklärte Jesus:

> «Euch aber muss es zuerst um sein [Gottes] Reich und um seine Gerechtigkeit gehen; dann wird euch alles andere dazugegeben» (Mt 6,33).

Das Wissen der ersten Christengemeinden um die zentrale Bedeutung des Reiches Gottes ist in der Apostelgeschichte bezeugt. Sowohl an deren Beginn wie an ihrem Ende ist vom Reich Gottes die Rede, so dass dieses so etwas wie eine inhaltliche Klammer der Apostelgeschichte bildet. Zu Beginn heisst es von Jesus nach der Auferstehung:

> «Vierzig Tage hindurch ist er ihnen erschienen und hat vom Reich Gottes gesprochen» (Apg 1,3).

Am Ende der Apostelgeschichte wird vom gefangen gehaltenen Paulus berichtet:

> «Vom Morgen bis in den Abend hinein erklärte und bezeugte er ihnen [den führenden Männern der Juden] das Reich Gottes [...]. Er verkündete das Reich Gottes und trug ungehindert und mit allem Freimut die Lehre über Jesus Christus, den Herrn, vor» (Apg 28,23.31).

Aufgrund der biblisch bezeugten zentralen Stellung des Reiches Gottes für Jesus kann festgehalten werden:

> «Für Jesus ist das Letzte und Entscheidende nicht seine eigene Person, auch nicht das Gesetz, nicht einmal Gott an sich. Das Zentrum seiner Verkündigung ist vielmehr das Reich Gottes.»[302]

Vernachlässigung und Wiederentdeckung des Reiches Gottes   *Exkurs*

Angesichts der unübersehbar zentralen Bedeutung des Reiches Gottes in den synoptischen Evangelien und in der Apostelgeschichte muss es erstaunen, dass das Reich Gottes im Laufe der Geschichte des Christentums marginalisiert wurde oder ganz in Vergessenheit geriet. In einer von der Berliner Theologischen Fakultät 1923 ausgeschriebenen Arbeit über den neutestamentlichen Begriff des Reiches Gottes in seiner Auswirkung und Anwendung während des 2. Jahrhunderts[303] nannte Robert Frick drei wichtige Gründe:

Erstens stand in den Schriften der Apostolischen Väter (wie Didache, Barnabas, Clemens, Hermas, Ignatius und Polykarp) «der Schöpfergedanke im Vordergrund: Gott ist der Eine, der Schöpfer, der wirkt in Natur und Geschichte. Das ist dem Hellenismus ein neuer, überwältigender Gedanke»[304].

Es setzte danach eine Entwicklung ein, in deren Verlauf Gott mehr und mehr in philosophierender Weise als unpersönlicher kosmologischer Schöpfergott und kaum mehr als biblisch bezeugter persönlicher Gott der Geschichte verstanden wurde. Der historiozentrische Denkrahmen der Bibel wurde durch einen kosmozentrischen abgelöst.

Zweitens hatte die Theologie des Origenes (185–254) entscheidenden Anteil an der privatisierend-spiritualisierenden Verkürzung der Botschaft Jesu vom Reich Gottes. «Das Reich Gottes ist ihm [Origenes] der glückliche Zustand der Seele, Reich Christi die Fülle der Weisheit und Gerechtigkeit, durch die Christus unser Leben in Wort und Tat regiert.»[305] Bei Origenes entsprach dieser Verinnerlichung eine Entwertung der Geschichte.[306] Der Gnostiker Origenes vertrat die Lehre von

---

302 *Aguirre/Cormenzana*, Gerechtigkeit 1193.
303 *Frick*, Geschichte.
304 Ebd. 27. «Zur theologalen Abwertung des Reiches trägt auch das Verhältnis Gottes zur *Schöpfung* bei, das im Hellenismus ein anderes ist als im Judentum. Während das biblische Denken vom *Exodus* geprägt ist, also von der Geschichte, [...] geht das griechische Denken von der Natur aus» (*Sobrino*, Glaube 361).
305 *Frick*, Geschichte 101.
306 Vgl. ebd.

der *autobasileia*, wonach Christus selbst das Reich Gottes ist.[307] Dieses geht in einer Christologie auf, die sich nicht mehr mit dem konkreten Lebensweg des Jesus aus Nazaret beschäftigte. Die Lehre von der *autobasileia* brachte das Reich Gottes als zentrales Thema zum Verschwinden und hatte eine abstrakte Christologie zur Folge.

Drittens wurde im Spätwerk «Contra Celsum» des Origenes «zum ersten Mal […] die Idee von der Kirche als dem irdischen Gottesstaat, der seinen Anspruch gegenüber dem weltlichen Staat erhebt, und der sich mehr und mehr auf Erden durchsetzen wird, deutlich ausgesprochen».[308] In der Folge trat an die «Stelle der Herrschaft Gottes […] die Autorität der Kirche».[309] Bei Augustinus (354–430) wurde dann die hierarchisch verfasste Kirche mehr oder weniger dem Reiche Gottes auf Erden gleichgesetzt.[310] Die *civitas Dei* des Augustinus besteht zwar in der geschichtlichen Grösse der katholischen Kirche, aber auch in der ewigen, übergeschichtlichen Grösse der *communio sanctorum*, der Prädestinierten.[311] Bei Augustinus waren die Grenzen zwischen der empirischen und der unsichtbaren Kirche fliessend, ja sie fielen zum Teil ganz.[312] Die Identifizierung der Kirche mit dem Reich Gottes hatte zur Folge, dass dieses als zentrales Thema der Theologie verschwand und die Kirche sich keinem biblisch-theologischen Korrektiv mehr gegenübergestellt sah.

«In Theorie und Praxis wurde das Reich durch die Kirche als letzte Wirklichkeit auf Erden ersetzt und diese übte eine Macht aus, die dem Reich genau entgegengesetzt ist, ohne dass die theoretische Christologie dem irgendetwas entgegenzusetzen gehabt hätte.»[313]

Jon Sobrino macht auf die schwerwiegenden Konsequenzen aufmerksam: «Das Vergessen des Reiches hatte zur Folge, dass das Christentum auch seine kulturkritische Dimension vernachlässigte und eine weltlich-sündhafte politisch-religiöse Kultur annahm.»[314]

---

307 «Eine Entwicklung, die schon im Neuen Testament begonnen hat, findet in der Patristik ihren Höhepunkt: Das Reich Gottes taucht in den christologischen Formulierungen überhaupt nicht mehr auf. […] Die Vermittlung Gottes (das Reich) verschwindet von der theologalen Bühne […]. Sowohl Grösse als auch Gefahr dieser konzentrierten Reduktion werden in dem […] Satz von Origenes deutlich: Christus ist die *autobasileia thou Theou*, das Reich Gottes in Person» (*Sobrino*, Glaube 360f.).
308 *Frick*, Geschichte 103.
309 Ebd. 115.
310 Vgl. ebd. 118.
311 Vgl. ebd. 143.
312 Vgl. ebd. 144.
313 *Sobrino*, Glaube 375.
314 Ebd. 384.

Im Laufe der folgenden Jahrhunderte spielte das Reich Gottes in den Grosskirchen und im Mainstream ihrer Theologien keine zentrale Rolle. Das gilt für Thomas von Aquin (1225–1274) ebenso wie für Martin Luther (1483–1546). Ausnahmen waren auf katholischer Seite zu Beginn des 19. Jahrhunderts die Vertreter der Tübinger Schule Johann Sebastian Drey (1777–1853) und Johann Baptist von Hirscher (1788–1865), die ihre Theologie zentral vom Reich Gottes her entwickelten, dann aber von der Neuscholastik überrannt wurden. Auf protestantischer Seite ist auf Vertreter des schwäbischen Pietismus wie Vater Johann Christoph (1805–1880) und Sohn Christoph (1842–1919) Blumhardt und vor allem auf den Schweizer Reich-Gottes-Theologen und führenden religiösen Sozialisten Leonhard Ragaz (1868–1945) hinzuweisen. In der akademischen Theologie war vom Reich Gottes erst wieder mit dem 1892 veröffentlichten und 1900 in einer zweiten, völlig neu bearbeiteten und schliesslich 1964 in dritter Auflage publizierten Buch von Johannes Weiss «Die Predigt Jesu vom Reich Gottes»[315] zentral die Rede. In neuerer Zeit haben sich auf evangelischer Seite vor allem Jürgen Moltmann und auf katholischer Seite lateinamerikanische Befreiungstheologen, und unter ihnen vor allem Jon Sobrino, zentral mit dem Reich Gottes beschäftigt. Jon Sobrino versteht die Theologie der Befreiung denn auch wesentlich als biblisch begründete Reich-Gottes-Theologie.

Inhaltliche Fülle des Reiches Gottes 5.1.2

Das Reich Gottes als Fest offener Tischgemeinschaft 5.1.2.1

Das wohl umfassendste und dichteste Bild für das Reich Gottes in der Verkündigung Jesu ist der Vergleich des Reiches Gottes mit einem Mahl, zu dem bei Matthäus (vgl. Mt 22,1-10) ein König anlässlich der Hochzeit seines Sohnes einlädt und das bei Lukas (vgl. Lk 14,15-25) als grosses Festmahl bezeichnet wird. Mit diesen Reich-Gottes-Gleichnissen knüpfte Jesus bei der Endzeitvision des Propheten Jesaja vom grossen Festmahl aller Völker auf dem Berg Zion an:

> «Der Herr der Heere wird auf diesem Berg für alle Völker ein Festmahl geben mit den feinsten Speisen, ein Gelage mit erlesenen Weinen, mit den besten und feinsten Speisen, mit besten, erlesenen Weinen» (Jes 25,6).

Jesu Vergleich des Reiches Gottes mit einem Fest ist bedeutsam, weil auf einem guten Fest verdichtet all das vorhanden

---

315 Vgl. *Weiss*, Predigt.

ist, was es zu einem Leben in Würde und Fülle braucht. Zu einem Fest gehört, dass es nicht nur für alle genug zu essen und zu trinken gibt, sondern dass Überfluss herrscht, so karg auch sonst das Leben sein mag. Für ein gutes Fest ist wichtig, dass alle Platz haben und niemand ausgeschlossen wird. Auf einem gelungenen Fest scheint angesichts der nicht-idealen gesellschaftlichen Verhältnisse die Vision eines guten Lebens für alle Menschen auf, an der die Festteilnehmenden gemeinsam festhalten wollen.

Das Fest als eine Weise unproduktiver Verausgabung ist das Gegenüber zur produktiven Arbeit. Es kann als ein Abstandnehmen vom Alltag verstanden werden,

> «das es möglich macht, das Ganze (und mithin den Sinn des Alltags) in den Blick zu bekommen. [...] Damit *thematisiert* das Fest den Menschen, seine Existenz, sein Handeln, seine Praxis. Es stellt das Leben dar und ermutigt die Menschen, sich ihm zu stellen; zugleich relativiert es es aber auch und nimmt ihm seinen Charakter als tragisches und zwangsläufiges Schicksal, so dass man es als Geschichte von Freiheit und Befreiung betrachten und leben kann. Das Fest unterbricht Routine und Eintönigkeit des Lebens und bildet einen Gegensatz zum täglichen Rhythmus der Existenz.»[316]

Das Fest ist etwas anderes als die blosse Erholung von den Mühen der Arbeit und stellt mehr dar als eine Abwechslung zum grauen Alltag im Sinne von Goethes Schatzgräberballade, wo es heisst: «Tages Arbeit! Abends Gäste!/Saure Wochen! Frohe Feste!» Ein auf das Ganze und so auf den Sinn des Lebens bezogenes Fest hat keine bloss stabilisierende Funktion, sondern drückt angesichts nicht-heiler Zustände in kritischer Absicht die Vision eines gelungenen Lebens für alle Menschen symbolisch aus. Thema eines so verstandenen Festes ist dann zentral der Sinn des Lebens und die Spiritualität der historischen Praxis.

> «So betrachtet, ist das Fest etwas höchst Wichtiges und Ernstes. Heisst es doch der Überzeugung Ausdruck verleihen, dass das Leben lebenswert ist. Es verweist die Arbeit auf den ihr zukommenden, das heisst untergeordneten Platz. Es legt nahe, dass die Arbeit, so produktiv sie

---

316 *Taborda*, Sakramente 50.

auch sein mag, und dass die Praxis, so erfolgreich sie auch sein mag, doch nicht das letztgültige Ziel des Lebens sind. Das letzte Ziel ist, dass sich der Mensch verwirklicht. Arbeit und Praxis dienen diesem Ziel. Das Fest, ja es trägt den Sinn in sich selbst, weil es das letztgültige Ziel vorwegnimmt und ansagt. Wenn der Mensch die Dimension des Festes verliert, verliert er auch seine Wurzeln in der Vergangenheit wie in der Hoffnung auf die Zukunft; seine psychische und geistige Sensibilität verkümmert. Ein wirkliches Fest ist *subversiv*. Es erwächst aus der Praxis, verweist auf die Praxis und kehrt zur Praxis zurück.»[317]

Diese Zuordnung von Fest und Praxis hebt sich von einem im negativen Sinn ideologischen Grundschema ab, das Arbeit und Praxis lediglich dem Nichtstun oder gar der Faulheit gegenüberstellt statt dem inhaltlich positiv gefüllten Fest. Ideologisch ist dieses Schema, weil es alles ausserhalb von Arbeit und Praxis lediglich als Nicht-Arbeit oder als Freizeit versteht, der Nicht-Arbeit und der Nicht-Praxis damit keinen eigenen Wert zumisst und so Arbeit und Praxis verabsolutiert.[318] Vor dem Hintergrund eines umfassend-subversiven Verständnisses eines guten und gelungenen Festes soll das Gleichnis gelesen werden, in dem Jesus das Reich Gottes mit einem grossen Festmahl vergleicht:

> «Als einer der Gäste das hörte [Arme, Krüppel, Lahme und Blinde zum Essen einzuladen], sagte er zu Jesus: Selig, wer im Reich Gottes am Mahl teilnehmen darf. Jesus sagte zu ihm: Ein Mann veranstaltete ein grosses Festmahl und lud viele dazu ein. Als das Fest beginnen sollte, schickte er seinen Diener und liess den Gästen, die er eingeladen hatte, sagen: Kommt, es steht alles bereit! Aber einer nach dem andern liess sich entschuldigen. Der erste liess ihm sagen: Ich habe einen Acker gekauft und muss jetzt gehen und ihn besichtigen. Bitte, entschuldige mich! Ein anderer sagte: Ich habe fünf Ochsengespanne gekauft und bin auf dem Weg, sie mir genauer anzusehen. Bitte, entschuldige mich! Wieder ein anderer sagte: Ich habe geheiratet und kann deshalb nicht kommen. Der Diener kehrte zurück und berichtete alles seinem Herrn. Da wurde der Herr zornig und sagte zu seinem Diener: Geh schnell auf die Strassen und Gassen der Stadt und hol die Armen und die Krüppel,

---

317 Ebd. 58.
318 Vgl. ebd. 49.

die Blinden und die Lahmen herbei. Bald darauf meldete der Diener: Herr, dein Auftrag ist ausgeführt; aber es ist immer noch Platz. Da sagte der Herr zu dem Diener: Dann geh auf die Landstrassen und vor die Stadt hinaus und nötige die Leute zu kommen, damit mein Haus voll wird. Das aber sage ich euch: Keiner von denen, die eingeladen waren, wird an meinem Mahl teilnehmen» (Lk 14,15–24).

Dieses Gleichnis und jenes vom Hochzeitsmahl (vgl. Mt 22,1–10) können als Muster zum rechten Verständnis aller Aussagen Jesu über das Königreich Gottes dienen.[319] Es muss aber genauer gefragt werden, mit welcher Art von Fest Jesus das Reich Gottes vergleicht.

«Das Gleichnis [Lk 14,15–24] beginnt mit einem formalen Fest. Jemand bereitet ein grosses Essen vor und lädt andere dazu ein. Alles ist objektiviert und durch Rituale festgelegt. Als sich die Eingeladenen entschuldigen, überschreitet das Fest die durch Regeln vorgegebenen Grenzen. Es verwandelt sich in ein Fest, zu dem alle, die irgendwie erreichbar sind, eingeladen werden. Sogar die Unentschlossenen drängt man dazu, an diesem offenen Fest teilzunehmen. Das Festessen, also ein auf die Sinne ausgerichtetes Fest, durchbricht alle gesellschaftlichen Regeln oder Rituale; alle gesellschaftlichen Kategorien werden ausser Kraft gesetzt, alle Ungleichheiten hinweggefegt […]. Bei einem derartigen Fest erkennen alle sich gegenseitig als Subjekte an.»[320]

Angesichts der Gäste, die eingeladen werden – Arme, Krüppel, Blinde und Lahme bei Lukas, Böse vor den Guten bei Matthäus – wird deutlich, dass der Herr «im Grunde nichts weiter wollte, als dass seine Diener ihm jeden brächten, den sie auftreiben konnten»[321]. Wo aber solches geschieht, kommt eine Tischgesellschaft zusammen, in der

«in wahrlich bunter Reihe Männer und Frauen, Arme und Reiche, Sklaven und Freie miteinander und durcheinander zu Tisch liegen, Pharisäer zwischen Zöllnern und Sündern. Eine kurze Erkundigung nach den diesbezüglichen Erkenntnissen der kulturübergreifenden Sozialanthropologie wird unseren Eindruck bestätigen, dass eine derartige Tischgesellschaft in allen Gesellschaften ein sozialer Alptraum wäre.

---

319 Vgl. *Crossan*, Jesus 95.
320 *Hinkelammert*, Kritik 286.
321 *Crossan*, Jesus 96.

[…] In der *Kommensalität,* [von lat. *con* = mit und *mensa* = Tisch] mit welchem Fachausdruck die Anthropologen die von ihnen studierte Vielfalt der Tafelordnungen und Tischsitten zusammenfassen, hat man immer ein kleines Muster der Gesellschaftsordnung. Bei Tisch wird immer und überall die soziale Hierarchie berücksichtigt, ökonomisch diskriminiert und politisch differenziert.»³²²

Vor diesem Hintergrund wird das Herausfordernde des Reiches Gottes erkennbar, wenn Jesus dieses mit einem Fest vergleicht, auf dem Böse neben Guten sitzen und Arme, Blinde, Krüppel und Lahme zusammenkommen.

«Was Jesu Gleichnis vorstellt und in Aussicht stellt, ist also eine offene Kommensalität, ein gemeinsames Mahl, bei dem die Tischordnung nicht im Kleinen die grosse Gesellschaftsordnung mit ihren vertikalen Diskriminierungen und lateralen [sic] Trennungen widerspiegelt. Die soziale Herausforderung einer solchen egalitären Kommensalität ist das eigentlich Bedrohliche dieses Gleichnisses. Es ist natürlich nur ein Gleichnis, eine Erzählung, aber eine Erzählung, die sehr wirksam die Erschütterung der Gesellschaftsordnung im kleinen Rahmen, eben bei Tisch, denkbar macht. Und da Jesus überdies praktizierte, was er mit diesem Gleichnis predigte, beschimpfte man ihn als Fresser und Säufer, als Freund von Sündern und Zöllner [vgl. Lk 7,34; Mt 12,19 …] Das Reich Gottes als ein Prozess offener Kommensalität, als jedem zugängliche Mahlgemeinschaft und somit als Muster einer nicht diskriminierenden Gesellschaft negierte die Grundlagen der antiken mediterranen Gesellschaft, in der Begriffe wie Ehre und Schande absolute Geltung hatten. […] Wer sich nach Ehre und Schande richtet, sieht sich selbst immer *durch die Augen der anderen,* und erst, wenn wir uns mit dieser Perspektive wirklich vertraut machen, können wir hoffen, die radikale Herausforderung nachempfinden zu können, die Jesu offene Mahlgemeinschaft für seine Zeitgenossen darstellte.»³²³

Die von Jesus verkündete und praktizierte offene Kommensalität ist

«Symbol und Beispiel eines radikalen Egalitarismus, Behauptung einer absoluten Gleichheit aller Menschen, mit der die Legitimität jeder Diskriminierung angefochten und die Notwendigkeit jeder hierarchi-

---

322 Ebd. 97.
323 Ebd. 98 f.

schen Ordnung der Gesellschaft bestritten wird. [...] Die offene Kommensalität und der radikale Egalitarismus des Gottesreichs, von dem Jesus sprach, ist erschreckender als alles, was wir uns vorgestellt haben, und selbst wenn wir es nie annehmen können, sollten wir doch nicht versuchen, es wegzuerklären und als etwas anderes, als es ist, auszugeben.»[324]

Jesu Vergleich des Reiches Gottes mit einem Fest offener Kommensalität heisst für sein Verständnis des Reiches Gottes: Es ist ein Reich des Lebens für alle, weil auf einem gelungenen Fest all das für alle vorhanden ist, was es für ein Leben in Würde und Fülle an Nahrungsmitteln, Gemeinschaft und Sinnorientierung braucht.

Vor diesem Hintergrund des Vergleichs mit einem Fest offener Kommensalität kann Jesu Verständnis vom Reich Gottes noch genauer umschrieben werden. Dazu müssen im Folgenden jene 95 Stellen in den synoptischen Evangelien befragt werden, in denen ausdrücklich ein Zusammenhang zwischen dem Reich Gottes bzw. dem Himmelreich und Jesu Verkündigung und Praxis hergestellt wird: Was sagen sie über die Gesellschaft, die ein komplex strukturiertes Ganzes von Ökonomie/Ökologie, Politik und Kultur/Religion/Ideologie darstellt? Konkreter: Was sagen diese Stellen über die Sicherung des physischen Lebens, über die Regelung des Zusammenlebens und über ein sinnvolles Leben?

5.1.2.2 Sicherung des physischen Lebens – ökonomische Aspekte des Reiches Gottes

Jesus verheisst das Reich Gottes zuerst und vor allem den Bettelarmen (vgl. Lk 6,20; Mt 5,3), wogegen die Reichen nur schwer oder gar keinen Zugang zu ihm haben (vgl. Mk 10,23–25). Mit diesen Armen sind nicht bloss etwas bedürftige (griech. *penes*) Menschen gemeint, sondern solche (griech. *ptochoi*), die etwa aufgrund von Krankheit oder Verschuldung gar nichts haben und vollständig auf Almosen angewiesen sind. Wenn Jesus das Reich Gottes den radikal Armen verheisst, dann bedeutet dies für sein Verständnis des Reiches Gottes, dass es ein Reich ohne Arme ist. Daraus folgt für Ver-

---

324 Ebd. 100.103.

hältnisse, in denen es Arme gibt, dass sie nicht Reich-Gotteskonform sind. Jesus verheisst das Reich Gottes den Armen, weil es für ihn ein Reich des Lebens in Würde und Fülle aller Menschen ist. Dem aber widerspricht, dass es Reiche gibt, während Bettelarme nicht einmal das Notwendigste zum Leben haben.

Im Gleichnis von den Arbeitern im Weinberg tritt Jesus dafür ein, dass alle unabhängig von der geleisteten Arbeit das an finanzieller Entlöhnung erhalten, was sie zur Deckung des täglichen Bedarfs brauchen (vgl. Mt 20,1–16). Das Verhalten des Gutsbesitzers repräsentiert die Güte Gottes und stellt zu den herrschenden Spielregeln in der Gesellschaft ein alternatives Handeln dar. Das bedeutet eine Umkehrung der Verhältnisse:

> «So werden die Letzten die Ersten sein und die Ersten die Letzten» (Mt 20,16).

Mit dem Reich Gottes verbindet Jesus den Verzicht auf Besitz. Die Zugehörigkeit zum Reich Gottes ist zumindest für jene, die ihn begleiten und ihm nachfolgen, an die Bereitschaft gebunden, Grund und Boden zu verlassen und sich auf ein materiell ungesichertes Leben einzulassen (vgl. Mk 10,29f.).

Jesus stellt einen Zusammenhang her zwischen dem Himmelreich und dem Erlass von Schuld(en) im Gleichnis vom unbarmherzigen Gläubiger (vgl. Mt 18,32–25). Dieses Gleichnis ist Teil der Antwort Jesu auf die Frage des Petrus, wie oft er seinem Bruder vergeben müsse, wenn dieser sich gegen ihn versündigt habe (vgl. Mt 18,21–22). Jesus bestätigt bzw. verstärkt mit seiner Rede von der siebenundsiebzigmaligen Vergebung den von Petrus gemachten Vorschlag, siebenmal – und das heisst vollkommen – vergeben zu müssen:

> «Von Petrus wird vollkommen-vollkommenste, grenzenlos-unendliche, unzählbar-wiederholte Vergebung erwartet. Die Antwort, die Matthäus Jesus geben lässt, ist nicht mehr zu überbieten. Sie ist programmatisch, nicht pragmatisch.»[325]

Bei der mit dem Reich Gottes verbundenen Vergebung von Schuld geht es sowohl ökonomisch um den Erlass von Geld-

---

325 *Lutz*, Matthäus Bd. 3, 62.

schulden als auch sozial um Vergebung von Schuld im zwischenmenschlichen Bereich und religiös um Gottes Befreiung von Schuld.

Im Zusammenhang mit der Frage, worum es sich zu sorgen lohne, erzählt Jesus zunächst das Gleichnis vom reichen Kornbauern, erläutert dann den Unterschied zwischen dem falschen und dem richtigen Sorgen und lädt schliesslich dazu ein, zuerst das Reich Gottes zu suchen (vgl. Lk 12,15–32). Es geht ihm dabei um zwei Wege im Sinne zweier gegensätzlicher Ökonomien zur Beschaffung der lebenswichtigen Güter.

> «Die erste Ökonomie [jene des Kornbauern] ist die marktwirtschaftliche. Im Zentrum dieser Ökonomie steht eine Logik des Marktes und der Bereicherung. Lukas illustriert die Logik einer Marktwirtschaft in der Erzählung vom reichen Bauern. [...] Dieser Bauer fährt eine Rekordernte ein. Seine bestehenden Scheunen reichen nicht aus. Deshalb reisst er sie ab und errichtet eine neue und grössere Scheune. Die Erzählung führt den Mann als einen ‹reichen Mann› (V. 16) ein. So darf man davon ausgehen, dass die neuen Scheunen nicht Vorratskammern für den eigenen Verzehr sind. Produziert wird hier nicht für den eigenen Verbrauch, sondern für den Verkauf.»[326] «Lukas fällt ein Urteil über diese Ökonomie des freien Marktes. [...] Am Ziel seiner Wünsche angekommen, stirbt der Getreidespekulant.»[327]

Dem tödlich ausgehenden Gewinnstreben des reichen Kornbauern stellt Jesus eine Ökonomie der Gerechtigkeit gegenüber.

> «Die Jünger werden [...] zu einer Sorge angehalten, die in einem Handeln besteht, das Gott und seinem Reich entspricht. [...] Bedarf, nicht Bereicherung ist das ökonomische Motiv. [...] Gott weiss, was die Menschen zu ihrem Leben brauchen; die Schöpfung bezeugt seine Güte und Vorsorge. Deshalb verweist Lukas auf die Raben, die nicht säen und ernten, keine Vorratsscheune haben und doch ernährt werden (V. 24). [...] Die Vögel, die Lilien des Feldes, das Gras sprechen von Gottes Vorsorge. Mit seinen Gaben der Schöpfung ermöglicht Gott ein Leben aller Geschöpfe

---

326 *Segbers*, Scheunen 105 f.
327 Ebd. 108.

in Würde. Wirtschaften, wie es die Bibel meint, heisst demnach, der universalen Sorge Gottes entsprechend zu sorgen und zu handeln.»[328]

Von Jesu Praxis des Teilens von Brot und Fisch wird im Zusammenhang dessen berichtet, dass Jesus den Leuten vom Reich Gottes erzählt (vgl. Lk 9,11–17). In diesem Bericht stehen sich die Denkweise der Jünger und jene von Jesus gegenüber. Die Jünger wollen, dass Jesus die Leute wegschickt, damit sie sich Essen und Unterkunft besorgen. Jesus aber fordert die Jünger auf, sie sollen den Leuten zu essen geben. Die Jünger weisen auf die wenigen Brote und Fische hin und sagen, sie müssten wohl Essen für die Leute kaufen gehen. Jesus geht darauf nicht ein, sondern lässt die Leute niedersitzen. Nach dem Blick zum Himmel und dem Segen bricht er die Brote und lässt sie und die Fische von den Jüngern und Jüngerinnen an die Leute verteilen. Nicht durch Kaufen will Jesus dafür sorgen, dass die Leute genug zu essen bekommen, sondern dadurch, dass das, was vorhanden ist, geteilt wird. Der Blick zum Himmel macht deutlich, dass das Teilen der göttlichen Logik des Lebens folgt.

In Bezug auf die ökonomischen Aspekte kann das Reich Gottes zusammenfassend so umschrieben werden: Es ist als Reich der Armen die Vision einer Gesellschaft und Welt, in der niemand bangen muss ums tägliche Brot, in der alle satt werden und in der alle das an materiellen Gütern und finanziellen Mitteln erhalten, was sie zu einem ökonomisch abgesicherten Leben in Würde und Fülle brauchen. Dem Reich Gottes entspricht eine Ökonomie der Gerechtigkeit im Dienst des Lebens aller, wogegen eine Ökonomie individueller Bereicherung Weniger im Dienst des Todes steht und unvereinbar mit dem Reich Gottes ist.

Regelung des Zusammenlebens – politische Aspekte des Reiches Gottes 5.1.2.3

Dem Hochzeits- (vgl. Mt 22,1–10) bzw. Festmahlgleichnis (vgl. Lk 14,15–24) entsprechend gehören zum Reich Gottes gesellschaftlich Randständige. Bemerkenswert ist, dass bei

---

328 Ebd. 113.

der Aufzählung derjenigen, die im Festsaal zusammenkommen, bei Matthäus die Bösen vor den Guten genannt werden und bei Lukas nach der Absage der zum Festmahl Geladenen Arme, Krüppel, Lahme und Blinde erscheinen.

Jesus erklärt, die betrügerischen Zöllner und die geächteten Dirnen kämen eher ins Reich Gottes als die Hohenpriester und Ältesten (vgl. Mt 21,31). So wie Jesus in seiner Verkündigung das Reich Gottes sozial verachteten Menschen verheisst, so bezeugt er deren Zugehörigkeit zum Reich Gottes durch seine Tischgemeinschaft mit Zöllnern und Sündern (vgl. Lk 15,1 f.), was ihm den Vorwurf einbringt, er sei ein Fresser und Weinsäufer, ein Freund der Zöllner und Sünder (vgl. Lk 7,34). Jesu Mahlzeiten mit den Zöllnern und Sündern sind nicht nur Ereignisse auf der gesellschaftlichen Ebene, sondern sinnenfälligster Ausdruck der Botschaft von der rettenden Liebe Gottes. In der Tischgemeinschaft Jesu mit Zöllnern und Sündern ist das Reich Gottes gegenwärtig.

Für Jesus werden im Reich Gottes die familiären Bande und die verwandtschaftlichen Verhältnisse mit ihren Zwängen relativiert bzw. gesprengt (vgl. Lk 18,29 f.). Ausdrücklich distanziert sich Jesus von seinen nächsten Angehörigen (vgl. Mk 3,33-35). Es kommt zum Bruch mit ihnen. Sie erklären, er sei von Sinnen (vgl. Mk 3,21). Für Jesus ist das Reich Gottes nicht die religiöse Überhöhung der Bindungen in der patriarchalen Familie und nicht die Sanktionierung der verwandtschaftlichen Verhältnisse, sondern deren grundsätzliche Infragestellung oder gar fundamentale Aufhebung.

So kritisch sich Jesus gegenüber der Familie äussert und verhält, so positiv stellt er die Bedeutung der Kinder für das Reich Gottes heraus (vgl. Mk 10,14-16). Er macht die gesellschaftlich übliche und von seinen Jüngern vertretene Abwertung der Kinder in der Weise der in bestimmten jüdischen Traditionen ständig wiederkehrenden Trias «Taubstumme, Schwachsinnige und Minderjährige» nicht mit, sondern erklärt, wer ins Himmelreich kommen wolle, müsse an den Kindern Mass nehmen (vgl. Mt 18,2-5).

Von der Stellung der Frauen im Reich Gottes ist in mehrfacher Weise die Rede. Von den Frauen wird in der Verkündigung Jesu zwar nicht so explizit wie von den Kindern gesagt, sie würden zum Reich Gottes gehören, es werden aber Frauen in der Begleitung Jesu erwähnt (vgl. Lk 8,1 f.; Mk 3,34 f.; Mt 27,55 f.). Es gab Zöllnerinnen und Pharisäerinnen, und sicher befanden sich unter denen, die alles verlassen hatten, um Jesus nachzufolgen, auch Frauen.[329] Bemerkenswert ist zudem und stellt angesichts einer androzentrischen Kultur eine besondere Würdigung der Frau dar, wenn Jesus das Reich Gottes mit dem Sauerteig vergleicht, den eine Frau in ihrer alltäglichen Arbeit unter das Mehl mischt (vgl. Mt 13,33).

Auf den Zusammenhang von Krankenheilung und Reich Gottes wird in den synoptischen Evangelien mehrmals hingewiesen (vgl. Mt 4,32; Lk 9,1 f.). Der Umgang mit Krankheit und Heilung hat eine politische Bedeutung im Sinne der Regelung des Zusammenlebens der Menschen. Kranksein und Heilen stellen keine bloss private Angelegenheit Einzelner dar, sondern sind politisch bedeutsam, weil sie gesellschaftlichen Regeln folgt, die eingehalten oder durchbrochen werden können. Jesus macht die soziale Ächtung der Kranken nicht mit, sondern durchbricht deren gesellschaftliche Isolation, indem er körperlich-konkret in Kontakt mit ihnen tritt. So nimmt er die fieberkranke Schwiegermutter des Petrus bei der Hand (vgl. Mk 1,30 f.), berührt einen Aussätzigen (vgl. Mk 1,40–42), legt seine Finger in die Ohren des Taubstummen und berührt dessen Zunge mit Speichel (vgl. Mk 7,32–35), bestreicht die Augen des Blinden mit Speichel und legt ihm die Hände auf die Augen (vgl. Mk 8,22–25). Die Heilungspraxis Jesu muss vor dem Hintergrund des Zusammenhangs von Menschen und Gesellschaft gesehen werden.

> «Von altersher haben überall die Menschen den Makrokosmos der Gesellschaft nach dem Muster des Mikrokosmos ihres Körpers zu verstehen versucht. Wie wir aber politische Organisationen als Körperschaften ansehen, ist umgekehrt bei genauem Zusehen unseren Körpern die politische Organisation anzusehen.»[330]

---

329 Vgl. *Schottroff*, Lydias 128.
330 *Crossan*, Jesus 106.

Crossan beruft sich dabei auf die britische Anthropologin Mary Douglas:

> «‹Der Körper ist ein Modell, das für jedes geschlossene System stehen kann. Seine Grenzen können für alle verletzbaren und bedrohten Grenzen stehen. Der Körper ist eine komplexe Struktur. Die Funktionen seiner verschiedenen Teile und deren Beziehungen zueinander können als Symbole für andere komplexe Strukturen dienen. Wir können Rituale, bei denen Körperausscheidungen, Muttermilch, Speichel und so fort verwendet werden, unmöglich deuten, wenn wir nicht willens sind, den Körper als Symbol der Gesellschaft zu verstehen und zu erkennen, dass die Kräfte und Gefahren, die der Gesellschaftsstruktur zugeschrieben werden, sich musterhaft im menschlichen Körper reproduzieren.›»[331]

Zum Verständnis der Heilungspraxis Jesu ist die ethnomedizinische Unterscheidung von Krankheit und Leiden oder Kranksein hilfreich. Krankheit meint einen medizinischen Defekt, den ein Arzt diagnostizieren und unter Umständen lindern oder beheben kann, wobei aber die seelische und soziale Dimension der Krankheit unberücksichtigt gelassen wird.[332] Leiden oder Kranksein hingegen bezeichnen das persönliche Erleben und den sozialen Umgang mit der Krankheit. Crossan nimmt an, dass Jesus

> «das Leiden des armen Aussätzigen heilte, indem er sich weigerte, die rituelle Unreinheit und soziale Ächtung der Krankheit hinzunehmen. Jesus nötigte dadurch die anderen, ihn entweder gleichfalls aus der Gemeinschaft auszustossen oder auch den Aussätzigen in sie aufzunehmen.»[333]

Jesus heilte, indem er sich weigerte, die überkommenen und vorgeschriebenen Sanktionen gegen die erkrankten Personen zu achten, und er heilte, indem er die Kranken in die Gemeinschaft der Marginalisierten und Ausgegrenzten aufnahm – mit einem Wort: in das Reich Gottes.

Für Jesus ist Herrschaft keine der Kategorien im Reich Gottes (vgl. Mt 20,25–27). Es geht im Reich Gottes nicht so zu

---

331 Zit. ebd.
332 Vgl. ebd. 111 f.
333 Ebd. 113.

wie in der Welt, wo die Herrscher die Völker unterdrücken und die Mächtigen ihre Macht über die Menschen missbrauchen (vgl. Mk 10,42–44). Das Reich Gottes stellt eine Umkehrung der Verhältnisse dar, wenn derjenige Diener sein soll, der gross sein will, und wenn derjenige Sklave sein soll, der der Erste sein will.

Das Fest in den Gleichnissen Jesu als Zentralsymbol für das Reich Gottes umfasst zwar alle gesellschaftlichen Bereiche, doch weist die offene Kommensalität in erster Linie auf die politische Dimension im Sinne eines egalitär-offenen Zusammenlebens der Menschen hin. Vom Mahl bzw. vom Miteinander-zu-Tisch-sitzen ist in der Verkündigung Jesu auch im Blick auf die verheissene Vollendung des Reiches Gottes die Rede (vgl. Lk 22,16.18.28–30).

In Bezug auf die politischen Aspekte kann das Reich Gottes zusammenfassend so umschrieben werden: Als Reich der gesellschaftlichen Niemande ist es die Vision einer solidarischen Gesellschaft und Welt, in der niemand verachtet, diskriminiert oder ausgeschlossen wird, in der alle Platz haben und all das an menschlicher Zuwendung, sozialer Anerkennung und vorbehaltloser Vergebung erhalten, was sie zu einem Leben in Würde und Fülle brauchen. Dem Reich Gottes entspricht eine offen-egalitär-integrierende politische Ordnung, wogegen unterdrückerisch-diskriminierend-ausgrenzende Verhältnisse unvereinbar mit dem Reich Gottes sind.

5.1.2.4 Orientierung für ein sinnvolles Leben – religiöse Aspekte des Reiches Gottes

Im Summarium zu Beginn des Markusevangeliums ist vom Reich Gottes im Zusammenhang von Umkehr und Glauben an das Evangelium die Rede (vgl. Mk 1,15). Wenn das Reich Gottes und die Umkehr aneinander gebunden werden, heisst dies, dass sich Reich Gottes und Umkehr gegenseitig bedingen und auslegen. Umkehr ist Voraussetzung für den Zugang zum Reich Gottes. Das Reich Gottes qualifiziert die Um-kehr als Ab-kehr von den Anti-Reichen der Welt und Hin-kehr zum Reich Gottes als einem Reich, das sich an der Lebensfülle des Festes orientiert. Für den Zugang zum Reich Gottes ist ein religiöses Bekenntnis weder erforderlich noch hinreichend, denn ins Himmelreich kommt nur, wer den Willen des Vaters erfüllt (vgl. Mt 7,21).

Jesus stellt einen ausdrücklichen Zusammenhang her zwischen der Befreiung von Dämonen und dem Reich Gottes (vgl. Lk 11,20). Für Jesus haben Dämonen als gottes- und lebensfeindliche Grössen im Reich Gottes keine Macht. Dämonenaustreibungen als Praxis Jesu sind mehrfach bezeugt (vgl. Mk 1,23–28; 5,1–20; 9,14–27). Es fällt auf, dass Jesus niemals von Dämonen Besessene berührt, während er Kranke und Gebrechliche in der Regel durch körperliche Berührung heilt. Während Jesus Kranke durch körperliche Nähe integriert, grenzt er sich auch körperlich von den von Dämonen Besessenen ab.

Am Beispiel der Befreiung des Besessenen von Gerasa (vgl. Mk 5,1–17) hat John Dominic Crossan auf die Dialektik zwischen besessenem Individuum und besessener, d.h. besetzter Gesellschaft aufmerksam gemacht.

> «Geheilt wird natürlich ein Individuum, aber das Symbolische des Vorgangs liegt auf der Hand […]. Der Dämon ist zugleich einer und viele, sein Name ist Inbegriff römischer Macht und Herrschaft: Legion. Legion wird ausgetrieben in eine Herde von Schweinen, die bekanntlich den Juden als die unreinsten der unreinen Tiere gelten. Und die von Legion besessenen unreinen Tiere ersäufen sich im See. In einem packenden Bild stellt also die Erzählung die Erfüllung der kühnsten Träume jedes jüdischen Revolutionärs dar.»[334]

In zwei Zusammenhängen wird das Reich Gottes in Verbindung mit dem Gesetz und den Geboten gebracht. In der Bergpredigt sagt Jesus, wer nur eines von den kleinsten Geboten aufhebe, werde im Himmelreich der Kleinste sein (vgl. Mt 5,19). Im Markusevangelium erklärt er gegenüber einem Schriftgelehrten, der ihn nach dem ersten von allen Geboten gefragt hat, das erste bestehe darin, Gott zu lieben und das zweite darin, den Nächsten zu lieben wie sich selbst. Dann fügt er hinzu: «Kein anderes Gebot ist grösser als diese beiden» (Mk 12,31).

In der Bergpredigt qualifiziert Jesus das Reich Gottes und dessen Gerechtigkeit als die letztlich alles bestimmende Grös-

---

334 Ebd. 123.

se, wenn er im «Vater unser» um das Kommen des Reiches bitten lässt (vgl. Mt 6,10) und wenn er im Zusammenhang mit den Fragen um das rechte Sorgen die Seinen einlädt, zuerst das Reich Gottes und dessen Gerechtigkeit zu suchen (vgl. Mt 6,33). Im Markusevangelium ist das Reich Gottes in der Weise oberstes und letztes Kriterium, dass ihm sogar die physische Integrität untergeordnet wird, wenn Jesus erklärt, es sei besser einäugig ins Reich zu kommen, als mit zwei Augen in die Hölle geworfen werden (vgl. Mk 9,47).

In allen Evangelien wird von einem Angriff Jesu auf den Tempel in Jerusalem berichtet. Jesus zerstört den Tempel symbolisch, indem er die Tische der Geldwechsler und der Taubenhändler umstösst (vgl. Mk 11,15) und dem Tempel seine göttliche Legitimation entzieht, wenn er erklärt, aus dem Haus seines Vaters sei eine Markthalle (vgl. Joh 2,16) oder gar eine Räuberhöhle (vgl. Mk 11,17) geworden. Um ermessen zu können, was die symbolische Zerstörung des Tempels, «die in der Zeitgeschichte ihresgleichen nicht hat und die der unmittelbare Anlass zum Einschreiten der Behörde gegen Jesus gewesen ist»[335], bedeutet hat, muss der Angriff Jesu auf den Tempel vor dem Hintergrund seiner zentralen Stellung in der jüdischen Gesellschaft gesehen werden. Der Jerusalemer Tempel war nicht nur das religiöse, sondern auch das wirtschaftliche und politische Zentrum der Gesellschaftsformation Palästinas. Als solches bildete der Tempel die strukturell-organisatorische Mitte der wirtschaftlichen, politischen und religiösen Verhältnisse der jüdischen Gesellschaft.

In wirtschaftlicher Hinsicht fielen vor allem die zahlreichen vom Tempel erhobenen Abgaben und Steuern ins Gewicht, die eine massenhafte Verarmung und Verelendung weiter Kreise der Bevölkerung zur Folge hatten. Politisch war der Tempel wegen der besonderen Rolle des Jerusalemer Sanhedrin als Hoher Rat unter dem Präsidium des Hohepriesters von grosser Bedeutung, weil der Jerusalemer Sanhedrin nicht nur die Stadt Jerusalem verwaltete und die Zusammenarbeit mit den Römern organisierte, sondern gleichzeitig auch höchster Gerichtshof für jüdische Strafsachen und oberste

---

335 *Jeremias*, Theologie 144 f.

Regierungskammer für ganz Judäa war.[336] Eine besondere religiöse Bedeutung hatte der Tempel vor allem als Ort der ständigen Gegenwart Gottes, der täglichen Opfer und der grossen Wallfahrtsfeste sowie durch die Toraauslegung der im Hohen Rat stark vertretenen Schriftgelehrten.

> «Seine [Jesu] symbolische Zerstörung des Tempels aktualisierte [...], was er mit seinem Wort längst lehrte, mit seinen Heilungen längst bewirkte, was in seiner offenen Kommensalität mit allen, die am Reich Gottes teilhaben wollten, längst verwirklicht war.»[337]

Mit der symbolischen Zerstörung des Tempels traf Jesus das Zentrum der Gesellschaftsformation Palästinas in seinem Kern. Insofern er damit die strukturelle Grundlage jener Diskriminierungen und Trennungen angriff, mit deren Opfer er sich solidarisierte und denen er das Reich Gottes verhiess, ist die symbolische Zerstörung des Tempels zentrales Moment seiner Bezeugung des Reiches Gottes.

In Bezug auf die religiösen Aspekte kann das Reich Gottes zusammenfassend so umschrieben werden: Als Reich, das Gottes Reich ist, in dem der Wille des Vaters erfüllt wird, ist das Reich Gottes die Vision einer Gesellschaft und Welt, in der niemand von Dämonen drangsaliert wird, in der nichts und niemand an die Stelle Gottes tritt, in der das Grundgesetz der Einheit von Gottes- und Nächstenliebe gilt und in der über alle weltanschaulichen Grenzen hinweg im Suchen des Reiches Gottes und seiner Gerechtigkeit die Hoffnung auf ein sinnvolles Leben in Würde und Fülle aller Menschen praktisch bezeugt wird. Dem Reich Gottes entsprechen kulturell-religiöse Normen und Sinndeutungen, die im Dienst des Lebens stehen, wogegen religiös oder anders legitimierte Verhältnisse benachteiligender, beherrschender oder bevormundender Art unvereinbar mit dem Reich Gottes sind.

Vor dem Hintergrund der aufgezeigten inhaltlichen Fülle meint das Reich Gottes eine solidarisch-egalitär-offene Gemeinschaft von Menschen, in der sich alle gegenseitig als gleichberechtigte und bedürftige Subjekte anerkennen. Die Anerkennung der Bedürftigkeit bezieht sich ganzheitlich auf

---

336 Vgl. *Füssel/Füssel*, Körper 79–81.
337 *Crossan*, Jesus 175.

alles, was es zu einem Leben in Würde und Fülle braucht. Deshalb ist das Reich Gottes eine Gemeinschaft, in der sich alle als materiell, sozial und kulturell-religiös bedürftige Subjekte anerkennen. Jesus hat das Reich Gottes bezeugt, indem er teilte, heilte, befreite und feierte. Zu beachten ist, dass die Zugehörigkeit zu diesem Reich Gottes weder an ein religiöses Bekenntnis oder an eine kultische Handlung noch an eine bestimmte ethnische Zugehörigkeit gebunden ist.

Komplexe Struktur des Reiches Gottes — 5.1.3

Das Reich Gottes hat eine komplexe Struktur, die mehrere Spannungsfelder umfasst, deren Pole weder dual unverbunden nebeneinander stehen noch sich dualistisch gegenseitig ausschliessen, sondern dialektisch aufeinander bezogen sind.

Gottes Gabe als verpflichtende Aufgabe — 5.1.3.1

Jesus betont, dass das Reich Gottes unverdientes Geschenk und sein Kommen an keine Vorleistungen gebunden ist. So sehr Jesus das Reich Gottes als Geschenk versteht, so deutlich verknüpft er mit ihm bestimmte Verpflichtungen. Das Reich Gottes ist in einem bedingungsloses Geschenk Gottes und verpflichtende Gabe. Es enthält eine Dialektik von Gratuität und Praxis; denn:

> «was uns geschenkt ist, das ist genau die Fähigkeit, das Reich aufzubauen, die Zeichen zu setzen, die es zuvor nicht gab, zu verkündigen, was zuvor nicht verkündigt wurde, Wagnisse einzugehen, die zuvor niemand unternahm, in der Verfolgung auszuharren, der zuvor keiner standhielt. […] Jetzt […] ist, was unmöglich schien, möglich geworden: der entschlossene Einsatz für das Reich. Und dies ist es, was als Geschenk erfahren wird.»[338]

In Jesus gegenwärtig, aber noch nicht vollendet — 5.1.3.2

Das Reich Gottes ist in Jesus angebrochen und gegenwärtig. Seine Vollendung aber steht als Tat Gottes noch aus. Das Reich Gottes ist da, wenn Jesus durch den Finger Gottes

---

338 *Sobrino*, Stellung 496.

Dämonen austreibt (vgl. Lk 11,20). Der Glaube Jesu an die Gegenwart des Reiches Gottes bezeugt sein Wort:

> «Ich sah den Satan wie einen Blitz vom Himmel fallen» (Lk 10,18).

Dieses apokalyptische Bild meint die grundsätzliche, bereits erfolgte Entmachtung des Satans.[339] Das Reich Gottes ist «mitten unter euch» (Lk 17,21) wie der Sauerteig das Mehl durchdringt (vgl. Mt 13,33). Es ist kein von der Welt abgetrennter Sonderbereich, sondern durchwirkt die Welt. So deutlich Jesus von der Gegenwart des Reiches Gottes spricht, so sehr ist für ihn dessen Erfüllung noch ausstehend. Er identifiziert sich zwar ganz mit dem Reich Gottes, doch dieses nicht mit sich selbst, wenn er seine Jüngerinnen und Jünger sendet, das Reich Gottes zu bezeugen und wenn er dessen Vollendung als künftiges Geschenk Gottes verheisst. Jon Sobrino sagt es so:

> «Jesus ist der definitive Mittler.»[340] «Auf der Ebene der Realisierung der Vermittlung ist das Reich aber noch nicht angekommen.»[341]

Das Reich Gottes ist sowohl Kriterium historischer Projekte zur Gestaltung der gesellschaftlichen Verhältnisse wie es den menschlicher Machbarkeit entzogenen utopisch-eschatologischen Horizont meint.

5.1.3.3 In der Welt und für sie, aber nicht von ihr

Das Reich Gottes ist zwar nicht von dieser Welt, weil es nicht die religiöse Verklärung der bestehenden Verhältnisse darstellt. Es ist aber auch nicht so verschieden von der Welt, dass es nichts mit ihr zu tun hätte. Vielmehr gilt:

> «*Sein* [Gottes] Reich soll kommen: zu *uns*, auf die *Erde*, nicht wir zu seinem Reich in einem fernen *Jenseits* und nicht erst nach dem ‹jüngsten Gericht› nach der ‹Auferstehung der Toten›, sondern auch schon jetzt. Sein Wille soll auf *Erden* geschehen, nicht im Himmel, wo er schon erfüllt ist, aber er soll auf Erden so vollkommen geschehen wie im Himmel. Nicht soll die Erde in den Himmel hinaufgezogen werden,

---
339 Vgl. *Venetz*, Jesus 78 f.; *Becker*, Jesus 131–133.
340 *Sobrino*, Christologie 156.
341 Ebd. 156 f.

sondern der Himmel auf die Erde herab. Alle Wirklichkeit soll Gottes Willen gehorchen und ihm zum Ausdruck dienen, selbstverständlich auch die *politische* und *soziale*.»[342]

Das Reich Gottes soll als Reich des Lebens inmitten der Anti-Reiche der Welt und deren Todeslogik bezeugt werden und Gestalt annehmen.

5.1.3.4 Persönlich-existentiell und politisch-strukturell

Das Reich Gottes hat eine persönliche und eine politische Dimension, indem es sowohl zur Umkehr der Einzelnen einlädt als auch die Umgestaltung der Verhältnisse meint, wenn in ihm Letzte Erste und Erste Letzte sind. Jesus hat im Zusammenhang mit dem Reich Gottes zu persönlicher Umkehr aufgerufen und dessen heilend-befreiende Dimension einzelnen kranken, armen, geächteten oder besessenen Menschen bezeugt. Das Reich Gottes ist aber kein Reich isolierter Individuen, sondern Begründung und Beginn eines neuen Zusammenlebens im Sinn der Vision eines Festes offener Kommensalität. Das Reich Gottes stellt ein dialektisches Ineinander von Individuen und Gesellschaft und von Umkehr der Herzen und Veränderung der Strukturen dar.

5.1.3.5 Symbolisch präsent und praktisch bezeugt

Das Reich Gottes ist symbolisch gegenwärtig, soll aber auch praktisch bezeugt werden. Es hat bei Jesus ebenso eine symbolische Dimension, wie es eine konkrete Praxis meint. Jesus hat das Reich Gottes weder bloss in Bildern und Gleichnissen verkündet und angesagt noch es ausschliesslich in seiner Praxis bezeugt. Vielmehr durchdringen sich seine bildhaft-symbolische Rede vom Reich Gottes und dessen praktische Bezeugung gegenseitig. Was er verkündete, praktizierte er, und was er praktizierte, erläuterte und rechtfertigte er in seiner Verkündigung. Symbolische und praktische Bezeugung legen sich gegenseitig aus. Wie Jesus das Reich Gottes in Gleichnissen verkündet und in heilender und befreiender Praxis bezeugt hat, so muss heute in religiöser Rede und litur-

---

342 *Ragaz*, Bergpredigt 123.

gischer Feier symbolisch-vergegenwärtigend an das Reich Gottes erinnert werden und soll es in der Nachfolge Jesu praktisch bezeugt werden.

5.1.4 Die historisch-utopische Doppeldimension des Reiches Gottes

5.1.4.1 Zur Differenz zwischen historischem Projekt und utopischem Horizont

Das Reich Gottes mit seiner biblisch bezeugten inhaltlichen Fülle und komplexen Struktur hat eine historisch-utopische Doppeldimension. Es enthält Kriterien für historische Projekte zur Gestaltung der gesellschaftlichen Verhältnisse. Es meint aber auch den menschlicher Machbarkeit entzogenen utopisch-eschatologischen Horizont. Im Sinne der von Franz Hinkelammert entwickelten Kritik der utopischen Vernunft[343] geht es im Kern darum, kein historisches Projekt mit dem utopischen Horizont zu identifizieren. Bei der Gestaltung eines historischen Projekts sind unausweichlich – ob bloss implizit unterstellt oder auch explizit deklariert – utopische Vorstellungen leitend. Diese können anarchistischer, planwirtschaftlicher oder marktwirtschaftlicher Art sein. Die utopischen Vorstellungen vollständiger Herrschaftsfreiheit, vollkommener Planung oder völlig freier Marktmechanismen sind zur Gestaltung historischer Projekte zwar notwendig, können aber selbst nicht historisch realisiert werden. Unter den Bedingungen der raum-zeitlich begrenzten *conditio humana* kann die Differenz zwischen einem konkret zu realisierenden historischen Projekt und dem bei dieser Realisierung leitenden utopischen Horizont nicht aufgehoben werden. Auf dieser Differenz zu beharren ist überlebensnotwendig, soll nicht das Leben von Menschen und die Natur irgendeiner gesellschaftlichen Utopie geopfert werden. Die Leugnung dieser Differenz kann zwei Formen annehmen:

> «Auf der einen Seite die transzendentale Illusion, durch die man vortäuscht, als könne man das imaginär Mögliche in unendlichen Progressen verwirklichen; auf der anderen Seite die transzendentale Mystifizierung, mit der man fälschlich behauptet, die in der transzendentalen

---

343 Vgl. *Hinkelammert*, Kritik.

Imagination erhofften Ziele über direkte Aktionen erreichen zu können. Beide illusorischen Konstrukte sollen dazu dienen, das Menschenunmögliche durch vorgegaukelte menschliche Möglichkeiten besetzt zu halten. Solche Simulationen verhindern eine dauerhafte menschliche Gesellschaft und zerstören schliesslich das Leben der Menschen selbst.»[344]

In der traditionellen Theologie wurde die Unausweichlichkeit dieser Differenz als eschatologischer Vorbehalt bezeichnet. Damit ist gemeint: Nichts und niemand hat auf dieser Welt das letzte Wort. Nichts und niemand ist unter den Bedingungen der *conditio humana* schon das *eschaton*, das Endgültige und zeitlich Letzte, nichts das *totum* und das *ultimum*, das Ganze und das Letzte.

In der lateinamerikanischen Theologie der Befreiung wurde die Kategorie des eschatologischen Vorbehalts kritisch weiterentwickelt. Vor allem hat Jon Sobrino darauf hingewiesen, dass nicht nur alles auf dieser Erde *noch nicht* das Reich Gottes in seiner Vollendung ist, sondern dass vieles in der herrschenden Weltordnung *in striktem Gegensatz* zum Reich Gottes und seiner Gerechtigkeit steht. Dem Reich Gottes und seiner Gerechtigkeit stehen die Anti-Reiche der Welt gegenüber.[345]

5.1.4.2 Zur Kategorie «Reich-Gottes-Verträglichkeitsprüfung»

Die Kategorie «Reich-Gottes-Verträglichkeitsprüfung» dient in praktischer Absicht der Verhältnisbestimmung von Reich Gottes und Gesellschaft. Gegen eine über weite Strecken der Geschichte des Christentums betriebene verharmlosende Privatisierung, Spiritualisierung und «Verjenseitigung» des Reiches Gottes soll sie helfen, seine konkreten, gesellschaftlich-gegenwärtigen Dimensionen als Kriterien für das Handeln der Christinnen und Christen und der Kirche deutlich zu machen.

Sie geht von einer qualitativen Bestimmung des Verhältnisses von Gesellschaft und Reich Gottes aus und formuliert so etwas wie Minimalanforderungen an eine Gesellschaft und

---

344 Ebd. 300.
345 Vgl. *Sobrino*, Stellung 499.

Welt, ohne quantitativ bestimmen zu wollen, wie viel vom Reich Gottes präsent ist oder sein soll.

Sie fusst auf dem hermeneutischen Modell der «Korrespondenz von Relationen» bzw. der «kritischen Interrelation» und formuliert Orientierungspunkte und Leitlinien für die schöpferische Umsetzung der Reich-Gottes-Praxis und -Botschaft Jesu unter heutigen Bedingungen. Das biblisch bezeugte Reich Gottes darf nicht als ein umzusetzendes gesellschaftliches Modell missverstanden werden.

Die Reich-Gottes-Verträglichkeitsprüfung ist der kritischen Funktion des eschatologischen Vorbehalts verpflichtet. Zum einen geht sie davon aus, dass alle Bemühungen um das Reich Gottes im utopischen Horizont seiner als Tat Gottes verheissenen Vollendung gesehen und von daher relativiert werden müssen. Zum andern bestimmt sie Verhältnisse, die nicht bloss noch nicht das Reich Gottes darstellen, sondern in striktem Gegensatz zu ihm stehen und sich deshalb mit ihm nicht vertragen.

Die Verträglichkeitsprüfung ist ein Versuch, Kriterien bereitzustellen, um das im Reformierten Weltbund diskutierte Problem des *status confessionis* bzw. den von diesem Weltbund in Gang gesetzten *processus confessionis*[346] zu klären bzw. zu bearbeiten. Dabei geht es darum festzustellen bzw. zu diskutieren, ob mit dem christlichen Glauben bestimmte lebensfeindliche Verhältnisse in Gesellschaft und Welt vereinbar oder zu akzeptieren sind.

Die Verträglichkeitsprüfung reduziert das Reich Gottes nicht auf einige Reich-Gottes-verträgliche Werte, an denen festgehalten wird in der Hoffnung, sie würden sich einmal gesellschaftlich oder global auswirken. Vielmehr steht sie im Dienst eines gesellschaftlichen Konsenses, der sich einer gesellschaftlichen und globalen Systemdynamik (vgl. 2.2.2.2.2) wirtschaftlicher, politischer und kulturell-religiöser Art ver pflichtet weiss, die Reich-Gottes-verträglich ist; das bedeutet, dass in dieser die verbal vertretenen Werte auch wirklich praktisch werden müssen.

---

346 Vgl. *Spieler*, Überwindung 368 f.

5.1.4.3 Thesen zur Reich-Gottes-Verträglichkeit gesellschaftlicher Verhältnisse[347]

Die folgenden Thesen zur Reich-Gottes-Verträglichkeitsprüfung bringen das bisher im Rahmen der praktisch-theologischen Kriteriologie Gesagte zusammenfassend auf den Punkt. Sie stehen auf einer Schnittstelle, weil sie zum einen auf die Kairologie im Sinne der Beurteilung der gesellschaftliche Leitvorstellungen bezogen und weil sie zum anderen auf die Praxeologie ausgerichtet sind, aber noch nicht direkt die Praxis der Kirche betreffen.

5.1.4.3.1 Option für das Leben und die natürlichen Lebensgrundlagen

Eine Gesellschaft ist so weit Reich-Gottes-verträglich, wie sie sich von der Option für ein Leben in Fülle und Würde aller Menschen leiten lässt.

Der fundamentalste Gegensatz ist jener von Leben und Tod. Das Reich Gottes ist ein Reich des Lebens. Jesus hat es als Befreiung von allem, was das Leben beschädigt oder zerstört, und als Vision wahren, heilen und erfüllten Lebens für alle Menschen auf der Erde und vor dem Tod bezeugt. Er will deshalb, dass alle das Leben und dieses in Fülle haben (vgl. Joh 10,10). Die Reich-Gottes-Verträglichkeit ist unabdingbar gebunden an die Option für das Leben. Dies schliesst die Natur ein, denn menschliches Leben ist nur möglich in einer Gesellschaft, in der die Natur Platz hat. Die Option für das Leben ist die Option für die Erhaltung der Bedingungen der Möglichkeit von Leben. Sie meint im Sinne der Gerichtsrede (vgl. Mt 25,34–40) jene elementare Liebe, die allen Menschen das an materiellen Gütern und finanziellen Mitteln, menschlicher Zuwendung und sozialer Integration sowie kultureller Entfaltung und religiöser Sinngebung zukommen lässt, was sie zu einem Leben in Würde und Fülle benötigen. Das Kriterium, die Grundbedürfnisse aller zu befriedigen, gilt universal und ist absolut. Es impliziert die universale Bestimmung aller Güter. Danach ist das Recht auf Privateigentum dem Recht auf Leben so untergeordnet, dass es kein Recht

---

347 Vgl. *Eigenmann*, Reich 160–164.

auf Privateigentum gibt, solange noch ein Mensch leidet oder stirbt, weil ihm die Befriedigung der Grundbedürfnisse verweigert wird.

5.1.4.3.2 Eine Gesellschaft und Welt, in der alle Platz haben

Eine Gesellschaft ist so weit Reich-Gottes-verträglich, wie sie dem Projekt verpflichtet ist, dass darin alle Platz haben und niemand ausgeschlossen wird.

Der Option für ein Leben in Würde und Fülle aller Menschen entspricht das Projekt einer Gesellschaft und Welt, in der alle Platz haben und niemand aus welchen Gründen auch immer ausgeschlossen wird. Dies gemäss der Vision Jesu, der das Reich Gottes mit einem Fest egalitär-offener Kommensalität verglichen hat, zu dem alle geladen und auf dem alle Diskriminierungen und Trennungen aufgehoben sind. Das Reich Gottes meint im Sinne Jesu ein solidarisch-egalitäroffenes Zusammenleben von Menschen, die sich alle gegenseitig als materiell, sozial und kulturell-religiös bedürftige Subjekte anerkennen. Ein solches Projekt stellt

> «ein universales Kriterium der Relativierung von Gesellschaftsprinzipien [dar], die allgemeine Gültigkeit verlangen. Dieses universale Kriterium […] impliziert nicht die Behauptung, zu wissen, was die beste Form ist, in der die Menschen zu leben haben. Ganz gleich, welche Vorstellungen sie über ein gutes Leben haben, unterliegen sie doch dem Kriterium, dass das gute Leben des einen nicht die Unmöglichkeit zu leben des anderen implizieren darf.»[348]

5.1.4.3.3 Gleichberechtigung der Frauen

Eine Gesellschaft ist so weit Reich-Gottes-verträglich, wie in ihr die Frauen weder ökonomisch noch politisch oder kulturell benachteiligt werden, sondern die gleichen Rechte und Chancen haben wie die Männer.

Die Frauen sind in mehrfacher Hinsicht wirtschaftlich, politisch und kulturell benachteiligt. Die Männer kontrollieren weltweit 90 % des in Geld gemessenen Einkommens und 99 % des in Geld gemessenen Vermögens.[349] Verglichen mit

---
348 *Hinkelammert*, Welt 202.
349 Vgl. *Madörin*, Welt(un)ordnungspolitik 105.

den Männern wird die Erwerbsarbeit der Frauen fast immer schlechter entlöhnt als dieselbe von Männern. Manche sind deswegen bei voller Erwerbstätigkeit arm (Working poor). Frauen verlieren aufgrund prekärer Arbeitsverhältnisse eher ihre Stelle und geraten schneller in die Armut. Zudem werden ihre reproduktive Arbeit in der Familie und ihr Beitrag zum Gemeinwohl durch soziale und kulturelle Dienstleistungen kaum oder gar nicht entgolten.

Verzicht auf Utopisierung universaler Gesellschaftsprinzipien 5.1.4.3.4

Eine Gesellschaft ist so weit Reich-Gottes-verträglich, wie sie ihr historisches Projekt nicht in idolatrischer Weise mit dem Ganzen (dem totum*) und dem Letzten (dem* ultimum*) identifiziert.*

Das Projekt einer Gesellschaft und Welt, in der alle Platz haben, beinhaltet den Verzicht auf universale Gesellschaftsprinzipien etwa im Sinne einer antiutopischen Utopisierung des totalen Marktes oder des Versuchs einer vollkommenen Planung, weil «der Ausschluss von Teilen der Gesellschaft [...] im Wesen von universalen Gesellschaftsprinzipien [liegt], sofern sie totalisiert werden»[350]. Dieser Verzicht folgt aus dem gegenüber allen historischen Projekten anzumeldenden produktiv-kritischen eschatologischen Vorbehalt, der sich aufgrund des Reiches Gottes als des qualitativ und zeitlich letzten eschatologisch-utopischen Horizonts weigert, vor der als Tat Gottes verheissenen Fülle der Zeiten das Ende der Geschichte zu proklamieren und so die bestehenden Verhältnisse zu sanktionieren.

Primat der Politik gegen Berufung auf Sachzwänge 5.1.4.3.5

Eine Gesellschaft ist so weit Reich-Gottes-verträglich, wie sie bereit ist, ihre Verhältnisse und Praktiken verantwortlich zu gestalten, statt sich verantwortungslos vermeintlich unabänderlichen Sachzwängen zu unterwerfen.

Angesichts der ökologisch und sozial zerstörerischen Folgen neoliberaler Deregulierungen im Namen eines utopisierten totalen Marktes muss eine Gesellschaft und muss die Völkergemeinschaft wieder bereit sein, Verantwortung für

---

350 *Hinkelammert*, Welt 201.

die herrschenden Verhältnisse und die damit verbundenen Praktiken zu übernehmen. Diese sind nicht naturgegeben, sondern historisch geworden. Deshalb darf die Verantwortung für sie nicht in einem götzendienerischen Akt perverser Verantwortungslosigkeit an Marktmechanismen abgetreten werden, die angeblich überlegen weise sind. An die Stelle des Primats der Ökonomie gegenüber der Politik muss der Primat der Politik gegenüber der Ökonomie treten.

5.1.4.3.6 Assoziativ-symmetrische Systemdynamik gegen die Spaltung von Gesellschaft und Welt

Eine Gesellschaft ist so weit Reich-Gottes-verträglich, wie sie sich nicht einer sozialen Inklusions-Exklusions-Logik unterwirft, sondern die Dynamik der Verhältnisse und Praktiken so reguliert, dass niemand ausgeschlossen wird.

Die drohende Zwei-Drittel- bzw. 20:80-Gesellschaft ist das Produkt einer neoliberalen Deregulierungspolitik tendenziell aller gesellschaftlicher Bereiche im Dienst der Vermehrung der anonymen Grösse Kapital. Gegen die Inklusion-Exklusion-Dynamik müsste eine Re-Regulierungspolitik verfolgt werden, die sich am Wohl der Schwachen orientiert, deren Integration anstrebt und die Einkommens- und Vermögensumverteilung von unten nach oben rückgängig macht. Die gesellschaftlichen Systemdynamiken ökonomischer, rechtlicher und kultureller Art müssten daraufhin angelegt sein, assoziativ die Menschen miteinander zu verbinden statt sie dissoziativ voneinander zu trennen. Sie müssten egalitär-symmetrische statt ungleich-asymmetrische Verhältnisse fördern. Sie sollen so verhindern, dass Einzelne oder Teile der Bevölkerung ökonomisch abgekoppelt, sozial ausgegrenzt und kulturell geächtet werden.

5.1.4.3.7 Sinnvolle Arbeit bzw. garantiertes Mindesteinkommen für alle

Eine Gesellschaft ist so weit Reich-Gottes-verträglich, wie sie für alle eine sinnvolle Arbeit bereitstellt bzw. allen ein Mindesteinkommen garantiert, das ein Leben in Würde ermöglicht.

Produktions- und Reproduktionsarbeit sind sowohl objektiv gesellschaftlich notwendig als auch subjektiv für die einzelnen Menschen von grosser Bedeutung. Deshalb sollten alle ein Recht auf sinnvolle Arbeit haben. Damit dies angesichts abnehmender Erwerbs- und eher zunehmender Reproduktionsarbeit möglich ist, muss die traditionelle Aufteilung der gesellschaftlich notwendigen Arbeit in entgoltene Produktions- und nicht oder schlecht bezahlte Reproduktions- und Betreuungsarbeit aufgehoben und müssen insgesamt neue Zeitmodelle entwickelt werden. Jene, die aus physischen oder psychischen Gründen nicht oder kaum arbeiten können, haben im Sinne der sozialethischen Elementarisierung der religiösen Rede von der Rechtfertigung aus dem Glauben, wonach sich niemand mit Leistungen für die eigene Existenz rechtfertigen muss, Anrecht auf ein garantiertes Mindesteinkommen. Dieses muss so ausgestaltet und bemessen sein, dass es in einem hohen Mass gesellschaftliche Partizipation und ein Leben in Würde ermöglicht und nicht bloss ein Randdasein minimal finanziell absichert.

5.1.5 Die transzendentale Dimension des Reiches Gottes als himmlischer Kern des Irdischen

Zum Schluss der an der inhaltlichen Fülle und komplexen Struktur des Reiches Gottes als dessen historisch-utopischer Doppelstruktur orientierten Kriteriologie soll die transzendentale Dimension des Reiches Gottes dargestellt werden, wie sie Franz Hinkelammert aufgezeigt hat. Das transzendentale Verständnis des Reiches Gottes bezieht sich auf das Reich Gottes nicht von seiner inhaltlichen Fülle her, sondern darauf, dass es selbst die Bedingung der Möglichkeit darstellt, in seinem Geist zu handeln. Zur Illustration von Jesu Vergleich des Reiches Gottes mit einem Schatz im Acker und mit einem Kaufmann, der für eine kostbare Perle alles verkauft, was er besitzt (vgl. Mt 13,44–46), erzählt Franz Hinkelammert eine Geschichte, die auf den indischen Jesuiten Anthony de Mello zurückgeht.

> «Ein Bettelmönch sah eines Tages auf seinem Weg einen Edelstein, fand ihn schön und steckte ihn in seinen Beutel. Eines Tages traf er einen anderen Reisenden, der hungrig war und ihn um Hilfe bat. Um ihm von dem, was er hatte, abzugeben, öffnete er seinen Beutel. Da sah der Reisende den Edelstein und bat ihn, ihn ihm zu schenken. Ohne weiteres schenkte der Mönch ihm den Edelstein. Der Reisende bedankte sich

und entfernte sich hochzufrieden, denn jetzt hatte er Reichtum und Sicherheit für sein ganzes weiteres Leben. Aber am nächsten Tag kam der Reisende aufs Neue zum Bettelmönch, gab ihm den Edelstein zurück und bat ihn: Gib mir bitte etwas, das mehr wert ist als dieser wertvolle Stein. Der Mönch sagte ihm, dass er nichts wertvolleres habe. Da fügte der Reisende hinzu: Gib mir dasjenige, was es dir möglich machte, mir den Edelstein zu schenken.»[351]

Im Blick auf das matthäische Doppelgleichnis erklärt Hinkelammert:

«Dieses ‹dasjenige› ist der Schatz im Acker. Es ist der feste Punkt, den Archimedes suchte. Es ist der Ausgangspunkt des Reiches Gottes, das mitten unter uns ist. Natürlich ist es nicht die gerechte Gesellschaft selbst. Es ist dasjenige, das uns dazu bringt, eine gerechte Gesellschaft zu suchen.»[352]

Dasjenige, von dem her letztlich das ganze (Zusammen-)Leben bestimmt sein soll, kann als himmlischer Kern des Irdischen bezeichnet werden.

«Dieser himmlische Kern des Irdischen ist die Fülle. Erkennen wir ihn nicht, wird der Andere zur Hölle und die irdische Wirklichkeit verwandelt sich in den Ort des Gerichts. Dieser himmlische Kern des Irdischen ist kein religiöses Phänomen. […] Was da in einer religiösen Begrifflichkeit auftaucht, ist eine objektive Wirklichkeitserkenntnis, die für jeden bedeutsam ist, ganz gleich ob er einer Religion anhängt oder nicht. Die Wirklichkeit ist so, dass dies gilt. Es handelt sich um das, was die Welt ‹im Innersten zusammenhält›. Es handelt sich um einen Bezugspunkt, der transversal zur Logik des Nutzenkalküls ist und daher in der Logik dieses Kalküls nicht angezielt werden kann.»[353]

Exkurs Mit der Rede vom himmlischen Kern des Irdischen greift Franz Hinkelammert auf Karl Marx und dessen wohl einzige methodologische Reflexion der Religionskritik[354] zurück. In der berühmten Fussnote schreibt Marx: «Es ist in der Tat viel

---

351 *Hinkelammert*, Subjekt 429 f.
352 Ebd. 430.
353 Ebd. 430 f.
354 Vgl. *Frostin*, Materialismus 30.

leichter, durch Analyse den irdischen Kern der religiösen Nebelbildungen zu finden, als umgekehrt, aus den jedesmaligen wirklichen Lebensverhältnissen ihre verhimmelten Formen zu entwickeln. Die letztere ist die einzig materialistische und daher wissenschaftliche Methode.»[355]
Ohne die ganze Komplexität dieses «vergessenen Textes im ‹Kapital›»[356] analysieren zu wollen, kann mit Franz Hinkelammert festgehalten werden: «Marx differenziert. Er will nicht nur den irdischen Kern der religiösen Nebelbildungen suchen – nicht das Himmelreich auf Erden errichten – sondern aus diesem irdischen Kern die verhimmelten Formen entwickeln. Aber das Ziel bleibt: den irdischen Kern so zu verändern, dass die religiösen Nebelbildungen überflüssig werden. […] Wer die Erde bejaht, muss den Himmel aufgeben.»[357]
Es handelt sich hier um einen Humanismus der Praxis. Gegen diesen werden später antihumanistische, weil antiutopische Positionen bezogen. Die Formulierung, die Geschichte gemacht hat, stammt von Karl Popper: «Die Hybris, die uns versuchen lässt, das Himmelreich auf Erden zu verwirklichen, verführt uns dazu, unsere gute Erde in eine Hölle zu verwandeln – eine Hölle, wie sie nur Menschen für ihre Mitmenschen verwirklichen können.»[358]
Poppers Formulierung müsste als Verteidigung des «höllischen Kerns des Irdischen» bezeichnet werden, weil sie im Sinne der «verhimmelten Formen aus den jedesmaligen wirklichen Verhältnissen» der «extremen Verhimmelung des existierenden Marktes»[359] huldigt, der für die Mehrheit der Menschheit und die Natur die Hölle darstellt.
«Das Ergebnis ist, dass wer den Himmel auf Erden nicht will, die Hölle auf Erden schafft. Wir leben die Hölle. Sie ist von denen geschaffen, die all diejenigen denunzieren, die aufgebrochen sind, den Himmel auf Erden zu schaffen.»[360]

---

355   Zit. in: *Hinkelammert*, Subjekt 420.
356   Vgl. *Frostin*, Materialismus 30–34.
357   *Hinkelammert*, Subjekt 420.
358   Zit. ebd. 421.
359   Ebd. 422.
360   Ebd. 435.

5.2 Kriterien aus der kirchlichen Sozialverkündigung

5.2.1 Zur Hermeneutik der kirchlichen Sozialverkündigung

Für das Selbstverständnis der kirchlichen Sozialverkündigung und für die Hermeneutik ihrer Aussagen sind drei miteinander verbundene Aspekte zu beachten.

Methodisch: In der Enzyklika «Mater et magistra» wird für das methodische Vorgehen der Dreischritt «sehen – urteilen – handeln» empfohlen (vgl. Nr. 236).

Begrifflich: Im Apostolischen Schreiben «Octogesima adveniens» (14. Mai 1971, Nr. 4) wird erklärt:

> «Angesichts [...] unterschiedlicher Voraussetzungen erweist es sich für Uns als untunlich, ein für alle gültiges Wort zu sagen oder allerorts passende Lösungen vorzuschlagen [...]. Das ist vielmehr Sache der einzelnen christlichen Gemeinschaften; sie müssen die Verhältnisse ihres jeweiligen Landes objektiv abklären, müssen mit dem Licht der unwandelbaren Lehre des Evangeliums hinleuchten und der Soziallehre der Kirche Grundsätze für die Denkweise, Normen für die Urteilsbildung und Direktiven für die Praxis entnehmen.»

Nach dem Urteil von Marie-Dominique Chenu wird in diesem Text die Methode in der sozialen Unterweisung umgestürzt:

> «So spricht Paul VI. achtzig Jahre nach ‹Rerum novarum›; er gibt eine Erklärung ab, die in Fortführung der bisherigen sozialen Unterweisung faktisch gesehen die dabei angewandte Methode umstürzt: Es handelt sich nicht länger um eine ‹Soziallehre› (doctrine sociale), deren Anwendung auf jeweils veränderte Situationen eingeschärft wird, sondern diese Situationen selber werden zum ‹theologischen Ort› einer Erkenntnis, die es durch eine Lektüre der ‹Zeichen der Zeit› voranzutreiben gilt. Es geht nicht mehr um ein deduktives, sondern um ein induktives Vorgehen.»[361]

Chenu weist auf den bedeutsamen Wandel im Sprachgebrauch hin. Der Ausdruck «Soziallehre», den die Päpste und das ordentliche Lehramt der Kirche von Leo XIII. bis zu den

---

361 *Chenu*, Soziallehre 83.

Reformen von Johannes XXIII. während siebzig Jahren verwendet hatten, verschwindet vollkommen aus den offiziellen Verlautbarungen.[362]

> «An ihre Stelle tritt eine bezüglich des Gegentandsbereichs augenscheinlich ähnliche, dem Sinn nach aber unterschiedliche Formel: ‹die soziale Unterweisung des Evangeliums›, womit ‹Unterweisung› (enseignement) ‹Lehre› (doctrine) ersetzt und der direkte Bezug zum Evangelium und seiner Inspiration hergestellt wird.»[363]

Deshalb ist es angemessener, von kirchlicher Sozialverkündigung statt von kirchlicher Soziallehre zu reden.

Systematisch wird in der Instruktion «Libertatis conscientia» eine Frage beantwortet, die für die Hermeneutik der kirchlichen Sozialverkündigung wichtig ist und in Bezug auf ihr Verhältnis zur Theologie der Befreiung kontrovers diskutiert wurde. Es ging um die Frage, ob die kirchliche Sozialverkündigung ein geschlossenes System darstellt und deswegen mit der Theologie der Befreiung nicht zu vereinbaren sei, wie Kardinal Höffner erklärte, oder ob die kirchliche Sozialverkündigung in der Weise offen ist, dass sie nicht im Gegensatz zur Theologie der Befreiung steht, was die Vertreter der Befreiungstheologie meinten. Die Antwort fiel eindeutig und im Sinne der Befreiungstheologie aus.[364] So heisst es in der Instruktion «Libertatis conscientia» (22. März 1986, Nr. 72):

> «Da diese Unterweisung [die Soziallehre der Kirche] wesentlich auf das Handeln ausgerichtet ist, entwickelt sie sich entsprechend den wechselnden Umständen der Geschichte. Darum enthält sie neben fortwährend geltenden Prinzipien auch veränderliche Beurteilungen. Sie bildet kein geschlossenes System, sondern bleibt stets offen für neue Fragen, die sich ständig stellen.»

---

362 Vgl. ebd. 91.
363 Ebd. 91 f.
364 Vgl. *Boff C.*, Befreiung 47–49.

5.2.2 Ordnungsprinzipien der Gesellschaft

In der kirchlichen Sozialverkündigung wird von drei grundlegenden Ordnungsprinzipien einer Gesellschaft ausgegangen.

5.2.2.1 Das Gemeinwohlprinzip

In der Enzyklika «Mater et magistra» wird das Gemeinwohl so umschrieben:

> «Dieses umfasst ja den Inbegriff jener gesellschaftlichen Voraussetzungen, die den Menschen die volle Entfaltung ihrer Werte ermöglichen oder erleichtern» (Nr. 65).

In der Pastoralkonstitution des Zweiten Vatikanums heisst es:

> «Das Gemeinwohl aber umfasst die Gesamtheit derjenigen Bedingungen des gesellschaftlichen Lebens, mit deren Hilfe die Menschen, Familien und Verbände ihre eigene Vervollkommnung voller und ungehinderter erreichen können» (GS 74).

5.2.2.2 Das Solidaritätsprinzip

Angesichts der vielfältigen gegenseitigen Abhängigkeiten zwischen den Menschen und den Nationen als System von Beziehungen mit wirtschaftlichen, kulturellen, politischen und religiösen Faktoren wird in der Enzyklika «Sollicitudo rei socialis» Solidarität gefordert:

> «Wenn die gegenseitige Abhängigkeit in diesem Sinne [als moralische Kategorie] anerkannt wird, ist die ihr entsprechende Antwort als moralische und soziale Haltung, als ‹Tugend›, die *Solidarität*. [....] Sie ist *die feste und beständige Entschlossenheit*, sich für das ‹Gemeinwohl› einzusetzen, das heisst für das Wohl aller und eines jeden, weil wir *für alle* verantwortlich sind» (Nr. 38).

Solidarität ist sowohl auf individueller als auch auf nationaler und internationaler Ebene erforderlich, denn:

> «Die ‹entarteten Mechanismen› und die ‹Strukturen der Sünde› […] können nur durch die Übung jener menschlichen und christlichen Solidarität überwunden werden, zu der die Kirche einlädt und die sie unermüdlich fördert» (SRS 40).

5.2.2.3 Das Subsidiaritätsprinzip

In der Enzyklika «Quadragesimo anno» (15. Mai 1931) ist ausdrücklich vom «Prinzip der Solidarität» (Nr. 80) die Rede. Die Subsidiarität gilt als sozialphilosophischer Grundsatz.

> «Was der Einzelmensch aus eigener Initiative und mit seinen eigenen Kräften leisten kann, [darf] ihm nicht entzogen und der Gesellschaftstätigkeit zugewiesen werden [...]. Jedwede Gesellschaftstätigkeit ist ja ihrem Wesen und Begriff nach subsidiär; sie soll die Glieder des Sozialkörpers unterstützen, darf sie aber niemals zerschlagen oder aufsaugen» (Nr. 79).

Unter dem Titel «Das Subsidiaritätsprinzip» wird dessen umfassendes Verständnis in der Enzyklika «Pacem in terris» formuliert:

> «Wie in den Einzelstaaten die Beziehungen zwischen der staatlichen Gewalt und den Bürgern, den Familien und den zwischen ihnen und dem Staat stehenden Verbänden durch das Subsidiaritätsprinzip gelenkt und geordnet werden müssen, so müssen durch dieses Prinzip natürlich auch jene Beziehungen geregelt werden, welche zwischen der Autorität der universalen politischen Gewalt und den Staatsgewalten der einzelnen Nation bestehen» (Nr. 140).

5.2.3 Einzelne Grundsätze in der kirchlichen Sozialverkündigung

Neben den drei Ordnungsprinzipien der Gesellschaft finden sich in der kirchlichen Sozialverkündigung weitere Grundsätze bzw. Kategorien für das Urteilen.

5.2.3.1 Der Mensch als Mittelpunkt

Unter dem Titel «Die gegenseitige Abhängigkeit von menschlicher Person und menschlicher Gesellschaft» (GS 25) betont die Pastoralkonstitution die Stellung der Person:

> «Grund, Träger und Ziel aller gesellschaftlichen Institutionen ist und muss sein die menschliche Person, die ja ihrer Natur nach des gesellschaftlichen Lebens durchaus bedarf.»

Die zentrale Stellung des Menschen wird für den Bereich der Wirtschaft eigens hervorgehoben.

«Der Mensch ist nämlich Urheber, Mittelpunkt und Zweck des ganzen wirtschaftlich-gesellschaftlichen Lebens» (GS 63).

5.2.3.2 Universale Bestimmung der Güter

Die Pastoralkonstitution erinnert an die theologisch begründete allgemeine oder universale Bestimmung der Güter.

«Gott hat die Erde mit allem, was in ihr enthalten ist, zum Nutzen aller Menschen und Völker bestimmt, so dass die geschaffenen Güter allen Menschen zufliessen müssen, unter Führung der Gerechtigkeit, unter Begleitung der Liebe» (GS 69).

In der Enzyklika «Sollicitudo rei socialis» (30.12.1987, Nr. 42) wird erklärt:

«Man muss sich noch einmal das kennzeichnende Prinzip der christlichen Soziallehre vergegenwärtigen: Die Güter dieser Welt sind *ursprünglich für alle bestimmt.*»

Aus der allgemeinen Bestimmung der Güter folgt die Relativierung des Rechts auf Privateigentum:

«das *private Eigentumsrecht* ist dem Recht auf die *gemeine Nutzung*, der Bestimmung der Güter für alle untergeordnet» (LE 14).

Das Prinzip der universalen Bestimmung der Güter folgt aus dem Recht auf Leben und Unterhalt:

«Die Verpflichtung zu Hilfsmassnahmen für die Arbeitslosen, das heisst, die Pflicht, den Arbeitslosen ausreichende Mittel für ihren und ihrer Familien Lebensunterhalt zuzuführen, entspricht dem Grundprinzip der für diesen Bereich gültigen sittlichen Ordnung, nämlich dem Prinzip der gemeinsamen Nutzung der Güter, oder, anders und einfacher ausgedrückt, dem Recht auf Leben und Unterhalt» (LE 18).

Exkurs Universale Bestimmung der Güter bei Papst Gregor I.
In seiner «Regula pastoralis» formulierte Papst Gregor I. (540–604) unter dem Titel «Wie diejenigen zu ermahnen sind, die zwar kein fremdes Gut begehren, jedoch das Ihrige für sich behalten», die Lehre von der universalen Bestimmung der Güter:
«Diejenigen, die zwar fremdes Gut nicht begehren, aber auch nicht freigebig mit dem ihrigen umgehen, belehre man dahin, dass ihnen klar bewusst wird, dass die Erde, aus der sie gebildet sind, ein gemeinsames Gut aller Menschen ist und

darum ihre Früchte zur täglichen Nahrung aller hervorbringt. Deshalb halten sie sich zu unrecht für rechtschaffen, wenn sie die gemeinsame Gabe Gottes für sich allein beanspruchen. Sie trampeln auf dem Tod ihrer Mitmenschen herum, da sie Empfangenes nicht teilen. Denn tagtäglich treiben sie so viele in den Hungertod, wie Arme dahinsterben, deren Unterhalt sie in ihren Speichern verwahren und zurückhalten. Was immer wir den Bedürftigen an Lebensnotwendigem zur Verfügung stellen, es ist nicht unsere freigebige Spende. Wir lassen ihnen nur zukommen, was ihnen gebührt. Wir lösen damit vielmehr eine Schuld der Gerechtigkeit ein, als dass wir den Werken der Barmherzigkeit nachkommen.»[365]

Arbeit als zentrale Frage — 5.2.3.3

Unter dem Titel «Die Arbeit – Dreh- und Angelpunkt der sozialen Frage» (LE 3) weist die Enzyklika «Laborem exercens» (14. September 1981) auf die zentrale Bedeutung der Arbeit hin:

> «Wenn wir […] auf dieses Thema [der Arbeit] zurückkommen, […] geht es darum, vielleicht mehr als bisher herauszustellen, dass die menschliche Arbeit sozusagen ein Dreh- und Angelpunkt ist, der sich dann als der entscheidende Dreh- und Angelpunkt der gesamten sozialen Frage erweist, wenn es darauf ankommt, sie unter der Rücksicht zu betrachten, was sie für das Wohl des Menschen bedeutet».

Theologische Beurteilungskategorien in kirchlichen Dokumenten — 5.2.4

In der neueren kirchlichen Sozialverkündigung wurden erstmals zwei theologische Kategorien eingeführt, um gesellschaftliche Strukturen und Praktiken zu beurteilen.

Soziale Sünde und Strukturen der Sünde — 5.2.4.1

Die Generalversammlung des Lateinamerikanischen Episkopats hatte in Medellín den Mangel an Solidarität beklagt,

> «was im individuellen und sozialen Bereich zu wirklichen Sünden führt, deren Kristallisation in den ungerechten Strukturen offensichtlich wird, die die Situation Lateinamerikas kennzeichnen» (Gerechtigkeit I./2.).

---

365 *Gregor der Grosse*, Regula 95 f.

Ausdrücklich als soziale Sünde benennt das Dokument von Puebla den immer grösser werdenden Abgrund zwischen Reichen und Armen.

> «Im Licht des Glaubens betrachten wir den sich immer mehr auftuenden Abgrund zwischen Reichen und Armen als ein Ärgernis und einen Widerspruch zum Christsein. [...] Diese Tatsache läuft dem Plan des Schöpfers zuwider und ist gegen die Ehre gerichtet, die wir ihm schulden. In diesen Ängsten und Schmerzen sieht die Kirche eine soziale Sünde, die umso schwerer wiegt, da sie in Ländern begangen wird, die sich katholisch nennen und die Fähigkeit haben, dies abzuändern» (Puebla 28).

Ausführlich von «Strukturen der Sünde» handelt die Enzyklika «Sollicitudo rei socialis»:

> «Wenn die heutige Situation Schwierigkeiten unterschiedlicher Natur zuzuschreiben ist, so ist es nicht verfehlt, von ‹Strukturen der Sünde› zu sprechen, die [...] in persönlicher Sünde ihre Wurzeln haben und daher immer mit *konkreten Taten* von Personen zusammenhängen, die solche Strukturen herbeiführen, sie verfestigen und es erschweren, sie abzubauen. Und so verstärken und verbreiten sie sich und werden zur Quelle weiterer Sünden, indem sie das sittliche Verhalten der Menschen negativ beeinflussen. ‹Sünde› und ‹Strukturen der Sünde› sind Kategorien, die nicht oft auf die Situation der Welt von heute angewandt werden. Man gelangt aber nicht leicht zu einem tieferen Verständnis der Wirklichkeit [...], wenn man der Wurzel der Übel, die uns bedrängen, nicht auch einen Namen gibt» (Nr. 36).

Das Entstehen von «Strukturen der Sünde» wird begünstigt durch die «ausschliessliche *Gier nach Profit*» und «das Verlangen nach Macht» (SRS 37).

5.2.4.2 Götzendienst und Vergötzung

Wohl zum ersten Mal in der Sozialverkündigung des römisch-katholischen Lehramtes ist in «Sollicitudo rei socialis» von Götzendienst die Rede.

> «Wenn man gewisse Formen eines modernen ‹Imperialismus› im Licht dieser moralischen Kriterien [‹Strukturen der Sünde›] betrachten würde, könnte man entdecken, dass sich hinter bestimmten Entscheidungen, die scheinbar nur von Wirtschaft oder Politik getragen sind,

wahrhafte Formen von Götzendienst verbergen: gegenüber Geld, Ideologie, Klasse oder Technologie» (Nr. 37).

In Bezug auf die Mechanismen des Marktes erklärt die Enzyklika «Centesimus annus» (1. Mai 1991, Nr. 40):

«Diese Mechanismen schliessen die Gefahr einer ‹Vergötzung› des Marktes ein, der die Existenz von Gütern ignoriert, die ihrer Natur nach weder blosse Waren sind noch sein können.»

5.3 Beurteilung des neoliberalen Anti-Reichs als Beispiel hermeneutischer Vermittlung

Vor dem Hintergrund des Reiches Gottes als der anderen Vision vom Leben und mit Kategorien der kirchlichen Sozialverkündigung soll der neoliberale Kapitalismus beurteilt werden. Die oben vom Reich Gottes her erhobenen Beurteilungskriterien und die Grundsätze der kirchlichen Sozialverkündigung werden im Sinne eines Beispiels «hermeneutischer Vermittlung» auf die utopische und nihilistische Variante des Kapitalismus als eines der signifikanten Zeichen der Zeit angewandt, um zu einem theologisch begründeten Urteil über diese zu gelangen.

Im Blick auf den neoliberalen Kapitalismus lautet die Frage, ob man mit den Ergebnissen des totalisierten Marktes leben kann. Zur Beantwortung dieser Frage muss angesichts der neoliberalen Verheissung, der Markt sei in dem Ausmass effizient, wie er total sei, mit Franz Hinkelammert zwischen einem *fragmentarischen* und einem *reproduktiven Effizienzbegriff* unterschieden werden.[366] Dem Reich Gottes und seiner Gerechtigkeit entspricht eine Effizienz, die in dem Sinn reproduktiv ist, dass sie auf die Erhaltung der Bedingungen der Möglichkeit von Leben ausgerichtet ist. Dagegen entspricht dem Neoliberalismus eine fragmentarische Effizienz, die einer formalen Marktlogik folgt und deswegen sozial und ökologisch blind ist. Insofern der Neoliberalismus nicht vom umfassenden, reproduktiven Effizienzbegriff ausgeht, muss

---

366 Vgl. *Hinkelammert*, Kapitalismus 252.

die Antwort auf die Frage, ob man mit ihm leben kann, so lauten: Mit dem formalen Zweck-Mittel-Kalkül im Sinne eines fragmentarischen Effizienzverständnisses, das dem neoliberalen Marktradikalismus innewohnt, ist dies nicht möglich.

> «Der *fragmentarische Effizienzbegriff* unserer Gesellschaft kümmert sich nicht um die Quellen des Reichtums. Führt man den *reproduktiven Effizienzbegriff* ein, so entsteht ein Konflikt. Was unter dem einen Gesichtspunkt effizient ist, kann unter dem andern gerade ineffizient sein. Die Produktion des Reichtums muss so erfolgen, dass die *Quellen des Reichtums* – der Menschen und die Natur – *erhalten* bleiben, sich reproduzieren und sich mit dem produzierten Reichtum *mitentwickeln*. Ohne diesen reproduktiven Effizienzbegriff ist die fragmentarische Effizienz des Marktes und des quantitativen Wachstumsbegriffs völlig orientierungslos und kann daher nur in die Zerstörung der Quellen des Reichtums einmünden. Daher wird es immer entscheidender, diesen Begriff der reproduktiven Effizienz zu entwickeln und das System des Marktes unter diesem Gesichtspunkt zu begrenzen.»[367]

Im Licht des Reiches Gottes und der damit verbundenen Option für ein Leben in Fülle aller und gegen einen Kollektivsuizid der Menschheit folgt für jedes historische Projekt, dass es sich als Bedingung seiner eigenen Existenz an der Erhaltung der Bedingungen der Möglichkeit des Lebens der Menschen und der Natur orientieren muss. Weil unter dem Gesichtspunkt der Totalisierung des Marktes diese Bedingungen als Störfaktoren des Marktes erscheinen, der Markt aber kein Kriterium der Unterscheidung kennt, ist er orientierungslos und von sich her nicht gegen die Zerstörung der Bedingungen der Möglichkeit von Leben als nichtintentionalem Effekt seiner Totalisierung gefeit. Entscheidend kommt es deshalb darauf an, dass alle Institutionen – der Markt wie der Staat – in ihrem Bezug zur Erhaltung der Bedingung der Möglichkeit von Leben der Menschen und der Natur gesehen und gestaltet werden.[368]

Vor dem Hintergrund der Unvereinbarkeit der Totalisierung Marktes und dessen überlegener Weisheit im Sinne

---

367 Ebd. 253 f.
368 Vgl. *Hinkelammert*, Kritik 279.

Hayeks mit dem Reich Gottes spricht Enrique Dussel von drei neuen ethische Prinzipien, die es zu beachten gilt:

> «1. dem ethisch-kritischen Prinzip, das dazu verpflichtet, das marktwirtschaftliche System ausgehend von den Opfern prophetisch zu kritisieren; 2. dem formalen konsensuellen Prinzip, das dazu verpflichtet, für die symmetrische Miteinbeziehung der Opfer zu sorgen (sozialkritische, politische, ökologische und feministische Bewegungen, Vereinigungen der Arbeitnehmer [...]). 3. Das dritte Prinzip, das Prinzip der Befreiung, verpflichtet dazu, die Negativität der Normen, Handlungen, Institutionen und des Systems von Sittlichkeit tatsächlich abzubauen und die notwendigen neuen Instanzen zu schaffen: die Momente einer Praxis der Befreiung. Die praktisch-materiale Vernunft kann diese Ziele mit jenen des Marktes (im Sinne Hayeks) vergleichen und anhand der drei ethisch-positiven Kriterien 1. Leben, 2. symmetrische Miteinbeziehung, 3. Machbarkeit beurteilen. Und erst jetzt entsteht – negativ – das ethische ‹Urteil›, das sich aus den ethisch-positiven Kriterien ableitet; es handelt sich um das Urteil des Jüngsten Gerichts: ‹Denn ich war hungrig, und ihr habt mir zu essen gegeben› (Mt 25,35).»[369]

Die marktradikale Logik im neoliberalen Kapitalismus widerspricht dem Prinzip des Gemeinwohls, weil sie sich nicht an diesem orientiert, sondern in Kauf nimmt, die volle Entfaltung und Vervollkommnung vieler zu beeinträchtigen oder gar zu verunmöglichen. Sie steht im Widerspruch zum Solidaritätsprinzip, weil sie die bestehenden Unterschiede zwischen Reichen und Armen nicht abbaut, sondern noch verstärkt und weil sie gerade nicht dazu beiträgt, die entarteten Mechanismen und Strukturen der Sünde zu überwinden. Im neoliberalen Kapitalismus stehen das Kapital und dessen Vermehrung im Zentrum und nicht der Mensch als Urheber, Mittelpunkt und Ziel aller Wirtschaft. Die Logik des neoliberalen Kapitalismus orientiert sich nicht am Recht auf Leben und Lebensunterhalt aller Menschen und steht deshalb im Gegensatz zur universalen Bestimmung der Güter als Ausdruck des Rechts aller auf Leben und Lebensunterhalt. Der neoliberale Kapitalismus kennt keine soziale Verantwortung der Arbeit in ihrer Bedeutung für die Menschen, weil er die menschliche Arbeitskraft nur so weit in Anspruch nimmt,

---

369 *Dussel*, Markt 225 f.

wie es den Kapitalinteressen dient. Insofern im neoliberalen Kapitalismus Strukturen und Mechanismen am Werk sind, die sich negativ auf das Leben von Menschen auswirken, ist er eine Form struktureller Sünde. Die neoliberale Delegierung der Verantwortung an die deregulierten Marktmechanismen ist eine Form von Götzendienst.

5.4 Die unausweichliche Entscheidung zwischen Gottes- und Götzendienst als Kernfrage der Kriteriologie

Die kritische Sicht der für den neoliberalen Kapitalismus zentralen Verabsolutierung der (Welt-) Marktgesetze gilt für alle totalisierenden Verabsolutierungen von Gesetzen, Prinzipien oder institutionellen Interessen, durch die das Leben Einzelner, das Zusammenleben der Menschen und die natürlichen Lebensgrundlagen beschädigt oder gar zerstört werden. In der Frage, wie Gesetze, Prinzipien und institutionelle Interessen der Erhaltung der Bedingungen der Möglichkeit von Leben zugeordnet werden, geht es ebenso um die Überlebensproblematik der Menschheit wie um die Kernfrage des Glaubens als der Frage, ob an den biblisch bezeugten Gott des Lebens geglaubt, oder ob die Herrschaft irgendwelcher von Menschen gemachten Götzen des Todes anerkannt wird.

Gesetze, Prinzipien und Institutionen sind für die Erhaltung der Bedingungen der Möglichkeit von Leben unverzichtbar. So sehr sie notwendig sind, so sehr dürfen sie nicht verabsolutiert werden; denn sie haben ihren Sinn nicht in sich selbst, und ihre Bestimmung besteht nicht darin, total zu gelten und verabsolutiert zu werden. Vielmehr sollen sie der Erhaltung der Bedingungen der Möglichkeit von Leben dienen. Wo sie nicht mehr im Dienst des Lebens stehen, indem sie statt einer das Leben der Einzelnen und der Gesellschaft fördernden und die natürlichen Lebensgrundlagen erhaltenden Logik des Lebens durch die Totalisierung ihrer selbst letztlich einer Logik des Todes folgen, verkehren sie sich in ihr Gegenteil. Nicht mehr das Leben hat dann das letzte Wort, sondern jene Mittel, die wie Gesetze, Prinzipien und Institutionen dem Leben dienen sollten. Sie dienen aber nicht dem Leben, sondern zerstören es, wenn sie verabsolutiert werden und das letzte Wort haben.

In der Frage, ob ein fragmentarisches oder ein reproduktives Effizienzverständnis leitend ist, geht es um Leben und Tod. Mit der einem fragmentarischen Effizienzbegriff folgenden *Verabsolutierung* von Gesetzen, Prinzipien und institutionellen Interessen wird die Erhaltung der Bedingungen der Möglichkeit von Leben in Frage gestellt und der Tod von Menschen oder der Natur in Kauf genommen. Es ist ein reproduktives Effizienzverständnis erforderlich, das die Geltung von Gesetzen, Prinzipien und institutionellen Interessen im Dienst der Erhaltung der Bedingungen der Möglichkeit von Leben der Menschen und der Natur *relativiert*. Dabei geht es zentral um den Glauben an den biblisch bezeugten Gott des Lebens. Für diesen Glauben ist konstitutiv, im Dienst der Erhaltung der Bedingungen der Möglichkeit von Leben zu stehen und deshalb alle Gesetze, Prinzipien und institutionellen Interessen zu relativieren, d.h. sie in Relation – in Beziehung – zum Leben der Einzelnen, der Gesellschaft und zur Natur zu stellen. In striktem Gegensatz zu diesem lebensdienlichen Glauben steht die Verabsolutierung von Gesetzen, Prinzipien und institutionellen Interessen, weil sie in Kauf nimmt, in Erfüllung von Gesetzen, im Durchsetzen von Prinzipien und im Verfolgen institutioneller Interessen das Leben Einzelner, der Gesellschaft oder die Natur zu beschädigen oder zu zerstören. Das gilt ausnahmslos für alle Arten von Gesetzen, Prinzipien und institutionellen Interessen und nicht nur für solche im Bereich von Ökonomie/Ökologie und Politik. Das gilt ohne Wenn und Aber auch für religiöse und kirchliche Gesetze, für dogmatische Prinzipien und für kirchliche Interessen. Auch deren Totalisierung verkehrt sich in ihr Gegenteil, und auch ihrer Verabsolutierung gilt das Wort des Paulus: «Alle aber, die nach dem Gesetz leben, stehen unter dem Fluch» (Gal 3,10).

Theologisch gesprochen geht es um nichts mehr und um nichts weniger als um den Glauben an den Gott des Lebens oder die Duldung oder gar Verehrung von Götzen des Todes. Es geht um die letztlich unausweichliche Entscheidung zwischen Gottes- und Götzendienst. Das ist die zentrale kriteriologische Frage. Es ist die Frage nach dem Überleben der

Menschheit. Es ist die Frage, ob die Lebenslogik des Reiches Gottes zum Zug kommt, oder ob die Todeslogik der Anti-Reiche der Welt gilt. Es ist die Frage, ob an den Gott des Lebens geglaubt oder ob Götzen des Todes das Sagen haben und ihnen gehuldigt wird. Diese Fragen sind unausweichlich, d. h. sie können nicht nicht beantwortet werden. Noch die Weigerung, sie zu beantworten, stellt eine Antwort dar. Nicht zu antworten und vermeintlich nicht zu entscheiden bedeutet faktisch, die bestehenden Verhältnisse nicht in Frage zu stellen und sich für deren Weiterbestand zu entscheiden. Auch das muss verantwortet werden. Es geht um die Verantwortung für die Erhaltung der Bedingungen der Möglichkeit von Leben. Letztes Kriterium einer am Reich Gottes und seiner Gerechtigkeit orientierten Kriteriologie ist das Leben im Sinne des Einsatzes für die Erhaltung der Bedingungen der Möglichkeit des Lebens sowohl jedes und jeder Einzelnen, als auch des Zusammenlebens der Menschen sowie der Erhaltung der natürlichen Lebensgrundlagen. Der Einsatz für die Erhaltung der Bedingungen der Möglichkeit von Leben ist vermittelt durch die Weigerung, irgendwelche Gesetze, Prinzipien oder institutionelle Interessen auf Kosten der Erhaltung der Bedingungen der Möglichkeit von Leben durchzusetzen.

Zum Weiterlesen

Becker, Jürgen: Jesus von Nazaret, Berlin 1995, 100–275.
Bibel und Kirche 62 (2/2007): Gottes Reich.
Chenu, Marie-Dominque: Kirchliche Soziallehre im Wandel. Das Ringen der Kirche um das Verständnis der gesellschaftlichen Wirklichkeit, Fribourg/Luzern 1991.
Crossan, John Dominic: Jesus. Ein revolutionäres Leben, München 1996.
Eigenmann, Urs: «Das Reich Gottes und seine Gerechtigkeit für die Erde.» Die andere Vision vom Leben, Luzern 1998.
Katholische Arbeitnehmerbewegung Deutschlands KAB (Hg.): Texte zur Katholischen Soziallehre. Die sozialen Rundschreiben der Päpste und andere kirchliche Dokumente, Köln/Kevelaer ⁹2007.
Ragaz, Leonhard: Die Bibel – eine Deutung, Neuauflage der siebenbändigen Originalausgabe in vier Bänden, Fribourg/Brig 1990.
Ragaz, Leonhard: Die Botschaft vom Reiche Gottes. Ein Katechismus für Erwachsene, Bern 1942.

Sobrino, Jon: Christologie der Befreiung, Band 1, Mainz 1998 (Ostfildern ²2008), 101–190.

Sobrino, Jon: Die zentrale Stellung des Reiches Gottes in der Theologie der Befreiung, in: *Ellacuría, Ignacio/Sobrino, Jon (Hg.):* Mysterium Liberationis. Grundbegriffe der Theologie der Befreiung, Band 1, Luzern 1995, 461–504.

Praxeologie – Handeln im Dienst am Reich Gottes 6

Mit Praxeologie ist die Rede oder Lehre vom kirchlichen Handeln gemeint. Es geht dabei um die zunächst zu planende und dann künftig auch zu realisierende Praxis der Kirche im Sinne der praktischen Vermittlung des Glaubens als dem dritten Schritt in der dreifachen Vermittlung des Glaubens. Diese praktische Vermittlung setzt die sozial-analytische und hermeneutische Vermittlung voraus, damit sie ebenso situationsgerecht im Sinne der Kairologie wie evangeliumsgemäss im Sinne der Kriteriologie ist. Es geht in diesem dritten Schritt gemäss der Pastoralkonstitution des Zweiten Vatikanums darum, aufgrund der erforschten und im Licht des Evangeliums ausgelegten Zeichen der Zeit zunächst zu überlegen, wie «das Werk Christi selbst» (GS 3) in dieser Zeit weitergeführt werden kann, um dann entsprechend zu handeln. Gegenstand der Praxeologie sind die künftigen Wege und Formen kirchlichen Handelns, die als Momente der gesellschaftlichen Praxis des Gesamtphänomens von Aktion/Reflexion zur Gestaltung einer Gesellschaftsformation mit deren drei Instanzen Ökonomie/Ökologie, Politik und Kultur/Religion/Ideologie zu begreifen sind. Zur Praxeologie gehört auch, nach der Sozialgestalt der Kirche zu fragen, also danach, wie sich die kirchliche Gemeinschaft der Gläubigen auf welchen Ebenen wie organisiert und strukturiert.

Die praktische Vermittlung des Glaubens darf nicht in technokratischer Weise als Anwendung von Rezepten oder als Umsetzung eines bestimmten, vorher ausgedachten Kirchenmodells missverstanden werden. Sie ist vielmehr ein schöpferischer Vorgang, der im Sinne der Hermeneutik der Korrespondenz von Relationen bzw. der kritischen Interrelation versucht – in Analogie zu der Art und Weise, wie zu biblischen Zeiten die Texte des Alten oder Ersten und des Zweiten oder Neuen Testaments in die damaligen Verhältnisse eingegriffen haben –, bezogen auf die Verhältnisse in der Welt dieser Zeit das Dritte Testament zu entdecken und zu bezeugen. In der Praxeologie soll entsprechend der im Kapitel Kriteriologie (Kapitel 5) erhobenen Kriterien aufgezeigt werden, wie die Kirche angesichts der im Kapitel Kairologie (Kapitel 4) benannten Zeichen der Zeit ihre vom Zweiten Vatikanum umschriebene Sendung realisieren kann, «das Werk Christi selbst weiterzuführen» (GS 3) und «das Reich Christi und Gottes anzukündigen und in allen Völkern zu begründen» (LG 5).

In den ersten beiden Abschnitten dieses Kapitels (6.1 und 6.2) wird aufgezeigt, dass und wie die Kirche im Dienst am Reich Gottes steht, wenn sie ihre Grundfunktionen im Sinne der Botschaft und Praxis Jesu wahrnimmt. Danach werden Thesen für eine Reich-Gottes-Verträglichkeit der Kirche formuliert (6.3) und Überlegungen zu aktuellen Herausforderungen angestellt (6.4) Schliesslich wird auf das vom Bistum Basel entwickelte und dem Reich Gottes verpflichtete Arbeitsinstrument für pastorales Handeln hingewiesen (6.5).

6.1 Kirchliche Praxis im Dienst am Reich Gottes

Die Einladung Jesu, zuerst das Reich Gottes und seine Gerechtigkeit zu suchen (vgl. Mt 6,33), gilt zunächst der Kirche selbst; denn sie ist die Versammlung jener, die Christus aufnehmen und seinem Reich-Gottes-Zeugnis verpflichtet sind.[370] Indem sich die Kirche

> «auf die Botschaft und die Geschichte Jesu gründet, erkennt sie sich als Keim des Reiches Gottes und als in den Dienst dieses Reiches gestellt. Diesen Dienst muss sie in der Nachfolge Jesu, in der Übernahme seiner messianischen Praxis und seiner Sache verwirklichen. Das ist ihre Antwort auf das Reich Gottes, das geschenkweise zu uns kommt.»[371]

Als zentrales Anliegen Jesu und Mitte des Glaubens müsste das Reich Gottes für die Praktische Theologie und für die Praxis der Kirche die entscheidende Bezugs- und Orientierungsgrösse darstellen, wie dies das Zweite Vatikanum betont hat (vgl. LG 5).

---
370 Vgl. *Quiroz*, Ekklesiologie 255.
371 Ebd. 252.

> «Die Kirche realisiert ihre geschichtliche Heilssakramentalität, indem sie das Reich Gottes in der Geschichte ankündigt und realisiert. Ihre Grundpraxis besteht in der Realisierung des Gottesreichs in der Geschichte, in einem Tun, das dazu führt, dass das Reich Gottes in der Geschichte Wirklichkeit wird.»[372]

Vom Reich Gottes her sollte die Kirche ihr Selbstverständnis entwickeln. Am Reich Gottes müsste sie ihre interne organisatorische Struktur und ihre Sozialform im Sinne der gesellschaftlichen Verfassung ausrichten. Das Reich Gottes müsste verbindlicher Massstab für die Praxis der Kirche in allen Bereichen und auf allen Ebenen sein; denn die Kirche ist nicht um ihrer selbst willen da, und ihr Ziel ist nicht wieder sie selbst.

> «Die Kirche [ist] kein Selbstzweck […], sondern [steht] ganz und gar in der Nachfolge des historischen Jesus im Dienst am Reich Gottes.»[373]

Die Kirche bezeugt ihre Identität als christliche, indem sie sich von dem in Jesus angebrochen-gegenwärtigen Reich Gottes her und auf dessen als Geschenk Gottes verheissene Vollendung hin versteht.

> «Was die *Ekklesiologie* angeht, so bietet das Reich Gottes den weitesten Horizont für das Verständnis der Identität und Sendung der Kirche. Es erinnert sie daran, dass sie nicht das Reich Gottes ist, sondern grundsätzlich seine Dienerin, und dass ihre innere Gestaltung Zeichen für das Reich in der Geschichte sein muss.»[374]

Der Kreuzestod Jesu als radikale Zäsur zwischen der Zeit des historischen Jesus und der Zeit der Kirche hat Konsequenzen auch für die Bestimmung des Verhältnisses von Kirche und Reich Gottes. Weder sind die Kirche und das Reich Gottes miteinander identisch, noch stehen sie einander beziehungslos gegenüber. Mit seiner berühmt gewordenen, aber oft falsch interpretierten Formulierung «Jesus erwartete das Reich Gottes – gekommen ist die Kirche»[375] leugnete der katholische Exeget Alfred Loisy (1857–1940) nicht einen

---

372 *Ellacuría*, Kirche 767.
373 Ebd.
374 *Sobrino*, Stellung 502.
375 Zit. in: *Schüssler*, Theologie 76.

Zusammenhang zwischen dem Reich Gottes und der Kirche, sondern wandte sich gegen die Auffassung des protestantischen Theologen Adolf von Harnack (1851–1930), das Wesen des Christentums bestehe im Reich Gottes als moralisches Gesetz Gottes in den Herzen einzelner Menschen, wogegen die Kirche als institutionalisierte Gemeinschaft nicht dazu gehöre. Loisy lehnte neben der Identifikation der Gottesherrschaft mit dem moralischen Reich Gottes in den Herzen der Einzelnen zwar auch eine Identifikation der Gottesherrschaft mit der Kirche ab. Er sah aber einen fundamentalen Zusammenhang zwischen Jesu Verkündigung der Gottesherrschaft und der Kirche, weil diese für ihn die Bedingung der Möglichkeit der ungebrochenen Verkündigung der Gottesherrschaft darstellt.[376]

Kirche und Reich Gottes müssen als zugleich miteinander verbunden und voneinander geschieden gesehen werden. Insofern Kirche und Reich Gottes nicht identisch sind, heisst dies, dass die Kirche sich immer wieder vom Reich Gottes her kritisch in Frage stellen lassen, sich in seinem Geiste erneuern und sich in letzter Konsequenz auf dessen verheissene Vollendung hin abschaffen muss. Insofern Kirche und Reich Gottes nicht voneinander getrennt werden dürfen, heisst dies, dass die Kirche nicht sich selbst das Mass ist und gibt, sondern dass sie sich am Reich Gottes orientieren und sich in dessen Dienst stellen muss.

> «Die Kirche *ist* nicht das Reich Gottes, doch zeugt sie symbolisch von diesem Reich durch ihr Wort und Sakrament, und sie greift in ihrer Praxis effektiv diesem Reich vor, sie antizipiert es: indem sie hier und jetzt in neuen Situationen (anders als zur Zeit Jesu) tut, was Jesus für die Menschen zu seiner Zeit getan hat: den Menschen aufschliessen für das Kommen des Reiches Gottes, Kommunikation unter den Menschen stiften, sich um arme und an den Rand gedrängte Menschen kümmern, Gemeinschaftsbande unter den Hausgenossen des Glaubens schaffen und solidarisch allen Menschen dienen.»[377]

---

376 Vgl. ebd. 75–79.
377 *Schillebeeckx*, Menschen 203.

6.2 Im Dienst am Reich Gottes durch die Wahrnehmung der Grundfunktionen im Sinne des Reiches Gottes

Die Kirche ist weder aufgrund ihres apostolischen Ursprungs noch durch die dogmatische Behauptung ihrer Zugehörigkeit zum Reich Gottes bereits in diesem und gelangt nicht durch die blosse Verkündigung ins Reich Gottes, denn auch für sie gilt:

> «Nicht jeder, der zu mir sagt: Herr! Herr!, wird in das Himmelreich kommen, sondern nur, wer den Willen meines Vaters im Himmel erfüllt» (Mt 7,21).

Das heisst für die Kirche: Ihre Zugehörigkeit zum Reich Gottes ist an eine Praxis in der Nachfolge Jesu gebunden. Die Kirche steht im Dienst am Reich Gottes, wenn sie ihre Grundfunktionen im Sinne des Reiches Gottes wahrnimmt.

6.2.1 Von der Drei-Ämter-Lehre zur Konzeption der Grundvollzüge oder -funktionen

Bis zum Zweiten Vatikanischen Konzil wurde die Tätigkeit der Kirche in der katholischen Theologie weitgehend als Fortführung der drei Ämter Christi – des prophetischen, priesterlichen und königlichen Amtes – verstanden. Noch auf dem Konzil war davon die Rede (vgl. LG 10–13). Die Drei-Ämter-Lehre wurde von Johannes Calvin in die reformierte Theologie eingeführt, ihre biblische Argumentation entspricht aber heutigen exegetischen Standards nicht mehr.[378]

Nach dem Zweiten Vatikanischen Konzil bürgerte sich ein neues Modell der Systematisierung des kirchlichen Handelns ein, nämlich die drei Grundfunktionen Verkündigung, Liturgie und Diakonie. Auf dem Konzil hatte der französische Dominikaner Yves Congar die Triade *martyria* (Zeugnis), *diakonia* (Dienst) und *koinonia* (Gemeinschaft) in die Diskussion um die Erarbeitung der Pastoralkonstitution eingebracht. Diese Triade war im Weltkirchenrat auf seiner Dritten Vollversammlung in Neu-Delhi 1961 in Gebrauch und hatte

---
378 Vgl. *Lehner*, Bett 41.

auf Congar einen grossen Eindruck gemacht.[379] In der katholischen Kirche und Theologie war dann im Unterschied zum Weltkirchenrat[380] zunächst neben *martyria* und *diakonia* nicht von *koinonia*, sondern von *leiturgia* (Gottesdienst) die Rede. Später wurde die Dreiteilung in unterschiedlicher Weise weiterentwickelt bzw. modifiziert.

Die Rede von «Grundfunktionen» geht auf Karl Rahner in dem u. a. von ihm herausgegebenen «Handbuch der Pastoraltheologie» zurück. Rahner zählte darin als grosse Bereiche des Selbstvollzugs der Kirche folgende sechs Grundfunktionen auf:

> «Verkündigung des Wortes, Kult, Sakramentenspendung, kirchliches Rechtsleben, christliches Leben in seiner ganzen Breite und Caritas […].»[381]

Diese Aufzählung der Grundfunktionen entspringt nach Rahner keinem theologischen Konzept, sondern ist rein pragmatisch.[382] In dem 1965 erschienenen Buch «Prinzip Gemeinde» des Wiener Pastoraltheologen Ferdinand Klostermann wurden als Bauelemente der Kirche «das Wort», «der Kult» und «die Bruderliebe» genannt, die durch das Wirken des Geistes zusammengehalten werden.

> «Dies bleibt nun keineswegs ein isolierter theologischer Entwurf. Sein Siegeszug beginnt sofort, und zwar in Österreich in einer Breite, die nur aufgrund der Kompaktheit des österreichischen Katholizismus dieser Zeit möglich war.»[383]

Diese Trilogie der Grundfunktionen findet

> «ihre endgültige und quasi offiziöse Ausformung […] in der Faszikelserie ‹Pastorale – Handreichung für den pastoralen Dienst›, erstellt als Gemeinschaftsarbeit der Konferenz der deutschsprachigen Pastoral-

---

379 Vgl. *Alberigo*, Geschichte Band II, 507.
380 Auf der Vollversammlung in Neu-Delhi legten die drei Sektionen «Zeugnis», «Dienst» und «Einheit» je einen Bericht vor (vgl. *Visser 't Hooft*, Neu-Delhi 85–151).
381 *Rahner*, Grundfunktionen 216.
382 *Lehner*, Bett 42.
383 Ebd.

theologen im Auftrag der Deutschen Bischofskonferenz. 1970 erschien das erste und grundlegende Bändchen ‹Die Heilssendung der Kirche in der Gegenwart›, verantwortet von *Walter Kasper* und *Karl Lehmann*. Im Kapitel ‹Verwirklichungsformen der kirchlichen Sendung› heisst es ganz lapidar: ‹Im Grunde gibt es drei wesentliche Aufgaben der Kirche: die Verkündigung des Wortes, den Vollzug der Sakramente und den Dienst helfender Liebe.› Nur die Rangordnung dieser drei Funktionen wird zur Diskussion gestellt, doch die Trilogie selbst scheint so evident zu sein, dass sie keiner Argumentation bedarf.»[384]

Es war dann vor allem der Würzburger Pastoraltheologe Rolf Zerfaß, der immer wieder dafür eintrat, diese drei Grundfunktionen durch die *Koinonia* zu ergänzen:

> «Es gehe darum, Diakonia (den Dienst an den Notleidenden) und Koinonia (die Sorge um die Einheit, um eine geschwisterliche Gemeinschaft) klar auseinanderzuhalten. ‹Nur die klare Unterscheidung zwischen dem Dienst an der Einheit und dem Dienst an den Armen ermöglicht ein soziales Engagement der Kirche, das nicht unter den Verdacht gerät, von heimlichen Vereinnahmungsinteressen korrumpiert zu werden.›»[385]

Eine Vierzahl von Grundfunktionen hat sich in der Praktischen Theologie heute weitgehend durchgesetzt.[386] Doch gibt es weiterhin Unterschiede sowohl in der Benennung und im Verständnis der einzelnen Grundfunktionen als auch in ihrer Gewichtung und ihrem Verhältnis zueinander. In seiner gross angelegten Dissertation über die Diakonie hat Herbert Haslinger verschiedene Konzeptionen von Grundvollzügen bzw. -funktionen dargestellt. Es sind jene von Karl Rahner, Ferdinand Klostermann, Wilhelm Zauner, Karl Lehmann, Rolf Zerfaß, Hermann Steinkamp, Ottmar Fuchs und Urs Eigenmann.[387]

---

384 Ebd.
385 Ebd. 42 f.
386 Zur Problematik der Grundfunktionen bzw. Grundvollzüge vgl. *Haslinger*, Grundvollzüge.
387 Vgl. *Haslinger*, Diakonie 333–354.

6.2.2 Begründung und Verständnis der Grundfunktionen

In der Beschreibung des Lebens der Jerusalemer Urgemeinde heisst es in einem der Summarien der Apostelgeschichte von denen, die nach der Predigt des Petrus dessen Wort annahmen und sich taufen liessen:

> «Sie hielten an der Lehre der Apostel fest und an der Gemeinschaft, am Brechen des Brotes und an den Gebeten. Alle wurden von Furcht ergriffen; denn durch die Apostel geschahen viele Wunder und Zeichen. Und alle, die gläubig geworden waren, bildeten eine Gemeinschaft und hatten alles gemeinsam. Sie verkauften Hab und Gut und gaben davon allen, jedem so viel, wie er nötig hatte. Tag für Tag verharrten sie einmütig im Tempel, brachen in ihren Häusern das Brot und hielten miteinander Mahl in Freude und Einfalt des Herzens. Sie lobten Gott und waren beim ganzen Volk beliebt. Und der Herr fügte täglich ihrer Gemeinschaft die hinzu, die gerettet werden sollten» (Apg 2,42–47).

In diesem Text werden die für eine christliche Gemeinde entscheidenden Aufgaben genannt, nämlich:
- *Gemeinschaft* («sie hielten […] fest an der Gemeinschaft […] Und alle, die gläubig geworden waren, bildeten eine Gemeinschaft und hatten alles gemeinsam […] und hielten miteinander Mahl in Freude und Einfalt des Herzens»);
- *Liturgie und Gebet* («sie hielten […] fest […] am Brechen des Brotes und an den Gebeten. […] Tag für Tag verharrten sie einmütig im Tempel, brachen in ihren Häusern das Brot […]»);
- *Lehre der Apostel* («sie hielten an der Lehre der Apostel fest»);
- *Hilfe an Bedürftige* («sie verkauften Hab und Gut und gaben davon allen, jedem so viel, wie er nötig hatte»).

Diese Aufgabenbeschreibung der Gemeinde zu Jerusalem kann mit religionstheoretischen Überlegungen kombiniert werden, die davon ausgehen, dass jede Religion auf drei Ebenen involviert ist:

> «a) auf der Ebene der alltäglichen Bedürfnisse und Praktiken, b) auf der Ebene von institutionellen Ritualen und Apparaten, c) auf der Ebene von Weltbildern, Deutungssystemen und Normengefügen»[388].

---
388 *Füssel*, Sprache 24.

Nimmt man die Beschreibung aus Jerusalem zur Grundlage des Glaubens heute, so gilt, dass dieser Glaube *gelebt, gefeiert* und *verantwortet* wird. So können folgende Grundfunktionen unterschieden werden:[389]
- *Koinonie* als Stiftung von Gemeinschaft und Aufbau von Gemeinde;
- *Liturgie und Verkündigung* als symbolischer Ausdruck des Glaubens in religiöser Rede und liturgischer Feier;
- *Katechese und Bildung* als Einüben und Reflektieren des Glaubens;
- *Diakonie* als Einsatz für ein erfülltes Leben in Würde für alle Menschen.

Entscheidend kommt es für die Frage der Zugehörigkeit der Kirche zum Reich Gottes darauf an, dass diese Grundfunktionen im Sinne des Reiches Gottes wahrgenommen werden. Entsprechend der Bestimmung der Kirche, im Dienst am Reich Gottes zu stehen, muss das Reich Gottes Ausgangs- und Zielpunkt und so Kriterium für die Wahrnehmung aller vier Grundfunktionen sein.

6.2.3 Koinonie – Stiftung von Gemeinschaft und Aufbau von Gemeinde im Geist des Reiches Gottes

6.2.3.1 Der Gemeinschaftscharakter des Glaubens

Eine christliche Gemeinde und die Kirche insgesamt haben es grundlegend mit Gemeinschaft zu tun. Nachfolge Jesu stiftet Gemeinschaft und ist nur in Verbindung mit anderen möglich. Das ist letztlich mit der Kirchlichkeit des Glaubens gemeint. Niemand kann für sich allein Christ oder Christin sein. Die Gemeinschaftsdimension des Glaubens war bereits in der Lebensweise Jesu selbst grundgelegt. Er zog nicht allein umher, sondern sammelte eine Gruppe von Jüngerinnen und Jünger um sich. Er ging auf Distanz zu den familiären Bindungen und setzte sich kritisch von den verwandtschaftlichen Verhältnissen ab. An deren Stelle trat für ihn die Gemeinschaft derer, die umkehren, ihm nachfolgen und sich

---

389 Vgl. auch *Hochstaffl*, Aufgaben, dort beigelegtes Blatt «Pastorale Tätigkeitsfelder».

dem in ihm angebrochenen Reich Gottes öffnen. Für Jesus war die Tischgemeinschaft mit wirtschaftlich Ausgeschlossenen, sozial Ausgegrenzten und religiös Geächteten zentrales Zeichen des Reiches Gottes. Wenn er das Reich Gottes mit einem Hochzeits- und Festmahl verglich, betonte er dessen Gemeinschaftscharakter.

Ostern ist das Ereignis, durch das die Jüngerinnen und Jünger zum Glauben an den gekreuzigt-auferstandenen Jesus Christus kamen und den Glauben Jesu in seiner Nachfolge übernahmen. Ostern ist deshalb der Anfang der Kirche. Diese Kirche – *ekklesia* (Volks- oder Gemeindeversammlung) genannt – umfasste zunächst jene Jüngerinnen und Jünger, die nach ihrer Flucht aus Jerusalem anlässlich der Verhaftung und Hinrichtung Jesu eine fundamentale Bekehrung durchmachten, indem ihnen aufging, wofür sich Jesus eingesetzt hatte und sich kreuzigen liess. Sie bekannten sich nun öffentlich zu Jesus, dem Christus, und erklärten, seine Reich-Gottes-Praxis und -Botschaft sei für sie trotz Jesu Kreuzestod verbindlich.

Diese aus den zu Jesus Bekehrten und an ihn Glaubenden bestehende *ekklesia* hat im Zweiten oder Neuen Testament verschiedene Bedeutungen, die aber alle den Gemeinschaftscharakter des Glaubens deutlich machen. So meint *ekklesia* zum einen die zum eucharistischen Brotbrechen und zum Liebesmahl versammelte Gemeinde:

> «Zunächst höre ich, dass es Spaltungen unter euch gibt, wenn ihr als Gemeinde [*ekklesia*] zusammenkommt» (1 Kor 11,18).

Zum andern bezeichnet sie die Gemeinschaft jener Christen und Christinnen, die sich regelmässig in einem Haus treffen:

> «Es grüssen euch die Gemeinden [*ekklesiai*] in der Provinz Asien. Aquila und Priska und ihre Hausgemeinde [*ekklesia*] senden euch viele Grüsse im Herrn» (1 Kor 16,19).

Ekklesia kann sich aber auch auf die Zusammenfassung aller in einer Stadt lebenden Christinnen und Christen im Sinne einer Ortsgemeinde beziehen:

> «Da kam grosse Furcht über die ganze Gemeinde [*ekklesian*] und über alle, die davon hörten» (Apg 5,11).

Schliesslich kann *ekklesia* die ganze Heilsgemeinschaft der an Jesus Christus gläubig gewordenen Menschen bedeuten:

> «Die Kirche [*ekklesia*] in ganz Judäa, Galiläa und Samarien hatte nun Frieden» (Apg 9,31).

> «Alles hat er [Gott] ihm [Christus] zu Füssen gelegt und ihn, der als Haupt alles überragt, über die Kirche [*ekklesia*] gesetzt» (Eph 1,22).

Mit Edward Schillebeeckx ist festzuhalten:

> «Eine lebendige Gemeinde ist nach dem Neuen Testament eine Gemeinschaft von Gläubigen, die sich die Sache Jesu, das heisst das kommende Reich Gottes als mit dem ganzen Auftreten und schliesslich mit der Person Jesu selbst wesentlich verbunden, zu eigen macht und deshalb die Geschichte von und über Jesus *in seiner Bedeutung für die Zukunft aller Menschen* bewahren will. Dabei liegt das Gewicht nicht so sehr – wenn auch – auf einer *Lehre*, die so rein wie möglich bewahrt werden muss, als vielmehr auf der ‹*Geschichte* Jesu und über Jesus› und auf der ‹*sequela Jesu*›, das heisst einer christlichen Praxis, ‹Nachfolge Jesu›, die so radikal wie möglich verwirklicht werden muss, gemäss der Orientierung, der Inspiration und Irritation des ‹Reiches Gottes und seiner Gerechtigkeit› (Mt 6,33).»[390]

Offen-solidarische Gemeinschaft entsprechend dem Reich Gottes 6.2.3.2

In einer christlichen Gemeinde und durch sie sollte etwas von der befreienden und heilenden Wirklichkeit des Reiches Gottes im Sinne eines Festes offener Kommensalität erfahrbar werden. Das Zusammenleben in der Kirche sollte jenem Reich Gottes entsprechen, in dem alle gesellschaftlichen (und kirchlichen) Trennungen und Diskriminierungen aufgehoben sind. Dies ist dann der Fall, wenn die Kirche aufgrund der «innigsten Verbindung mit der ganzen Völkerfamilie» (GS 1) im Sinne einer Wo-Identität Ausschliessungsmechanismen jeglicher Art überwindet und sich «Freude und Hoffnung, Trauer und Angst der Menschen dieser Zeit, besonders der Armen und Bedrängten aller Art» (GS 1) zu eigen macht. Voraussetzung dafür ist, dass die Gemeinden und die Kirche insgesamt auf allen Ebenen der Einladung Jesu an die Seinen

---

390 *Schillebeeckx*, Amt 62 f.

folgen, zuerst das Reich Gottes und dessen Gerechtigkeit im Vertrauen darauf zu suchen, dass alles andere dazugegeben wird. Die Kirche kommt ihrer Bestimmung, im Dienst am Reich Gottes zu stehen, dadurch nach, dass sie sich am Reich Gottes orientiert.

> «Die ständige Umkehr der Kirche, ihr Wort und ihre Taten, ihre innere Strukturierung und ihre Form der Präsenz in der Gesellschaft müssen Gute Nachricht sein, Evangelisierung, die sich der Sünde widersetzt und das Nahekommen des Reiches wirksam vergegenwärtigt.»[391]

Die Vision des Reiches Gottes hätte Kriterium für die Suche der Einheit der Kirche(n) und für den Umgang innerhalb der Kirchen zu sein. Die Ausrichtung auf das Reich Gottes müsste für die Bearbeitung von Spannungen und Konflikten bestimmend sein. Die Einheit der Kirche darf dabei weder mit einer zentralistisch oder sonst wie verordneten institutionell-lehrmässig-liturgischen Gleichschaltung totalisierender Art verwechselt noch in idolatrischer Manier zum Selbstzweck verabsolutiert werden. Die kirchlichen Strukturen auf allen Ebenen müssen immer wieder daraufhin befragt werden, ob sich deren Ausgestaltung an der offenen Kommensalität des Reiches Gottes orientiert und ob die Kirche auf dem Weg zu einer «evangeliumsgemässeren Gestalt»[392] ist. Alles in der Kirche müsste *sub specie regni dei*, d. h. unter dem Gesichtspunkt des Reiches Gottes gesehen, beurteilt und realisiert werden.

Im Sinne der Grundlinien der Reich-Gottes-Praxis und -Botschaft Jesu müsste es in der Kirche eine Solidarität auch in materieller Hinsicht geben und müssten in ihr Ab- und Ausgrenzungen jeglicher Art überwunden werden. In einer Kirche, die sich dem Reich Gottes verpflichtet weiss und die die auf Jesus zurückgehende Gesetzeskritik des Paulus wirklich verstanden hat, dürfte es kein gesetzliches Denken im Sinne der Verabsolutierung religiöser Gesetze, dogmatischer Prinzipien oder institutioneller Interessen geben. In ihr müsste eine bedingungslose Bereitschaft bestehen, schuldig Gewordenen zu vergeben und Versöhnung anzubieten, als dies in der übrigen Gesellschaft der Fall ist. Im Sinne des von

---

391 *Quiroz*, Ekklesiologie 253.
392 Bischof *Otto Wüst* in: *Pastoralamt*, Reich 1.

Jesus als Fest offener Kommensalität bezeugten Reiches Gottes sollte die Kirche offen sein für unangepasste und gesellschaftlich randständige Menschen. Sie müsste sensibel werden für all jene Ausschliessungsmechanismen, die es aufgrund der in ihr herrschenden Mentalität und der in ihr dominanten sozialen Milieus, ihres Erscheinungsbildes oder ihrer strukturellen Verfassung erschweren oder verunmöglichen, in «innigster Verbindung mit der ganzen Völkerfamilie» zu sein und sich «Freude und Hoffnung, Trauer und Angst der Menschen dieser Zeit, besonders der Armen und Bedrängten aller Art» zu eigen zu machen. Sie dürfte in ihren eigenen Reihen auf allen Ebenen keine vertikale Diskriminierungen oder laterale Trennungen dulden.

Prioritäten im Sinne des Reiches Gottes setzen 6.2.3.3

Vom Reich Gottes und seiner Gerechtigkeit her müsste angesichts der Zeichen der Zeit nach den prioritären Aufgaben der Kirche gefragt werden. Wenn sich die Kirche vom Reich Gottes her verstehen will, darf sie sich nicht primär um ihre internen Probleme kümmern, sondern muss sich den vielfältigen Herausforderungen der gesellschaftlichen und globalen Wirklichkeit und den darin präsenten Elementen des Anti-Reichs stellen. Die ernst zu nehmende Sorge um die Einheit der Kirche kann im Blick auf das Reich Gottes nicht getrennt werden von der Praxis zur Überwindung jener Verhältnisse, die die Welt entzweien und die Menschen voneinander trennen.

> «Die Kirche empfängt […] unter den heutigen geschichtlichen Bedingungen die Gabe ihrer Einheit und verwirklicht sie in dem Masse, wie sie zum Prozess der Vereinigung der Menschheit beiträgt. Und in einer radikal gespaltenen Welt vollzieht sich die einigende Funktion der kirchlichen Gemeinschaft im Kampf gegen die Ungerechtigkeit – welche die Ursache der Spaltung ist – und im Aufbau der Gerechtigkeit als der Inkarnation realer Geschwisterlichkeit.»[393]

Das Reich Gottes hätte die Präsenzweise der Kirche in der Welt zu bestimmen. Die Kirche ist wohl *in* der Welt, doch nicht *von* ihr. Die Differenz zur Welt bekundet die Kirche im

---

393 *Quiroz*, Ekklesiologie 257.

Sinne des Reiches Gottes aber nicht dadurch, dass sie sich als der Welt gegenüberstehende heile Gemeinschaft versteht und sich von ihr dualistisch als eine Art Kontrastgesellschaft absondert. Dass sie *in*, aber *nicht von* der Welt ist, bezeugt die Kirche vielmehr, indem sie in der Nachfolge Jesu inmitten der Welt das Reich Gottes im Sinne des alles durchwirkenden Sauerteigs (vgl. Mt 13,33) bezeugt. Nicht Welt*flucht*, sondern Wahrnehmung der Welt*verantwortung* entspricht einer am Reich Gottes orientierten Kirche.

6.2.3.4 Herrschaftsfreie Leitung unter Einbezug verschiedener Charismen

Angesichts der im Laufe der Geschichte entstandenen Zweiteilung der Kirche in einen mit Entscheidungskompetenz ausgestatteten Klerus mit Priestern und vor allem Bischöfen sowie dem Papst an der Spitze auf der einen und den zu Gehorsam verpflichteten Laien auf der anderen Seite und angesichts zunehmend autoritärer Praktiken kirchlicher Amtsträger auf verschiedenen Ebenen, muss zunächst und grundlegend an das verbindliche Zeugnis des Zweiten Testaments erinnert werden:

> «Von einem *wesentlichen* Unterschied zwischen ‹Laien› und ‹Amtsträgern› ist im Neuen Testament keine Rede. Die *Besonderheit* des Amtes wird in das Ganze vieler anderen [sic], nicht-amtlichen [sic] Dienste in der Kirche gestellt. In diesem Sinn ist das Amt kein Status, sondern tatsächlich eine Funktion, die aber durch die Gemeinde als Versammlung Gottes mit Recht ‹eine Gabe des Geistes› genannt wird.»[394]

Es ist bemerkenswert, dass für die verschiedenen kirchlichen Ämter im Neuen oder Zweiten Testament konsequent keine kultischen Bezeichnungen verwendet werden, sondern ganz profane. So bedeutet *episkopos* Aufseher, *presbyter* Ältester und *diakonos* Diener. Alle drei haben keine kultischen Funktionen. In Bezug auf die Frage nach Macht und Herrschaft ist für eine christliche Kirche Jesu Wort verbindlich:

> «Ihr wisst, dass die, die als Herrscher gelten, ihre Völker unterdrücken und die Mächtigen ihre Macht über die Menschen missbrauchen. Bei euch aber soll es nicht so sein, sondern wer bei euch gross sein will, der

---

[394] *Schillebeeckx*, Amt 59.

soll euer Diener sein, und wer bei euch der Erste sein will, soll der Sklave aller sein» (Mk 10,42 f.).

Jegliches Amt in der Kirche müsste sich zunächst und grundlegend vom Dienst am Reich Gottes her verstehen. Es ist dies ein «Dienst an den Armen und Opfern in einer geteilten Welt»[395].

Auf die Relativität des Amtes in der Kirche hat Karl Rahner mit dem bildlichen Vergleich der Kirche mit einem Schachverein hingewiesen:

> «Es ist wirklich in der Kirche so wie in einem Schachverein: Die wirklich den Verein Tragenden und ihm Sinn Gebenden sind die Mitglieder in dem Masse, in dem sie gut Schach spielen. Die Hierarchie der Vereinsleitung ist notwendig und sinnvoll, wenn und soweit sie der Gemeinschaft der Schachspielenden und *ihrer* ‹Hierarchie› dient und nicht meint, mit dieser identisch zu sein und auch schon vi muneris [Kraft des Amtes] am besten Schach spielen zu können. So ist auch in der Kirche das Amt zu respektieren, aber die Liebenden, die Selbstlosen, die Prophetischen in der Kirche machen die eigentliche Kirche aus, diese sind noch längst nicht immer identisch mit den Amtsträgern, auch wenn es zum katholischen Glauben gehört, dass Gottes Geist in der Kirche ein absolutes Schisma zwischen Geistträgern und Amtsträgern zu verhindern weiss und darum, aber nur letztlich, auch dem Amt in der Kirche in seiner gesellschaftlichen Funktionalität so etwas wie Geistbegabung zukommt.»[396]

Am Reich Gottes müssten die organisatorischen Strukturen und die rechtlichen Regelungen der Kirche gemessen werden. Vorgängig aller funktionalen Ausdifferenzierungen ist davon auszugehen, dass in einer christlichen Gemeinde und Kirche zunächst und grundlegend alle als Getaufte dazu berufen sind, an deren Aufbau mitzuarbeiten. Paulus hat dies im Römerbrief deutlich gemacht. Seines Erachtens braucht es für den Aufbau einer christlichen Gemeinde zwar eine Vielfalt von Fähigkeiten und Talenten. Er spricht von Charismen, also von Gaben des Geistes, die für das Leben einer Gemeinde wichtig sind. Bemerkenswert dabei aber ist, dass

---

395 *Sobrino*, Grundlage 4.
396 *Rahner*, Strukturwandel 72 f.

er das Leitungsamt nicht zuerst, sondern erst an vorletzter Stelle erwähnt (vgl. Röm 12,6–8). Der erste Petrusbrief spricht von den Gläubigen als einem auserwählten Geschlecht und einer königlichen Priesterschaft (vgl. 1 Petr 2,9).

6.2.4 Liturgie und Verkündigung – symbolische Feier des Reiches Gottes

6.2.4.1 Pascha- und Christusmysterium vom Reich Gottes her verstehen und feiern

In der Liturgie feiert und verkündet die Kirche in symbolischen Handlungen und religiöser Rede das für sie zentrale und konstitutive Pascha-Mysterium.

> «Das griech. Wort [Liturgie] (aus: leiton ergon = Dienst am Volk, im Sinn einer öffentlichen Dienstleistung) bezeichnet die gottesdienstliche Versammlung der Gemeinde, in der Christus durch seinen Heiligen Geist in Verkündigung und sakramentalen Zeichen den Gläubigen Anteil gewährt an seinem Pascha-Mysterium und dem erlösten Menschen die dankbar preisende Antwort an den Vater ermöglicht.»[397]

Diese Sicht der Liturgie geht auf das Zweite Vatikanische Konzil zurück. Es hat in seiner Liturgiekonstitution

> «das theologische Verständnis von christlicher Gottesdienstfeier in Rückbesinnung auf die Vätertheologie und in Überwindung scholastischer Engführungen entfaltet […]. Die *heilsökonomische Betrachtungsweise* hat sich (wieder) durchgesetzt.»[398]

Damit hat das Konzil ein einseitig «kultisches» (das dankende, lobende usw. Tun des Menschen betonendes) Verständnis der Liturgie überwunden. Es hat das menschlichem Tun vorausgehende Handeln Gottes wieder bewusst gemacht und Liturgie wesentlich als Feier des Christus-Mysteriums gesehen und dieses als Pascha-Mysterium qualifiziert, wenn es über das Werk der menschlichen Erlösung sagt:

---

397 *Adam/Berger*, Handlexikon 313 f.
398 *Hahne*, De arte 184.

«Dieses […] hat Christus, der Herr erfüllt, besonders durch das österliche Geheimnis seines seligen Leidens, seiner Auferstehung von den Toten und seiner glorreichen Himmelfahrt» (SC 5).

Das Leiden Jesu war die Antwort der Frommen und Mächtigen auf seine Reich-Gottes-Praxis und -Botschaft. Die Auferstehung von den Toten war die Bestätigung des Weges Jesu durch jenen Gott, dessen Reich er mit seinem Leben bis in den Tod bezeugt hatte.

«Ebenso wenig, wie der Tod Jesu von seinem Leben getrennt werden kann, ist auch seine Auferstehung von seinem Lebensweg und Tod zu trennen.»[399]

Analog zur Feststellung von Edward Schillebeeckx, wonach «ohne den menschlichen Lebensweg Jesu […] alle Christologie zu einem ideologischen Überbau»[400] wird, kann das Pascha-Mysterium nicht ohne jenes Reich Gottes verstanden werden, mit dem sich Jesus ganz identifiziert hat.

«Es ist sinnlos, zu sagen, das Zentrum der Kirche sei der auferstandene Jesus, wenn dieser auferstandene Jesus all seiner Geschichtlichkeit beraubt wird; die bestimmende Mitte in Jesu Leben war gewiss die Erfahrung Gottes, aber eines Gottes, der geschichtlichen Leib im Reich Gottes annahm. Wenn die Kirche ihre Sorge um den auferstandenen Jesus nicht in einer Realisierung des Gottesreichs in der Geschichte Gestalt annehmen lässt, verliert sie ihren Prüfstein und mit ihm die Garantie dafür, dass sie dem Herrn und nicht sich selbst dient.»[401]

Feier der Liturgie als Symbolhandlung 6.2.4.2

In der Liturgie wird das Reich Gottes in Wort und Zeichen symbolisch vergegenwärtigt. Dabei kann der Symbolbegriff [griech. *symballein* = zusammenfallen] mit Franz Schupp definiert werden

---

399 *Schillebeeckx*, Menschen 172.
400 Ebd. 31.
401 *Ellacuría*, Kirche 768.

«als antizipierte Vermittlung der in Geschichte und Gesellschaft vorhandenen Differenz von fragmentarischer Erfahrungswirklichkeit und realutopischer Sinnerfüllung»[402].

Im Sinne dieses Symbolverständnisses sind

«die zentralen christlichen Symbole und Symbolhandlungen [...] antizipierend vermittelnde Zeichen ‹wahren›, ‹heilen› Lebens, die so zugleich die kritische Funktion haben, das Unwahre und Nicht-Heile am konkreten geschichtlichen Leben aufzuzeigen. Sie wirken, indem sie in solchem Aufzeigen im Menschen eine Umkehr, eine Umwandlung hervorrufen. Sie sind so selbst praktische Zeichen als Zeichen geforderter Praxis, deren Bedingung sie selbst vermitteln. Sie begründen und wirken solche Praxis, indem sie den Transitus, die Umwandlung des Menschen vermitteln. Als solche sind sie wirkende Zeichen des Grundsymbols des christlichen Glaubens: des Kreuzes Jesu als der symbolisch-konkreten Konsequenz des Wortes vom ‹Reich Gottes›, vom ‹wahren Leben›. [...] An christlichen Symbolhandeln kann und soll abgelesen werden, dass der Mut zum fragmentarischen Leben dort sinnvoll ist, wo dieses Fragment-Sein in den Dienst der Aufhebung von Leiden anderer gestellt ist. Die Reflexion auf diese symbolische Prägnanz kann selbst nicht anders geleistet werden denn als fragmentarische.»[403]

In diesem Liturgie- bzw. Symbolverständnis ist die elementare Grundstruktur von Vergangenheits-, Gegenwarts- und Zukunftsbezug der Liturgie und Verkündigung enthalten:

Zum Ersten erinnern Liturgie und Verkündigung an den gekreuzigt-auferstandenen Messias Jesus und seine Reich-Gottes-Praxis und -Botschaft und vergegenwärtigen sie diese in Zeichen und Wort. Dabei darf aber nicht vergessen werden:

«Die *primären Symbole*, die sich von Jesus her ergeben, sind *Sprachsymbole* und *Handlungssymbole*, nicht aber kultisch-sakramentale.»[404]

Dies vorausgesetzt, wird in der Liturgie und in der Verkündigung die Verbindung mit jenem Glauben ausgedrückt, der in der Geschichte gelebt und erzählt worden ist. So verpflichten

---

402 *Schupp*, Glaube 314.
403 Ebd. 7f.
404 Ebd. 242.

das liturgische Feiern des Glaubens und die Verkündigung des Evangeliums die Kirche auf ihren eigenen Ursprung. Die Erinnerung an den eigenen Ursprung soll sie davor bewahren, sich von ihm zu entfernen. Liturgie und Verkündigung haben die Funktion, die gefährliche Erinnerung an jene Tradition wachzuhalten, in der angefangen bei den Propheten bis hin zum Messias Jesus auf einmalig-verbindliche und verbindlich-einmalige Weise im Namen Gottes im Sinne seines Reiches parteiische Solidarität mit Schwachen zur ganzheitlichen Befreiung aller Menschen gelebt worden ist.

Zum Zweiten drücken in der Liturgie, im Gebet und in der Verkündigung einzelne Christinnen und Christen und die christliche Gemeinde ihr Leben und ihren Glauben aus und bringen ihre Lebens- und Glaubenserfahrungen zur Sprache, um sie im Licht des Evangeliums auszulegen (vgl. GS 4). Vergegenwärtigende Erinnerung des Schicksals Jesu in Liturgie, Verkündigung und Gebet hat selbstverpflichtende oder «auto-obligative» Qualität, d.h. jene, die in Liturgie, Verkündigung und Gebet das Reich Gottes symbolisch vergegenwärtigen, zur Sprache bringen und feiern, werden in Pflicht genommen, sich selbst im Sinne des Reiches Gottes auf den Weg zu machen. Ohne diese Selbstverpflichtung verkommen Liturgie und Gebet zu dem, was Jesus als heidnisches Geplapper bezeichnet hat (vgl. Mt 6,7). Liturgie und Verkündigung sollen Ermutigung und Orientierung schenken für die Umkehr der Herzen der Einzelnen und die Veränderung der Strukturen der Welt im Sinne des Reiches Gottes und seiner Gerechtigkeit.

> «Der wahre ‹Gottesdienst› besteht in der *Übernahme der Praxis Jesu*. Jede christliche Symbolhandlung hat daher ihren Grund und ihre Grenze daran, solche Praxis mit ihrer eschatologischen Sinnprämisse konkret werden zu lassen. [...] Die Übernahme des *Handlungsmodells* Jesu ist nicht möglich ohne Neuordnung des *Gesellschaftsmodells*.»[405]

Zum Dritten wird in der Liturgie und in der Verkündigung jenes erfüllte, heile und wahre Leben zeichenhaft vorweg-

---

[405] Ebd. 239.

genommen und zur Sprache gebracht, das in der Endgültigkeit der Erfüllung des Reiches Gottes als Geschenk Gottes verheissen ist.

6.2.4.3 Die Sakramente als prophetische Symbole des Reiches Gottes

Dieses am Reich Gottes orientierte Verständnis von Liturgie und Verkündigung heisst für die Sakramente, dass sie symbolische Gesten der Kirche darstellen, die auf die Realisierung des Reiches Gottes ausgerichtet sind. Im Rückgriff auf Thomas von Aquin können drei wesentliche Dimensionen der Sakramente als sichtbare Zeichen einer unsichtbaren Wirklichkeit unterschieden werden. Erstens sagen die Sakramente die gute Botschaft vom Reich Gottes an. Sie künden von erfülltem Leben, von Vergebung, Hoffnung und Gemeinschaft. Ihre Botschaft gilt vor allem jenen, die immer nur schlechte Nachrichten zu hören bekommen.

> «In diesem Sinn sind die Sakramente Gedächtnis Jesu, *signum rememorativum*, wie die Tradition im Anschluss an Thomas von Aquin (STh III, q. 60 a. 3) sagt.»[406]

Zweitens klagen die Sakramente die Sünde der Welt an und weisen auf die todstiftenden Anti-Reiche hin. Sie sind kritisch aufgeladen, weil sie an das subversive Zeugnis Jesu erinnern und die bestehenden Verhältnisse in Frage stellen.

> «Indem die prophetischen Symbole der Sakramente zeigen, was das Reich ist (*signum demonstrativum*) [hinweisendes Zeichen], klagen sie an, was der Gegensatz zum Reich ist.»[407]

Drittens fordern die Sakramente Veränderungen im persönlichen und politischen Bereich. Sie erweisen sich

> «als eschatologisches Zeichen für das Reich Gottes, das schon Gegenwart wird (*signum prognosticum*) [zukunftsweisendes Zeichen].»[408]

Die Sakramente sind wirksam, weil sie prophetische Symbole sind, die das vergegenwärtigen, was sie symbolisieren, näm-

---

406 *Codina*, Sakramente 916.
407 Ebd.
408 Ebd.

lich Aspekte des Reiches Gottes und seiner Gerechtigkeit. Sie sind zwar Feiern der Kirche, aber

> «ihre Wirksamkeit ist nicht nur *ekklesial* (Bindung an die Kirche), sondern *basileisch* (Bezug zum Reich, griechisch: *basileia*). Sie sind Gabe und Aufgabe, *opus operatum* [ein Sakrament, insofern es von Gott her und nicht von der religiösen Subjektivität des Menschen gültig und wirksam ist] und *opus operantis* [Tun des Spenders und Empfängers des Sakraments], verlangen personale und soziale Umkehr, Bekehrung und drängen zur Umgestaltung der Gesellschaft in Richtung auf das Reich Gottes.»[409]

6.2.4.4 Zum Verständnis der einzelnen Sakramente

Vor diesem Hintergrund soll das Grundverständnis der einzelnen Sakramente formuliert werden.

Die *Taufe* ist die Feier der Eingliederung in die Kirche. Als solche ist sie die Orientierung auf und die Initiation in das Reich Gottes, dessen Sakrament die Kirche ist. Die Taufe meint die grundlegende Glaubensentscheidung als Um-kehr im Sinne der Ab-kehr von den Götzen des Todes in den Anti-Reichen der Welt und der Hin-kehr zum Gott des Lebens. Die Taufe als Übergang von der Versklavung durch die Sünde zur Freiheit in Christus konstituiert den Menschen als Christen bzw. als Christin, weil die Taufe ihn oder sie in jene Nachfolge Jesu einweist, die eine am Reich Gottes und seiner Gerechtigkeit orientierte persönliche und politische Praxis meint.

> «Die Taufgabe ist die Gabe des Geistes, der die Sünden nachlässt und Kraft verleiht, um im Leben den Weg des Reiches beschreiten zu können, den Jesus eröffnet hat. Eben der Geist, den Jesus gesandt hat, um den Armen eine frohe Botschaft zu bringen und den Gefangenen die Befreiung anzusagen (vgl. Lk 4,16–21), treibt den Christen an, das Reich Gottes in der Geschichte Gegenwart werden zu lassen und gegen die Strukturen der Sünde zu kämpfen.»[410]

Die *Eucharistie* ist als Gedächtnis von Leben, Tod und Auferstehung Jesu die symbolische Vergegenwärtigung zentraler Aspekte des von ihm bezeugten Reiches Gottes.

---

409 Ebd.
410 Ebd. 921.

> «Das eucharistische Ursymbol ist das geschwisterliche Teilen einer gemeinsamen Speise und eines gemeinsamen Trankes. Die Bibel führt uns als bestes Bild für die Utopie des Reiches das Mahl vor. [...] In der Eucharistie kommunizieren wir nicht nur mit Jesus, sondern auch mit seiner Idee vom Gottesreich; in ihr wird nicht nur Kirche auferbaut, sondern auch das Hochzeitsmahl des Reiches vorweggenommen.»[411]

Die *Firmung* hat sich als eigenes Sakrament erst im Laufe eines langen Prozesses zu Beginn des 2. Jahrtausends aus der Taufe heraus entwickelt und muss deshalb von ihr her verstanden werden. Angesichts der vorherrschenden Praxis der Säuglingstaufe könnte mit der Firmung die persönliche Übernahme der Taufe in einem Alter verbunden werden, in dem ein grundlegender Glaubensentscheid gefällt werden kann.

> «Die Gabe des Geistes, die durch die Firmung mittels des Symbols der Salbung mitgeteilt wird, hat eine prophetisch-eschatologische Ausrichtung auf das Reich, auf Gerechtigkeit und Befreiung. Sie erinnert den Getauften und die Kirche daran, dass ihr Auftrag die Welt und das Reich ist. Die Firmung auf die Tauferneuerung oder auf ein blosses Ja zum Geist zu reduzieren, ohne auf den historischen Jesus und seine Hingabe ans Reich Bezug zu nehmen, das hiesse den Sinn dieses Sakraments herabzuwürdigen.»[412]

Die *Busse* ist Zeichen der geschenkten Versöhnung mit Gott als Zusage der Vergebung an diejenigen, die nicht im Sinne des Reiches Gottes gehandelt haben, dies aber ehrlich bereuen und gewillt sind, sich in ihrem Leben wieder am Reich Gottes zu orientieren. Vom Reich Gottes her müsste eine individualistische Engführung von Sünde und Schuld aufgebrochen werden. Umkehr dürfte nicht nur persönlich verstanden werden, sondern müsste sich auch auf die Beseitigung von Strukturen der Sünde erstrecken.

> «Der neue Horizont des Reiches [...] müsste dazu beitragen, dass die Kirche selbst, als Gemeinde und Gemeinschaft, in bestimmten Momenten Gott und die Welt um Verzeihung für ihre in der Vergangenheit

---

411 Ebd. 922. Vgl. *Eigenmann*, Symbolhandlung; *ders.*, Kirche.
412 *Codina*, Sakramente 924.

(z. B. in der Kolonialzeit) und in der Gegenwart (durch ihr Bündnis mit den Mächtigen) begangenen kollektiven Sünden bittet.»[413]

Die *Ehe* ist das gegenseitige Versprechen vor der Gemeinde und vor Gott zu verbindlicher Partnerschaft in der Nachfolge Jesu. Sakramental ist die Ehe nicht einfach aufgrund eines im Sinne des kanonischen Rechts gültigen Rechtsaktes. Das Eheversprechen meint den Beginn einer Partnerschaft, in der und durch die im persönlichen und im politischen Bereich etwas von der heilend-befreienden Wirklichkeit des Reiches Gottes bezeugt wird und erfahrbar werden kann.

> «Die christliche Ehe muss die Kraft der grossherzigen Liebe Gottes bekunden, sie muss den Egoismus anklagen und nicht nur in der Familie, sondern auch in der Gesellschaft beginnen, die neue Menschheit und neue menschliche und gesellschaftliche Beziehungen zu antizipieren […] So wird die Ehe Sakrament der Kirche und des definitiven Gottesreiches sein […]. Andererseits wird diese eschatologische Dimension es auch erlauben, eine Reihe von Themen der Ehemoral, z. B. die Scheidung, im Sinn des Evangeliums in den Blick zu nehmen.»[414]

Die *Ordination* ist die Beauftragung zum amtlichen Dienst in der Kirche. Der Dienst in der Kirche muss im Horizont des Reiches Gottes gesehen werden, weil sich die Kirche selbst zentral vom Reich Gottes her verstehen, organisieren und engagieren soll. Selbst eine unmittelbar christologische Begründung des kirchlichen Amtes – die in sich schon problematisch ist, weil sich das Amt erst im Laufe der Jahrhunderte ausdifferenziert hat – ist auf das Reich Gottes verwiesen, weil jede Christologie ohne den menschlichen Lebensweg Jesu zu einem ideologischen Überbau wird. Die Ordination als Beauftragung zum amtlichen Dienst in der Kirche und der Auftrag selbst müssen vom Reich Gottes her und auf dieses hin gesehen und gelebt werden.

> «Das grundlegende Amt: das Reich Gottes aufbauen im Widerspruch zum Gegen-Reich.»[415] «Das Amt muss geschichtlich verortet und *oiko-nomisch* in dem Sinne sein, dass es den *oikos*, das Zuhause, den zentra-

---

413 Ebd. 925.
414 Ebd. 925f.
415 *Sobrino*, Grundlage 7.

len Kern des Lebens, und die Freiheit von Einzelnen und Völkern möglich macht. Es muss parteiisch sein zugunsten der einen – der Unterdrückten – und in dialektischem Widerspruch gegen die anderen – die Unterdrücker. [...] Dieses Amt geht aus einem ursprünglichen *Mitleiden* hervor – einem Mitleiden wie dem des Gottes des Exodus, der Propheten und Jesu.»[416]

Alles andere – wie etwa die Zulassungsbedingungen und die disziplinäre Ausgestaltung des Amtes – ist der Ausrichtung auf das Reich Gottes zu- und untergeordnet. Die historisch gewordene Gestalt des kirchlichen Amtes muss daraufhin befragt werden, ob sie einer ganzheitlichen Bezeugung der inhaltlichen Fülle des Reiches Gottes durch die Kirche dient oder nicht. Konkret bedeutet das z. B. in Bezug auf die Zölibatsfrage:

«Wenn und insofern die Kirche in einer konkreten Situation eine genügende Anzahl solcher priesterlichen Gemeindeleiter ohne Verzicht auf die Zölibatsverpflichtung nicht finden kann, dann ist es selbstverständlich und gar keiner weiteren theologischen Diskussion mehr unterworfen, dass sie auf diese Zölibatsverpflichtung verzichten muss.»[417]

Die *Krankensalbung* will helfen, gesundheitlich kritische oder lebensbedrohende Situationen und die mit dem Älterwerden verbundene Abnahme von körperlichen und geistigen Kräften im Glauben annehmen zu können. Dabei sollen die Erfahrung bedrohten Lebens durch Krankheit und Alter und die persönliche und politische Verantwortung für die Gesundheit und für menschenwürdige Arbeitsbedingungen ebenso in den Horizont des Reiches Gottes gestellt werden wie die Deutung von Leben und Tod und das Einüben des sterbenden Abschiednehmens. Die Krankensalbung

«ist das Sakrament, das vom eschatologischen Heil und Heilsein und vom vollen Leben des Reiches Gottes kündet. Dieses Sakrament sollte sich nicht auf eine liturgische Salbung der Kranken beschränken, es sollte auch nicht nur den Alten zugewendet werden; vielmehr ginge es

---

416 Ebd. 8 f.
417 *Rahner*, Strukturwandel 132.

darum, die allgemeinste Sorge um die Gesundheit und den Abbau der Ursachen für so viele überwindbare Krankheiten und so zahlreichen vorzeitigen Tod zum Ausdruck zu bringen.»[418]

6.2.4.5 Kritische Funktion von Liturgie und Verkündigung

Sollen Liturgie und Verkündigung als auf das Reich Gottes hingeordnete Grundfunktion der Kirche wahrgenommen werden, müssen sie als Weisen, wie das Gedächtnis von Leben, Tod und Auferstehung Jesu zeichenhaft vergegenwärtigt und in religiöser Rede zur Sprache gebracht wird, in dem Sinne Feier des Pascha-Mysteriums sein, dass dieses im umfassenden Rahmen der erinnernd-vorwegnehmenden Vergegenwärtigung des Reiches Gottes gefeiert wird. Mit dem Reich Gottes hatte sich Jesus so ganz identifiziert, dass er selbst und sein Schicksal nur von ihm her in seiner subversiven Radikalität verstanden werden können.

Statt die historischen Verhältnisse religiös zu verschleiern oder zu verklären, unter denen Menschen leiden, sollten Liturgie und Verkündigung so Orientierung vermitteln, dass die Funktionsweise der Anti-Reiche der Welt aufgedeckt und im Licht der Vision solidarischen Zusammenlebens im Sinne des Reiches Gottes beurteilt werden. Statt dass die Liturgie einen Raum anbietet, in dem die Einzelnen die Mitte in sich selbst suchen als Kompensation dafür, dass der Wert des Einzelnen aus der Mitte der Entscheidungsmechanismen der Öffentlichkeit gerückt ist,[419] sollte sie ein Ort sein, von dem her Stärkung zu freier und solidarischer Entfaltung der Einzelnen in der Nachfolgepraxis im Dienst am Reiches Gottes geschieht. Statt zu einer beruhigend-vertröstenden Spiritualität der Anpassung und blosser Kontingenzbewältigung zu verführen und ein bürgerliches Lebens religiös zu dekorieren, sollten Liturgie und Verkündigung zu einer Spiritualität des Kampfes und des Widerstandes im Dienste einer persönlichen und politischen Nachfolgepraxis im Sinne des Reiches Gottes ermutigen.

---

418 *Codina*, Sakramente 927.
419 Vgl. *Schupp*, Glaube 263.

6.2.5 Katechese und Bildung – Vermittlung des Glaubens im Dienst am Reich Gottes

6.2.5.1 Notwendigkeit und Bedingtheit religionspädagogischer Bemühungen
Trotz statistischer Zugehörigkeit der Bevölkerungsmehrheit zu einer christlichen Gemeinschaft oder Kirche ist es in unserer Gesellschaft nicht selbstverständlich, als Christin oder Christ die befreiende Praxis der messianischen Nachfolge zu leben. Das, was mit einem Leben in der Nachfolge Jesu gemeint ist, wird nicht schon im Rahmen einer bürgerlichen Erziehung in Familie und Schule vermittelt. Das Anliegen eines Lebens, das sich an der Reich-Gottes-Praxis und -Botschaft Jesu orientiert, ist auch nicht schon in einem sich religiös verstehenden oder in einem religiös interpretierten Humanismus aufgehoben; denn christlicher Glaube darf nicht gleichgesetzt werden mit einer allgemein menschlichen Religiosität als Ausdruck von Erfahrungen und Dimensionen des Lebens und der Geschichte, die nicht in zweckrationalen Kategorien ausgedrückt werden können. Allgemein menschlicher Religiosität steht der christliche Glaube insofern kritisch gegenüber, als er deren Mehrdeutigkeit aufdeckt.

In Abhebung von einer Religiosität, die den Menschen zu allen Zeiten und in allen Gesellschaften mehr oder weniger deutlich bewusst war bzw. ist, bezieht sich der christliche Glaube auf die biblisch bezeugte historische Praxis und Tradition und kann ohne diese nicht verstanden werden. Da es nicht selbstverständlich ist, sich auf das von Jesus bezeugte Reich Gottes einzulassen, muss zu einem Leben in der Nachfolge Jesu angeleitet, muss ein solches Leben eingeübt und muss zu dessen verantwortetem Verständnis hingeführt werden. Dazu sind religionspädagogische Prozesse des Glaubenlehrens und Glaubenlernens in Gang zu bringen und zu organisieren. Den religionspädagogischen Bemühungen geht es um das Einüben wesentlicher Glaubenshaltungen und -entscheidungen, um die Hinführung zum symbolischen Ausdruck und Feiern des Glaubens, um die Befähigung zu eigenverantworteter Reflexion des Glaubens und schliesslich um die Weckung zur Bereitschaft und die Qualifizierung zur Bezeugung des Reiches Gottes in der Nachfolge Jesu.

6.2.5.2 Verantwortung für die Gewissensbildung angesichts neuer Problemstellungen

Das Gewissen als Fähigkeit des Menschen, nach ethisch und theologisch bedeutsamen Kriterien zu urteilen und zu handeln und dies im Nachhinein auch zu reflektieren, ist keine inhaltlich gefüllte und als solche dem Menschen angeborene Grösse. Das Gewissen bildet sich vielmehr im Lauf des Lebens im Umgang mit den entscheidenden Bezugspersonen in Familie, Schule und Kirche heraus und wird durch das weitere gesellschaftliche Umfeld geprägt. Angesichts der familiären und sozio-historischen Bedingtheit des Gewissens darf dieses nicht vorschnell mit der Stimme Gottes gleichgesetzt werden. Zunächst ist es als anerzogenes Über-Ich vor allem die Stimme der ersten Bezugspersonen. Erst nach und nach kann sich anstelle eines starren, Über-Ich-fixierten, autoritätsabhängigen oder an Gesetzen orientierten Gewissens ein personales Gewissen mündiger und eigenverantwortlicher Erwachsener ausbilden.

Im Anschluss an Sigmund Freud hat Walter Furrer folgende Arten von Gewissen unterschieden: Das völlig unbewusste «biologische Gewissen», das sich im frühesten Kontakt eines Kindes mit den ersten Bezugspersonen herausbildet; das vorwiegend unbewusste «Über-Ich», das die internalisierten Normen der Umgebung beinhaltet; das teilweise bewusste «Ich-Ideal», das aus der Verinnerlichung eines idealisierten Elternideals entsteht; das bewusste «personale Gewissen», das Ausdruck der Eigenverantwortung einer reifen Persönlichkeit ist.[420]

Ein konkreter Gewissensentscheid entsteht aus einem komplexen Zusammenwirken der verschiedenen Gewissensarten, die sich nicht zeitlich ablösen, sondern ständig gegenwärtig bleiben. Selbst das personale Gewissen ist aber eingebunden in konkrete gesellschaftliche Rahmenbedingungen und von diesen mitbestimmt. Damit wird deutlich, dass das Gewissen nicht nur eine motivierende und orientierende Bedeutung für den Einzelnen bzw. die Einzelne hat, sondern auch eine gesellschaftliche Funktion erfüllt. Denn jede Gesellschaft versucht vermittels unausgesprochener Lern-

---

420 Vgl. *Furrer*, Psychoanalyse 47, vgl. ausführlicher ebd. 30–74.

ziele und z. T. ungewollter Lerneffekte, gewissermassen nach einem «heimlichen» oder «stillen Lehrplan» das Gewissen ihrer Mitglieder so auszubilden, dass diese im Rahmen der bestehenden Verhältnisse mehr oder weniger reibungslos mitmachen.

Das Gewissen der Einzelnen sollte letztlich im Dienst des physischen Überlebens, des geregelten Zusammenlebens und eines sinnvollen Lebens aller in einer Gesellschaftsformation stehen. In einem christlichen Verständnis muss sich das Gewissen auf der einen Seite an der Reich-Gottes-Praxis und -Botschaft Jesu und auf der anderen Seite an den Herausforderungen der im Licht des Evangeliums beurteilten Zeichen der Zeit orientieren. Damit das Gewissen der Einzelnen dies leisten kann, muss eine entsprechende Bildung der Gewissen auch in Bezug auf die Gestaltung der Verhältnisse in einer Gesellschaftsformation erfolgen. Da sich aber die gesellschaftlichen und globalen Herausforderungen historisch entwickeln, müssen sich die Gewissen entsprechend diesen Herausforderungen verändern. Das heisst dann, dass es nicht nur eine Verantwortung *vor* dem jeweiligen Gewissen gibt, sondern auch eine Verantwortung *für* das Gewissen geben muss und also die Aufgabe darin besteht, das Gewissen selbst zu bilden.

Die Gewissensbildung steht angesichts des Überlebens der Menschheit und der Natur, das durch die globalisierte neoliberale Marktlogik im Dienst der Kapitalakkumulation in Frage gestellt ist, vor ganz neuen Herausforderungen und vor der Aufgabe, sich fundamental neu zu orientieren. Für die Bewältigung der anstehenden Probleme der Menschheit genügt eine vor allem an der persönlichen Tugendhaftigkeit orientierte Gewissensbildung mit den entsprechenden Gewissensinhalten nicht mehr. Es geht nicht mehr nur um ein sittlich richtiges Verhalten *innerhalb* eines vorgegebenen und nicht hinterfragbaren Handlungsrahmens, sondern die Gestaltung *dieses* Rahmens selbst wird zur Gewissensfrage. Die Gewissensbildung müsste sich im Sinn der Wahrnehmung der Verantwortung *für* das Gewissen an der Erhaltung der Bedingungen der Möglichkeit des Lebens Einzelner, der Völker und der Natur orientieren.

6.2.5.3 Den Glauben verantworten

Zum christlichen Glauben gehören wesentlich die Bereitschaft und die Fähigkeit, ihn zu verantworten, wozu der erste Petrusbrief auffordert:

> «Seid stets bereit, jedem Rede und Antwort zu stehen, der nach der Hoffnung fragt, die euch erfüllt» (1 Petr 3,15).

Ein solcher Glaube hat einen der Vernunft zugänglichen Gehalt, über den deshalb auch vernünftig und verantwortet Rechenschaft abgelegt werden kann. Der Glaube muss intellektuell redlich verantwortet werden. Damit ist nicht gemeint, der Glaube könne in seiner Gesamtheit logisch begründet und rational bis ins Letzte durchdrungen werden. Wohl aber ist damit gemeint, dass über den Glauben vernünftig geredet und dass argumentativ die mit ihm verbundene Hoffnung zur Sprache gebracht werden kann. Christlicher Glaube darf also nicht mit irrational-diffuser Religiosität allgemeiner Art verwechselt werden; denn es stehen sich nicht eine vernünftige Welt und ein unvernünftiger Glaube gegenüber. Sondern es geht um die Alternative zwischen dem Glauben mit seiner Vernunft auf der einen und um die Welt mit ihrer Vernunft auf der anderen Seite.

Im Horizont des Reiches Gottes wird die Frage nach der Hoffnung, die uns erfüllt, zur Frage nach der Option. Es geht um die Entscheidung, sich entweder dem Reich Gottes und seiner Logik des Lebens zu öffnen oder sich den Anti-Reichen der Welt und ihrer Logik des Todes anzupassen oder unterzuordnen. Gegen die durchstrukturierte Todeslogik des «totalen Marktes» im «totalen Kapitalismus» darf der christliche Glauben nicht eine diffus-verschwommene religiöse Rede stellen. Vielmehr muss im Licht des Reiches Gottes und seiner Logik eines Lebens in Fülle für alle Menschen die Funktionsweise der Anti-Reiche aufgedeckt und als Logik des Todes entlarvt werden.

6.2.5.4 Bildung als Befähigung zur dreifachen Vermittlung des Glaubens

Sich diesen Fragen zu stellen, ist Aufgabe religiöser, kirchlicher und theologischer Bildung. Damit sie dies zu leisten vermag, ist Bildung als Befähigung bzw. als Fähigkeit zur dreifachen sozial-analytischen (Sehen), hermeneutischen (Urteilen) und praktischen (Handeln) Vermittlung des Glaubens zu konzipieren. Dieses Verständnis von Bildung im Sinne der dreifachen Vermittlung des Glaubens bezieht sich ebenso auf das persönlich-existenzielle Leben und dessen Entwurf wie auf die pastoral-konzeptionelle Situation und deren Konzeption wie auch auf die politischen Verhältnisse und das angezielte historische Projekt. Bildung soll dazu befähigen, die persönliche, pastorale und politische Situation analysieren und im Licht des Evangeliums vom Reich Gottes beurteilen zu können, um dann persönlich, pastoral und politisch ebenso situationsgerecht wie evangeliumsgemäss zu handeln.

Ein solches Bildungsverständnis ist einer nicht-idealistischen und kritischen Theorie- und Wissenschaftskonzeption verpflichtet. Danach steht das Nachdenken über den Glauben auf allen (Theorie-) Ebenen im Dienst einer die Geschichte im Sinne des Reiches Gottes gestaltenden Praxis. Es können dabei drei Theorieebenen unterschieden werden, die sich aber nur hinsichtlich der Differenzierung und theoretischen Formalisierung, nicht aber hinsichtlich ihrer Grundstruktur und ihres Grundanliegens voneinander abheben. Clodovis und Leonardo Boff unterscheiden eine «populare», «pastorale» und «professionelle» Ebene.[421] Bezogen auf die europäischen Verhältnisse könnten diese so umschrieben werden:

- *Elementares* Nachdenken über den Glauben: Einzelne, Gruppen und Gemeinden konfrontieren das Leben mit dem Evangelium vom Reich Gottes: hier der skandalöse Graben zwischen Armen und Reichen auch bei uns mit Working poor und Managern, die das Mehrhundertfache der Löhne der untersten Angestellten beziehen, und dort die Praxis des Teilens (vgl. Mk 6,30–44) und die Orientierung an einem Bedarfslohn (vgl. Mt 20,1–16); hier die zunehmende Diskriminierung und Ausgrenzung von Menschen aufgrund ethnischer, kultureller, sprachlicher oder religiöser Unterschiede und dort die Vision des Reiches Gottes als Überwindung jeglicher Trennungen und Diskriminierungen im Sinne eines Festes offener Kommensalität und die Kriterien in der Gerichtsrede des Matthäusevangeliums (vgl. Mt 25,31–46).

---

421 Vgl. *Boff L./Boff C.*, Theologie 22–31.

- *Pastorales* Nachdenken über den Glauben: Frauen und Männer im kirchlichen Dienst und Erwachsenenbildnerinnen und Erwachsenenbildner gehen nach dem Dreischritt von «sehen – urteilen – handeln» vor, indem sie ihre Situation vor Ort und in der Gesellschaft analysieren, im Licht des Evangeliums vom Reich Gottes beurteilen und danach persönliche, pastorale und politische Handlungsstrategien für Einzelne, Gruppen und Gemeinden entwerfen.
- *Professionelles* Nachdenken über den Glauben. Das geschieht durch Berufstheologen und -theologinnen, die sich eines differenzierten und wissenschaftstheoretisch begründeten human- und sozialwissenschaftlichen sowie theologischen Instrumentariums bedienen. Sie folgen der Methode der dreifachen sozial-analytischen, hermeneutischen und praktischen Vermittlung des Glaubens.

Das Grundanliegen der Bildung als Grundfunktion besteht darin, dazu zu befähigen, die wirtschaftlich-ökologischen, politischen und kulturell-weltanschaulich-religiösen Verhältnisse und Praktiken in einer Gesellschaftsformation aufgrund der Option für die «Armen und Bedrängten aller Art» aus deren Optik zu analysieren, im Licht des Reiches Gottes und seiner Gerechtigkeit zu beurteilen, um zu einer Veränderungspraxis hin zum Reich Gottes zu gelangen. Da die Beurteilung der national und global herrschenden ökonomischen Strukturen und Praktiken angesichts ihrer tödlichen Folgen für einzelne Menschen, für das soziale Zusammenleben und die Natur zu einer zentralen Frage des Glaubens geworden ist, muss eine grundlegende Alphabetisierung der Christinnen und Christen in Wirtschaftsfragen auf allen Ebenen erfolgen. Dies hätte Konsequenzen für die gemeindliche und kirchliche Bildungsarbeit. Dieser dürfte es nicht mehr nur um eine von der gesellschaftlichen Wirklichkeit mehr oder weniger abgehobene Selbstfindung der Einzelnen gehen. Sie dürfte sich nicht mehr bloss mit der Frage beschäftigen, wie aufgeklärte und mündige Katholiken und Katholikinnen mit der traditionellen Glaubenslehre der Kirche zurechtkommen können. Gegenstand kirchlicher Bildungsarbeit dürften auch nicht mehr vor allem kircheninterne Probleme sein. Letztlich müsste sich kirchliche Bildungsarbeit als Moment einer persönlichen, pastoralen und politischen Praxis verstehen, die sich um eine Reich-Gottes-verträgliche Gestaltung der gesellschaftlichen und globalen Verhältnisse bemüht.

6.2.6 Diakonie – Einsatz für Reich-Gottes-verträgliche Lebensbedingungen

6.2.6.1 Theologische Begründung der Diakonie

Entsprechend dem universalen und absoluten Kriterium christlichen Handelns, wie es in der Gerichtsrede des Matthäusevangeliums formuliert ist (vgl. Mt 25,31–46; Jak 2,14–17), realisiert die Kirche ihre Identität als Kirche Jesu Christi entscheidend durch eine an der Vision der offenen Kommensalität des Reiches Gottes orientierte Praxis im Dienst der *oikumene* als des bewohnten Erdkreises bzw. des für alle Menschen wieder bewohnbar zu machenden Erdkreises. Diakonie als Grundfunktion der Kirche meint den Einsatz zur Verringerung bzw. Beseitigung materieller, sozialer und seelischer Not und ihrer strukturellen Ursachen. Aufgrund der in Jesus Christus offenbar gewordenen Einheit von Nächsten- und Gottesliebe begründet Karl Rahner die gesellschaftspolitische und -kritische Aufgabe und Weltverantwortung der Kirche theologisch:

> «So radikal Wesen, Aufgabe und Sendung der Kirche sich auch von einem bloss innerweltlichen Humanismus unterscheiden, so gehört eben gerade doch vom Wesen der Kirche und des Christentums selbst her diese Weltverantwortung zur Aufgabe der Kirche. Gottesliebe und Nächstenliebe bedingen sich im letzten Verstand radikal gegenseitig. Eines ist die Vermittlung des anderen. Wenn aber im Unterschied zu früher eine Gesellschaft mobil geworden ist, wenn sie aus den verschiedensten Gründen verändert werden kann und muss, um dem einzelnen möglichst grossen Raum von Gerechtigkeit und Freiheit einzuräumen, dann kann die Aufgabe der christlichen Nächstenliebe (und der in ihr implizierten Tugend der Gerechtigkeit) sich nicht mehr auf die private Beziehung der einzelnen untereinander beschränken. Die Nächstenliebe erhält in einer solchen Gesellschaft notwendig auch (nicht nur!) einen gesellschaftspolitischen Charakter, wird notwendig auch der Wille zu einer besseren Gesellschaft, ist nicht nur Gesinnung, nicht nur

private Beziehung zwischen einzelnen, sondern geht auch auf die Veränderung der gesellschaftlichen Institutionen, oder sie ist nicht das, was sie sein muss.»[422]

Angesichts von ideologisch die gesellschaftlichen Verhältnisse rechtfertigenden Tendenzen kirchlicher Kreise fordert Rahner nicht nur eine Bewusstseinsveränderung, sondern im Sinn der strukturellen oder politischen Diakonie eine gesellschaftskritische und gesellschaftsverändernde Praxis der Glieder der Kirche.

«Das Bewusstsein der Kirche [ist] in ihren Gliedern und auch ihren Amtsträgern noch längst nicht so radikal sensibilisiert, wie es gegenüber der von der christlichen Liebe geforderten gesellschaftskritischen und gesellschaftsverändernden Aufgabe der Christen sein müsste. Sonst könnte der doch mindestens sehr weitgehend berechtigte Verdacht, die Kirche sei nur eine konservative, das Bestehende verteidigende Macht, gar nicht aufkommen. Wegen der Macht des faktisch in der Gesellschaft Gegebenen ist dann auch die nur zu oft realisierte Gefahr da, dass gescheite Theologen und Amtsträger in der Kirche die nötige Ideologie für die Rechtfertigung dieses Faktischen nur allzu bereit und gescheit liefern, zumal solche Theologen und Amtsträger, ob sie es merken oder nicht, den privilegierten Gruppen einer solchen Gesellschaft angehören und darum fast instinktiv und unreflektiert von der Güte der gesellschaftlichen Institutionen schon überzeugt sind, bevor sie sie ideologisch zu untermauern beginnen.»[423]

Ebenen, Formen und Dimensionen der Diakonie 6.2.6.2

Diakonie als Hilfe zur Bewältigung des Lebens mit dem Ziel, materielle, soziale und seelische Not zu verringern oder zu beseitigen, beginnt in schlichten Formen alltäglicher Begegnungen mit Menschen in der Familie, am Arbeitsplatz, unter Kolleginnen und Kollegen und in der Nachbarschaft, wenn Christinnen und Christen aufgrund der «innigsten Verbindung der Kirche mit der ganzen Völkerfamilie» sich «Freude und Hoffnung, Trauer und Angst der Menschen dieser Zeit, besonders der Armen und Bedrängten aller Art» zu eigen

---

422 *Rahner*, Strukturwandel 146 f.
423 Ebd. 148.

machen. Überall wo Menschen Zeit füreinander haben, Sorgen wahrnehmen, Nöte ernst nehmen, einander in Trauer, Einsamkeit oder Schuld beistehen, wo also erfahrbar wird, dass einer des anderen Last trägt (vgl. Gal 6,2), da gibt es eine unspektakuläre Diakonie im privaten Bereich als mitmenschliche Diakonie nichtprofessioneller Art.

Auf einer nächsten Ebene geschieht Diakonie in besonderen Krisensituationen, wenn jemand Hilfe braucht und diese Hilfe psychologischer, sozialarbeiterischer, juristischer oder medizinischer Art auf professionelle Weise geleistet wird. Dazu gehören auch Telefon-, Krankenhaus-, Notfall- oder Gefängnisseelsorge.

Eine andere Form der Diakonie besteht im Aufbau oder der Förderung von Selbsthilfeorganisationen. Eine christliche Gemeinde kann zur Bildung solcher Selbsthilfegruppen die Initiative ergreifen und/oder ihre Infrastruktur (Räume, Sekretariat, Finanzen usw.) zur Verfügung stellen. Entscheidend kommt es dabei darauf an, dass die Betroffenen selbst ihr Geschick in die Hand nehmen können.

Eine weitere Ebene der Diakonie betrifft das Gemeinwesen, also den Ort oder das Quartier einer Stadt. Innerhalb ihres jeweiligen Gemeinwesens müsste sich eine christliche Gemeinde so organisieren und engagieren, dass die Bewohnerinnen und Bewohner dieses Gemeinwesens ihr Leben – unabhängig von Konfessionszugehörigkeit oder Nationalität – im Sinn des Subsidiaritätsprinzips weitgehend selbst in die Hand nehmen und gestalten können.

> «Der Begriff Gemeinwesenarbeit […] bezeichnet einen Prozess, in dessen Verlauf ein Gemeinwesen seine Bedürfnisse und Ziele feststellt, sie ordnet oder in eine Rangfolge bringt, Vertrauen und den Willen entwickelt, etwas dafür zu tun, innere und äussere Quellen mobilisiert, um die Bedürfnisse zu befriedigen, dass es also in dieser Richtung aktiv wird und dadurch die Haltungen von Kooperation und Zusammenarbeit und ihr tätiges Praktizieren fördert.»[424]

Die diakonische Sendung einer christlichen Gemeinde vor Ort bzw. der gesamten Kirche erstreckt sich auch auf den gesellschafts- und sozialpolitischen Bereich. Neben der cari-

---
424 *Ross*, Gemeinwesenarbeit 58.

tativen oder sozialen Diakonie kommt damit die politische oder strukturelle Diakonie in den Blick. Dieser geht es um die Gestaltung der gesellschaftlichen Verhältnisse. Sie geht zusammen mit einer Theologie, die als kritische Instanz in der Kirche ihren gesellschaftlichen Ort konsequent auf der Seite der Armen und Randständigen einnimmt.

> «‹Politische Diakonie› im Sprachgebrauch dieser Theologie meint jene Formen und Handlungen christlicher Praxis, die auf die Bekämpfung oder Verhinderung unnötigen, unsinnigen Leidens als Folge ungerechter gesellschaftlicher Verhältnisse abzielt. [...] Wo Diakonie sich einseitig auf die Linderung individueller Not und individuellen Leidens fixiert, steht sie in Gefahr, die gesellschaftlichen Ursachen von Leiden aus dem Blick zu verlieren und – gewollt oder ungewollt – dazu beizutragen, dass die Wurzeln solchen Leidens erhalten bleiben.»[425]

Caritative und politische Diakonie dürfen nicht gegeneinander ausgespielt werden. Sie sind beide gleich notwendig und dialektisch aufeinander bezogen.

Auf einer nächsten Ebene der Diakonie geht es um entwicklungs- und friedenspolitische Fragen im Rahmen der globalisierten neoliberal totalisierten Marktlogik im Interesse der Kapitalakkumulation. Gerade in der römisch-katholischen Kirche müsste es angesichts der unter den Angehörigen dieser weltumspannenden Kirche selbst vorhandenen tödlichen Mechanismen wirtschaftlicher Ausbeutung, politischer Abhängigkeit und kultureller Bevormundung darum gehen, zur Überwindung dieser asymmetrischen Verhältnisse beizutragen. Ohne Analyse und Kritik der herrschenden kapitalistischen Weltwirtschafts(un)ordnung als der real existierenden Gegenmacht zum Reich Gottes und seiner Gerechtigkeit und ohne den Versuch, zusammen mit allen Menschen guten Willens den Götzendienst an den Interessen des Kapitals zu verweigern und eine gerechtere, solidarischere und friedlichere Gesellschaft und Welt aufzubauen, gibt es keinen christlichen Glauben, der diese Bezeichnung wirklich verdient.

Vom Reich Gottes her erhält die Diakonie als Grundfunktion der Kirche sowohl grundsätzliche Motivation als

---

[425] *Steinkamp*, Diakonie 108. Zu den Möglichkeiten einer Gemeinde vor Ort vgl. *Grosse*, Kirchgemeinden.

auch inhaltliche Orientierung. Mit dem Reich Gottes ist nach dem biblischen Zeugnis die grundlegende Option für das Leben verbunden. Das beinhaltet den Einsatz für die Erhaltung der Bedingungen der Möglichkeit von Leben überhaupt. Das geschieht durch einen Umgang mit der Natur, die diese als Lebensgrundlage auch für die künftigen Generationen erhält. Das geschieht durch eine Art und Weise der Gestaltung des gesellschaftlichen und globalen menschlichen Zusammenlebens, durch die niemand ausgeschlossen wird und alle Platz haben.

Das Reich Gottes als solidarisch offene Gemeinschaft von Menschen, die sich gegenseitig als materiell, sozial und kulturell bedürftige Subjekte anerkennen, gibt inhaltliche Orientierung sowohl für die caritative wie auch für die politisch-strukturelle Diakonie. Das diakonische Handeln der Kirche könnte sich an den Kriterien für eine Reich-Gottes-Verträglichkeitsprüfung gesellschaftlicher Verhältnisse (vgl. 5.1.4.3) orientieren.

6.2.7 Zum Verhältnis der Grundfunktionen und deren Gewichtung

Die vier Grundfunktionen kommen in der konkreten Praxis der kirchlichen Gemeinden nicht rein vor. Zwar kann alles, was in der Gemeinde oder der Kirche geschieht, schwerpunktmässig einer der vier Grundfunktionen zugeordnet werden, es hat aber jeweils immer auch Anteile an den anderen.

So gehört ein Gottesdienst zunächst zur Grundfunktion «Liturgie und Verkündigung», hat aufgrund seiner gemeinschaftsstiftenden Funktion aber auch Anteil an der Grundfunktion «Koinonie», wegen der durch ihn vermittelten Ermutigung zum Leben auch Anteil an der Grundfunktion «Diakonie» und durch die Orientierung, die er zu geben vermag, auch Anteil an der Grundfunktion «Katechese und Bildung».

Eine Erwachsenenbildungsveranstaltung gehört zunächst zur Grundfunktion «Katechese und Bildung», ist aber auch ein Ort der Begegnung im Sinne der «Koinonie», kann Hilfe zum Leben im Sinne der «Diakonie» leisten oder hat Anteil an «Liturgie und Verkündigung», wenn es um das Verstehen dessen geht, was dort in Symbolsprache und -handlung geschieht.

Ein Projekt im diakonischen Bereich gehört zunächst zur Grundfunktion «Diakonie», kann aber zudem gemeinschaftsstiftend im Sinne der «Koinonie» wirken und hat Anteil an «Katechese und Bildung», weil es im Sinne der sozial-analytischen und hermeneutischen Vermittlung des Glaubens reflektiert werden muss.

Ein Wochenende des Pfarreirats im Dienst am Aufbau der Gemeinde ist wesentlich der Grundfunktion «Koinonie» zugeordnet, enthält aber je nach der gewählten Thematik auch Elemente der drei anderen Grundfunktionen.

Wichtig ist, dass in einer Gemeinde und in der Kirche insgesamt auf die Dauer alle vier Grundfunktionen zum Zug kommen und keine auf die Dauer ganz ausfällt. Ebenso entscheidend aber ist, dass sie jeweils im Sinne des Reiches Gottes und seiner Gerechtigkeit wahrgenommen werden. Die Grundfunktionen sollen zwar in einem gewissen Gleichgewicht zueinander stehen, doch besteht ein theologisch relevantes Gefälle zur Achse «Koinonie» – «Diakonie» hin, da es in einem christlichen Glaubensverständnis letztlich um die konkret gelebte Praxis geht. In diesem Sinn sind die Grundfunktionen «Liturgie und Verkündigung» und «Katechese und Bildung» der Achse «Koinonie» – «Diakonie» zu- und untergeordnet, stehen in deren Dienst und haben keinen Selbstzweck. Sie sind zwar unverzichtbar, machen aber nicht das Eigentliche des Glaubens aus, und ihre Wahrnehmung vermag die christliche Identität der Kirche nicht zu garantieren. Es kann im Sinn der «Autorität der Leidenden» (Johann Baptist Metz) von einer nicht nur situativen, sondern prinzipiellen Priorität der Grundfunktion «Diakonie» gesprochen werden.

> «Wo freilich nicht die prinzipielle, sondern nur die situative Prävalenz der Diakonie vertreten wird, verkommt leicht die Fähigkeit, Not und Unterdrückung auch dort wahrzunehmen, wo sie sich nicht selber melden bzw. wo sie durch Beschwichtigungsstrategien am Aufschreien verhindert werden. Nur die grundsätzliche Prävalenz der Diakonie rettet auch die unbestechliche Wächteraufgabe der Notwahrnehmung im

Horizont der ebenso prinzipiellen Voraussetzung, dass die Leidenden selbst die Kompetenz haben, ihre Situation zu definieren und die Klage zu führen. […] Nur wer von vorneherein in Theologie und Spiritualität den Vorrang des Leidenden akzeptiert, wird überhaupt erst eine situative Prävalenz konkret wahrnehmen können.»[426]

6.3 Reich-Gottes-Verträglichkeitsprüfung für die Kirche

Im Sinne einer Zuspitzung der Fragestellung und in praktischer Absicht sollen im Anschluss an die Überlegungen, in welcher Weise die Kirche die Grundfunktionen wahrnehmen müsste, Thesen für eine Reich-Gottes-Verträglichkeitsprüfung der Kirche formuliert werden.

6.3.1 Teure statt billige Zugehörigkeit der Kirche zum Reich Gottes

In Analogie zu Dietrich Bonhoeffers grundlegender und zentraler Unterscheidung von «billiger Gnade» und «teurer Gnade» könnte von einer billigen und einer teuren Weise der Zugehörigkeit der Kirche zum Reich Gottes gesprochen werden.

Bonhoeffer umschreibt die billige Gnade als Gnade ohne Nachfolge so:

> «Billige Gnade ist der Todfeind unserer Kirche. Unser Kampf heute geht um die teure Gnade. Billige Gnade heisst Gnade als Schleuderware, verschleuderte Vergebung, verschleuderter Trost, verschleudertes Sakrament; Gnade als unerschöpfliche Vorratskammer der Kirche, aus der mit leichtfertigen Händen bedenkenlos und grenzenlos ausgeschüttet wird; Gnade ohne Preis, ohne Kosten. Das sei ja gerade das Wesen der Gnade, dass die Rechnung im voraus für alle Zeit beglichen ist. Auf die gezahlte Rechnung hin ist alles umsonst zu haben. […] Was wäre auch Gnade, die nicht billige Gnade ist? Billige Gnade heisst Gnade als Lehre, als Prinzip, als System; heisst Sündenvergebung als allgemeine Wahrheit, heisst Liebe Gottes als christliche Gottesidee. Wer sie bejaht, der

---

426 *Fuchs*, Kirche 286 f.

hat schon Vergebung seiner Sünden. Die Kirche dieser Gnadenlehre ist durch sie schon der Gnade teilhaftig. In dieser Kirche findet die Welt billige Bedeckung ihrer Sünden, die sie nicht bereut und von denen frei zu werden sie erst recht nicht wünscht. Billige Gnade ist darum Leugnung des lebendigen Wortes Gottes, Leugnung der Menschwerdung des Wortes Gottes. Billige Gnade heisst Rechtfertigung der Sünde und nicht des Sünders. Weil Gnade doch alles allein tut, darum kann alles beim alten bleiben. [...] Billige Gnade ist die Gnade, die wir mit uns selbst haben. [...] Billige Gnade ist Gnade ohne Nachfolge, Gnade ohne Kreuz, Gnade ohne den lebendigen, menschgewordenen Jesus Christus.»[427]

Unter der teuren Gnade versteht Bonhoeffer eine Gnade mit Nachfolge:

«Teure Gnade ist der verborgene Schatz im Acker, um dessentwillen der Mensch hingeht und mit Freuden alles verkauft, was er hatte; die köstliche Perle, für deren Preis der Kaufmann alle seine Güter hingibt; die Königsherrschaft Christi, [...] der Ruf Jesu Christi, auf den hin der Jünger seine Netze verlässt und nachfolgt. Teure Gnade ist das Evangelium, das immer wieder gesucht, die Gabe, um die gebeten, die Tür, an die angeklopft werden muss. Teuer ist sie, weil sie in die Nachfolge ruft, Gnade ist sie, weil sie in die Nachfolge *Jesu Christi* ruft; teuer ist sie, weil sie dem Menschen das Leben kostet, Gnade ist sie, weil sie ihm so das Leben erst schenkt; teuer ist sie, weil sie die Sünde verdammt, Gnade, weil sie den Sünder rechtfertigt. [...] Teuer ist die Gnade, weil sie den Menschen unter das Joch der Nachfolge Jesu Christi zwingt, Gnade ist es, dass Jesus sagt: ‹Mein Joch ist sanft und meine Last ist leicht›.»[428]

Billig wäre die Zugehörigkeit der Kirche zum Reich Gottes, wenn sie meinte, bereits aufgrund des apostolischen Ursprungs oder der blossen Verkündigung des Reiches Gottes zu diesem zu gehören. Teuer ist die Zugehörigkeit der Kirche zum Reich Gottes, wenn die Kirche im Glauben daran, dass ihr alles andere dazugegeben wird, zuerst das Reich Gottes und seine Gerechtigkeit sucht, wenn sie *ad intra* (nach innen) selbst Reich-Gottes-verträglich zu sein versucht und sich *ad extra* (nach aussen hin) für Reich-Gottes-verträgliche Ver-

---

427 *Bonhoeffer*, Nachfolge 29 f.
428 Ebd. 30 f.

hältnisse einsetzt. Die folgenden Thesen dienen einer teuren Zugehörigkeit der Kirche zum Reich Gottes.[429]

6.3.2 Thesen für eine Reich-Gottes-Verträglichkeitsprüfung der Kirche

6.3.2.1 Option klären und für das Leben eintreten
Eine Kirche ist so weit Reich-Gottes-verträglich, wie sie sich von der Option für die Erhaltung der Bedingungen der Möglichkeit eines Lebens in Fülle und Würde für alle Menschen und für die Bewahrung der natürlichen Lebensgrundlagen leiten lässt.

Auch eine Kirche kann nicht nicht optieren, und es gibt auch für sie keinen vermeintlich unpolitischen, objektiv-neutralen Standpunkt. Unausweichlich hat jede religiöse Rede politische Implikationen, ist jede kirchliche Praxis parteiisch und jede theologische Erkenntnis interessengeleitet. Entscheidend muss es einer Kirche darum gehen, ihre faktisch getroffene Option zu klären und sie am Reich Gottes und seiner Gerechtigkeit auszurichten.

6.3.2.2 Aus der Sicht der «Armen und Bedrängten»
von den Zeichen der Zeit ausgehen
Eine Kirche ist so weit Reich-Gottes-verträglich, wie sie aufgrund ihrer Option für die Erhaltung der Bedingungen der Möglichkeit von Leben die herrschenden Verhältnisse aus der Sicht von deren Opfer analysiert, sie im Licht des Reiches Gottes beurteilt, um sie Reich-Gottes-verträglich mitgestalten zu können.

Ausgangspunkt kirchlichen Bemühens dürfte nicht eine theologische Lehre, sondern müssten die Zeichen der Zeit sein. Diese sind ein theologischer Ort, weil sich erst aufgrund der Beurteilung der Zeichen der Zeit im Licht des Reiches Gottes Kriterien und Perspektiven für eine persönliche, pastorale und politische Glaubenspraxis ergeben. Das methodisch induktive (bzw. abduktive) Vorgehen im Sinne der dreifachen Vermittlung des Glaubens nimmt die Wirklichkeit und deren Opfer ernst und steht im Dienst der Gestaltung Reich-Gottes-verträglicher Verhältnisse.

---

429 Vgl. *Eigenmann*, Reich 185–189.

6.3.2.3 Gottesfrage in praktischer Absicht als Frage nach dem Gott des Lebens und den Götzen des Todes neu stellen

Eine Kirche ist so weit Reich-Gottes-verträglich, wie sie in Bezug auf die idolatrische Totalisierung von Prinzipien und Projekten, Ideen und Institutionen und angesichts von deren zerstörerischen Folgen die Frage nach Gott als Frage nach dem Gott des Lebens und den Götzen des Todes in praktischer Absicht neu stellt.

Eine der folgenschwersten Formen von Vergötzung stellt heute die Totalisierung des neoliberalen Marktradikalismus im Interesse der prinzipiell unbegrenzten Kapitalakkumulation dar, die einen Kollektivsuizid der Menschheit in Kauf nimmt. Das theologische Hauptproblem ist nicht der Atheismus, sondern die Duldung von Götzen. Angesichts idolatrischer Verhältnisse und Praktiken muss der *status confessionis* oder der *processus confessionis* erklärt werden. Damit ist gemeint, dass die prinzipielle Verweigerung gegenüber götzendienerischen Ansprüchen die Voraussetzung für ein gemeinsames Glaubensbekenntnisses darstellt (*status confessionis*) oder dass eine grundsätzliche Diskussion über die Möglichkeit eines gemeinsamen Bekenntnisses geführt werden muss (*processus confessionis*). Selbstkritisch müsste die Kirche davon ausgehen, dass sie selbst nicht prinzipiell davor gefeit ist, ihre eigenen Strukturen oder Gesetze idolatrisch zu verabsolutieren.

6.3.2.4 Glaubwürdigkeit anstreben

Eine Kirche ist so weit Reich-Gottes-verträglich, wie sie in der Weise glaubwürdig ist, dass sie konkret lebt, was sie als Reich-Gottes-Botschaft verkündet, und praktisch bezeugt, was sie als Reich-Gottes-Praxis liturgisch feiert.

Für eine Kirche gibt es keinen anderen Weg der Authentizität als die glaubwürdige Nachfolge Jesu im Dienst am Reich Gottes. Dazu gehört, dass eine Kirche ihre eigenen Verhältnisse und den Umgang miteinander innerhalb der Kirche auf allen Ebenen im Sinne des Reiches Gottes gestaltet bzw. pflegt. Nur um den Preis seiner Pervertierung kann das Reich Gottes als heilend-befreiende Wirklichkeit autoritär-unfreiheitlich bezeugt werden. Die Glaubwürdigkeit einer Kirche hängt auch davon ab, dass sie in Kauf nimmt, aufgrund der

Bezeugung des unzeitgemässen Reiches Gottes kritisiert zu werden. Um ihrer Glaubwürdigkeit willen sollte sie aber alles daran setzen, nicht aufgrund anachronistischer Ungleichzeitigkeiten angefeindet zu werden. Eine solche Ungleichzeitigkeit ist es, wenn die Kirche mit Berufung auf ihre hierarchische Struktur demokratische Elemente für sich selbst ablehnt, dabei aber vergisst, wie sie,

> «offensichtlich ohne das geringste Zögern, die zivilen Formen kaiserlich-autoritärer, feudalistischer und später monarchisch-absolutistischer Regierungssysteme als selbstverständlich auch für sich angenommen und als solche für legitim erachtet»[430].

6.3.2.5 Die Taufe ernst(er) nehmen

Eine Kirche ist so weit Reich-Gottes-verträglich, wie sie die Taufe als grundlegendes Sakrament der Umkehr und des Glaubens im Sinne der Abkehr von den privaten und gesellschaftlichen Götzen und der Hinkehr zum Gott des Lebens wieder ernst(er) nimmt.

Soll die Taufe als Feier der Einweisung in eine am Reich Gottes orientierte Nachfolgepraxis ernst(er) genommen wurden, müsste die Taufpastoral in den Grosskirchen grundsätzlich diskutiert werden. Dazu gehört auch die Problematik der Säuglingstaufe, die Karl Barth als «Schlaftaufe» bezeichnet hat, deretwegen es so viel «Schlafchristlichkeit und so wenig bekennende Christen»[431] gebe. Neben der Praxis der Kindertaufe müsste in unseren Verhältnissen auch in dem Sinn das Problem der «Taufe der Reichen»[432] diskutiert werden, dass – wie dies der Reformierte Weltbund in Accra festgehalten hat – nicht jede Option mit dem Gottesglauben und der Zugehörigkeit zur Nachfolgegemeinschaft vereinbar ist. Bereits Paulus hatte mit der Taufe – gemäss dem Reich-Gottes-Zeugnis Jesu – die Überwindung gesellschaftlicher Trennungen und Diskriminierungen verbunden (vgl. Gal 3,26–28).

---

430 *Schillebeeckx*, Menschen 274.
431 *Schneider*, Zeichen 99.
432 Vgl. *Codina*, Sakramente 921.

6.3.2.6 Evangeliumsgemässere Gestalt suchen

Eine Kirche ist so weit Reich-Gottes-verträglich, wie sie sich um eine «evangeliumsgemässere Gestalt» bemüht, die sich ad intra an der offenen Kommensalität des Reich Gottes orientiert und die ihr ad extra die Unabhängigkeit verleiht, gegen den Zeitgeist das Reich Gottes und seine Gerechtigkeit zu bezeugen.

Die Sozialform der Kirche als die Art und Weise, wie sie gesellschaftlich verfasst ist – als privilegierte Volkskirche, freikirchliche Gemeinschaft, diakonische Gemeindekirche der Basis usw. –, ist gegenüber dem Reich Gottes nicht neutral. Eine Kirche müsste das Basileia-Paradox aushalten, indem sie ihre institutionelle Struktur konsequent in den Dienst des prinzipiell nicht institutionalisierbaren Reiches Gottes stellt, denn:

> «Die Strukturen, Normen, institutionellen Realitäten müssen durch das Reich Gottes normiert werden und nicht umgekehrt: Das Reich Gottes darf nicht durch sie normiert werden.»[433]

6.3.2.7 Aufgrund sachlicher Gemeinsamkeiten kooperieren

Eine Kirche ist so weit Reich-Gottes-verträglich, wie sie mit all jenen Menschen, Gruppen, Bewegungen und Institutionen zusammenarbeitet, die auf eine solidarisch-egalitär-offene Gesellschaft und Welt im Sinne des Reiches Gottes hinarbeitet, auch wenn sie dies nicht explizit biblisch oder religiös begründen.

Das Reich Gottes ist nach dem biblischen Zeugnis keine religiöse Binnengrösse und nicht auf die Kirche beschränkt, im Gegenteil:

> «Das Reich reicht über die Kirche hinaus, es ist nicht nur intraekklesial, es verwirklicht sich in der Geschichte, in der Welt, in der Säkularität, auf dem soziopolitischen, ökonomischen und kulturellen Feld, in den Strukturen und Lebensbedingungen der Völker.»[434]

---

433 *Quiroz*, Ekklesiologie 257.
434 *Codina*, Sakramente 910.

6.4 Zum Umgang mit aktuellen Herausforderungen

Vor dem Hintergrund der bisherigen grundsätzlichen Überlegungen zur Praxis der Kirche sollen im Folgenden drei konkrete Probleme erörtert werden, mit denen die Kirche und die Praktische Theologie konfrontiert sind. Es geht um die Fragen, wie der Glaube in Zukunft tradiert werden soll, wie die Kirche mit ihrer faktischen Beschränkung auf wenige traditionelle Milieus umgehen und welche Sozialformen sie ausbilden soll.

6.4.1 Von der kulturell-sozialen über die pädagogische zur missionarischen Tradierung

Seit der Konstantinischen Wende im 4. Jahrhundert wurde der Glaube der Kirche über Jahrhunderte hindurch kulturell weitergegeben. Die kulturelle Tradierung des Christentums wurde seit dem 16. Jahrhundert nach und nach durch die pädagogische abgelöst.

> «Es war [...] im wesentlichen die Reformation, welche die mit der Renaissance offenkundig werdende Wandlung des menschlichen Selbstverständnisses aufnahm, und eine ‹Religion der Innerlichkeit› propagierte. Ihr antwortete die Gegenreformation zwar mit einer besonderen Betonung der institutionellen Elemente des Christentums, doch ging dies mit einer Verbreitung der Volksbildung einher [...]. Bewusst religiöse Erziehung beginnt nunmehr die Funktion der fraglosen kulturellen Tradierung zu übernehmen.»[435]

Angesichts von gesellschaftlichen Verhältnissen, in denen Jugendliche nicht mehr ausschliesslich mit einer christlich oder katholisch geprägten Weltinterpretation in Berührung kommen, sondern mit einer Vielfalt sich konkurrierender Weltanschauungen konfrontiert sind, plädiert Franz-Xaver Kaufmann für eine missionarische Tradierung.

> «Deshalb muss zumindest die *missionarische* Tradierung als dritter Typus neben der kulturellen und der pädagogischen eingeführt werden. Der spezifische Unterschied zu den vorgenannten liegt im Umstand,

---

435 *Kaufmann*, Kirche 170.

dass in der missionarischen Tradierungsform der Glaube primär *erwachsenen* Menschen vermittelt wird, welche sich mit einem vergleichsweise hohen Bewusstseinsgrad ‹bekehren›. Hier erfolgt die Tradierung also weder in Prozessen langjähriger Gewohnheitsbildung noch in Form einer allmählichen Verinnerlichung religiöser Orientierungen, sondern als *Umstrukturierung* einer bereits vorhandenen Plausibilitätsstruktur und als *Umorientierung* in den sozialen Beziehungen.»[436]

In der missionarischen Tradierung liegt für Karl Rahner die wirkliche Zukunftsperspektive des Christentums.

«Die Möglichkeit also, aus einem unchristlich gewordenen Milieu neue Christen zu gewinnen, ist der einzig lebendige und überzeugende Beweis dafür, dass das Christentum auch heute noch eine wirkliche Zukunftschance hat.»[437]

Pointiert formuliert er, was eine konkrete und mutige Realisierung der missionarischen Tradierung unter Umständen bedeuten würde.

«Einen Menschen von morgen für den Glauben zu gewinnen ist für die Kirche wichtiger, als zwei von gestern im Glauben zu bewahren, die Gott mit seiner Gnade auch dann retten wird, wenn eine heutige und morgige Weise der Glaubensverkündigung sie eher verunsichert. […] Man darf grundsätzlich den Mut haben, wegen einer offensiven Strategie der Kirche in die Zukunft hinein gegen alle Absicht, heute *den* zu verlieren, der morgen doch nicht mehr zur Kirche gehören würde, weil morgen auch seine Mentalität und gesellschaftliche Situation seinen traditionell verfassten Glauben nicht mehr tragen wird.»[438]

Die Kirche steht heute vor der Frage, was sie weiterhin tun sollte, was sie verändern könnte oder was sie ganz lassen müsste, um – wie Karl Rahner fordert – erwachsene Frauen und Männer auf das Evangelium vom Reich Gottes und seiner Gerechtigkeit aufmerksam machen zu können. Diese Fragen betreffen das gesellschaftlich wahrgenommene Image der Kirche und die Verlautbarungen der Amtskirche ebenso wie die Art und Weise des Gemeindelebens vor Ort und die Glaub-

---

436 Ebd. 172.
437 *Rahner*, Strukturwandel 45.
438 Ebd. 65 f.

würdigkeit einzelner Christinnen und Christen. Wird die Herausforderung einer missionarischen Tradierung des Glaubens ernst genommen, hätte dies Konsequenzen für den Einsatz der personellen und finanziellen Ressourcen der Kirche.

6.4.2 Versuchungen und Chancen im Umgang mit der kirchlichen Milieuverengung

Eng mit der Frage der missionarischen Tradierung ist die Problematik dessen verbunden, was als Milieuverengung der Kirche bezeichnet werden kann. Die Sinus-Milieu-Studie hat aufgezeigt, dass die Kirche nur mehr in drei mehr oder weniger traditionellen Milieus der Gesellschaft präsent ist. Zwar genügt nach dem Urteil von Karl Gabriel «die Studie elementaren wissenschaftlichen Ansprüchen nicht»[439]. Trotzdem sollte nicht versucht werden, sich der Brisanz ihrer Herausforderung zu entziehen. Rainer Bucher spricht von drei Versuchungen, auf die Ergebnisse der Studie zu reagieren. «Zum eine [sic] droht die Strategie ‹Verleugnen, Verharmlosen, Herunterspielen›.»[440] Diese bezeichnet er als verheerend, denn:

> «Wer sich nicht von aussen wahrnehmen kann, ist in differenzierten Gesellschaften schlicht anschluss- und damit handlungsunfähig. […] Letztlich wäre das eine spirituelle Katastrophe: Wer sich nicht halbwegs selbstkritisch wahrnehmen kann, wird nach und nach unaufrichtig mit sich und also unredlich.»[441]

Eine zweite drohende Versuchung im Umgang mit den Ergebnissen der Sinus-Milieu-Studie ist der «institutionalistische Opportunismus»:

> «Man reagiert dann, weil man auf den (religiösen) Markt geraten ist, reflexartig *wie* ein Marktteilnehmer und versucht den Schwund der eigenen Marktanteile mit allen Mitteln aufzuhalten. Zu erkennen ist diese Strategie an ihren falschen Alternativen. Inhaltlich wird hier mit der Alternative ‹Profil versus Anpassung› gearbeitet, im Blick auf die

---

439 *Gabriel*, Gold 215.
440 *Bucher*, Provokation 452.
441 Ebd.

möglichen Vergesellschaftungsformen von Kirche mit der Alternative ‹Kundenorientierung versus Gemeinschaftsorientierung›. Die Studie selbst scheint im Einleitungsteil sowie in ihren milieuspezifisch vorgeschlagenen ‹Do's & Don'ts› solch einem Konzept nicht ganz abgeneigt zu sein.»[442]

Als dritte Versuchung bleibt «trotziger Nischenrückzug»:

«Man mag uns nicht in dieser Gesellschaft, zumindest in vielen ihrer Milieus, also konzentrieren wir uns auf jene, die uns mögen [...]. Als entwickeltes Konzept dürfte diese Strategie in der deutschen Kirche gegenwärtig wenig verbreitet sein [...]. In der abgeschwächten Form eines gewissen kulturpessimistischen Gestus scheint er mir allerdings durchaus virulent.»[443]

Als Reaktion auf die Sinus-Milieu-Studie schlägt Rainer Bucher die «Umstellung hin zu einer vorrangigen *Aufgabenorientierung* und weg von einer *Sozialformorientierung*»[444] vor. Er plädiert im Sinne der Nichtausschliessung der Pastoralkonstitution des Zweiten Vatikanums für

«die gemeinsame Suche nach dem, was das Evangelium für jene bedeuten könnte, die meinen, dass es für sie nichts bedeutet, wie auch um die permanente Verunsicherung jener, die scheinbar so sicher wissen, was es für sie bedeutet. Jene, die glauben, haben das Evangelium nicht als Besitz, und jene, die mit der Kirche nichts anzufangen wissen, stehen nicht jenseits des Evangeliums. Das Evangelium ist von allen in seiner Bedeutung immer neu zu entdecken. Das geschieht auch an vielen Orten. Es geht also um die Initiierung pastoraler Prozesse und um ihre stärkere Wertschätzung und Vernetzung.»[445]

In diesem Sinne erinnert Christian Bauer an die Reaktion der Kirche Frankreichs auf die schockierende Erkenntnis, dass Frankreich ein Missionsland ist, und an die Erfahrungen, die die Arbeiterpriester machten, als sie das bürgerliche Milieu verliessen, um sich ganz auf jenes der Arbeiterschaft einzulassen, was damals von vielen Katholiken als skandalöser Ortswechsel interpretiert worden ist. Die Arbeiterpriester kehrten

---

442 Ebd.
443 Ebd. 453.
444 Ebd.
445 Ebd.

dem bürgerlich-kirchlichen Milieu den Rücken und entdeckten bei den Arbeitern das gelebte Evangelium, das sie ihnen eigentlich hatten bringen wollen. Im Blick auf die Sinus-Studie könnte dies heissen:

> «Kirchliche Mission nach diesem Modell [der Arbeiterpriester] umfasst mindestens drei Komponenten: die pastorale Öffnung nach Aussen, das glaubwürdige Zeugnis des Lebens und die Entdeckung des Evangeliums unter den Anderen. Diesen neuen, dreifach strukturierten Missionsbegriff der Arbeiterpriester könnte man einen explorativen Begriff von Mission nennen, während man den herkömmlichen Missionsbegriff einen kolonialen nennen müsste. Geht man im Sinne der französischen Abeiterpriester von einem solchen postkolonialen Verständnis der Welt-Mission von Kirche aus, dann wäre heute mit Blick auf die Sinus-Studie nicht wie üblich mehr zu tun, sondern zunächst einmal vielleicht sogar weniger – und dafür das Richtige.»[446]

6.4.3 Zum Bemühen um eine evangeliumsgemässere Gestalt der Kirche

Mit der Problematik der Milieuverengung der Kirche verbunden ist die Frage nach ihrer künftigen Sozialgestalt. In den Bistümern des deutschsprachigen Raums werden seit einigen Jahren Pastoralpläne entwickelt[447] als Reaktion auf einen dreifachen Mangel: Die Zahl der am kirchlichen Leben partizipierenden Gläubigen schrumpft, die finanziellen Einnahmen gehen zurück, und es stehen immer weniger Priester zur Verfügung.[448] Wohl zu Recht vermutet Norbert Mette:

> «Nüchtern bleibt allerdings festzustellen – wenngleich es offiziell zu beschönigen versucht wird –, dass der eigentliche Antrieb für die strukturellen Veränderungen der anhaltende und immer stärker sich auswirkende Mangel an Priestern ist […].»[449]

Angesichts der Tatsache, dass in einzelnen Diözesen bis zu sieben ehemalige Pfarreien zu neuen pastoralen Einheiten

---

446 *Bauer*, Gott 125.
447 Vgl. *Belok*, Vision.
448 Vgl. *Mette*, Territorialprinzip.
449 Ebd. 8 f.

zusammengefasst werden[450] und viele Priester für immer mehr Pfarreien und immer grössere Gebiete zuständig sind, zeigt Ottmar Fuchs in seinem Kommentar zum Dekret des Zweiten Vatikanischen Konzils «Presbyterorum ordinis» über den Dienst und das Leben der Priester die negativen Folgen dieser Entwicklung sowohl für die Priester wie für die Gemeinden auf:

> «Wenn Priester über drei bis fünf Pfarreien hinweg die geistliche Gemeindeleitung innehaben, sie aber in Verbindung mit einer oder höchstens zwei Pfarreien aus dem Face-to-face-Zusammenleben mit den Gläubigen heraus leben können, trennt sich bei ihnen bezüglich der anderen Pfarreien der Zusammenhang von Sakrament und Lebensvollzug, von priesterlichem Amt und sozial erfahrbarem pastoralem Handeln. Zugleich werden sie auf den binnenkirchlichen Dienst reduziert, wohingegen doch nach PO ihr Dienst auch und besonders den Fernstehenden und Nichtdazugehörigen gilt. Und auch die bedrohten Gemeinden fixieren sich immer mehr auf die Binnenprobleme und verlieren die Ressourcen für den missionarischen ‹Aussendienst› in Diakonie und Verkündigung.»[451]

Vor dem Hintergrund dieser Problematik plädiert Ottmar Fuchs für die Beibehaltung kleinerer pastoraler Einheiten. Er versteht dies nicht als Weiterführung des Territorialprinzips, sondern als Ausdruck der Ortsgebundenheit christlicher und kirchlicher Existenz.

> «Wenn ich hier so sehr auf die kleinen Einheiten poche, dann betreibe ich damit nicht eine Verschärfung des Territorialprinzips (wonach die Kirche ihre Sprengel, wie Karl Rahner einmal gesagt hat, in der flächendeckenden Form von Polizeirevieren einteilt), sondern als Prinzip der Ortsgebundenheit kirchlicher und christlicher Existenz. Auch jede Sachgebundenheit braucht die Ortsgebundenheit, sonst ist die insgesamte Situationsbezogenheit des Evangeliums nicht ernst genommen. […] Die Wohnbezogenheit ist nicht die ausschliessliche Ortsbezogenheit, aber immer noch eine ganz wichtige […]. Bei aller Mobilität und passagefähigen Notwendigkeit der Pastoral zwischen Pfarrgemeinden und anderen Sozialformen der Kirche darf sie diesen Bezug nicht vor-

---

450 Vgl. ebd. 8; vgl. *Kinzler*, Aufbruch.
451 *Fuchs/Hünermann*, Presbyter 563.

> schnell aufgeben, gerade um die durchaus auch destruktive Mobilität im eigenen Bereich zu bremsen und um dadurch den sonntäglichen Eucharistiebezug zu bewahren.»[452]

Neben der vor allem von diözesanen Pastoralverantwortlichen verfolgten Strategie zentralisierender, klerikalisierender und bürokratisierender Art, immer grössere Pastoralräume zu errichten, werden auch andere Sozialformen vorgeschlagen. So plädiert Christian Hennecke für einen fundamentalen ekklesiologischen Paradigmenwechsel. Dabei will er nicht ein rückwärts gerichtetes Mangelszenario bemühen, sondern geht davon aus, dass Individualisierung, Pluralisierung und neue Wahlmöglichkeiten den Modus christlicher Existenz fundamental verändert haben.[453] Er stellt fest und fordert:

> «Von einem ererbten Christsein kommt es immer mehr zu einem Christsein aus Berufung und Wahl. Damit aber löst sich ein Gesamtgefüge auf, ein geschlossenes kirchliches Betriebssystem stürzt ab. […] Es geht einfach darum, dass eine neue Weise des Christwerdens auch eine neue kirchliche Sozialgestalt hervorbringen wird.»[454]

Mit Berufung auf Danièle Hervieu-Léger schlägt er vor, die Kategorie des «praktizierenden Katholiken» durch die Kategorien des «Pilgers» und des «Konvertiten» zu ersetzen.[455] Er stellt fest:

> «Die Beschreibung spricht fast für sich: Während der Pilger auf der Suche nach dem Geheimnis seines Lebens ist und dabei immer wieder nach möglichen Fundstätten Ausschau hält, ist der Konvertit jemand, der Gott gefunden hat.»[456]

Vor diesem Hintergrund und mit Blick auf weltkirchliche Aufbrüche[457] plädiert er für einen Pastoralansatz eines Netz-

---

452 Ebd. 564 f.
453 Vgl. *Hennecke*, Kirche 197.
454 Ebd.
455 Vgl. ebd.
456 Ebd.
457 Zu diesen sind auch die neuen Wege zu zählen, die die Erzdiözese Poitiers seit Mitte der 1990er mit der Bildung von mehreren hundert örtlichen Gemeinden und deren Leitung geht. Vgl. *Feiter/Müller*, Bischof.

werkes von Kleinen Christlichen Gemeinschaften, die er so charakterisiert:

> «Eine Kleine Christliche Gemeinschaft lebt aus dem Wort Gottes […], ist offen für alle Menschen in der konkreten jeweiligen Nachbarschaft oder im Lebensumfeld […], lebt mit einer konkreten Sendung in das Umfeld hinein [… und] ist eingebunden in eine Pfarrei.»[458]

In Bezug auf die Suche nach einer «evangeliumsgemässeren Gestalt» der Kirche wäre zu untersuchen, welche Sozialform(en) der Kirche am ehesten helfen, im Dienst an dem alle Trennungen und Diskriminierungen überwindenden Reich Gottes zu stehen. Es müsste kritisch gefragt werden, ob die Schaffung von pastoralen Grossräumen hilft, die vom Konzil postulierte «innigste Verbindung der Kirche mit der ganzen Völkerfamilie» (GS 1) zu praktizieren und den Menschen durch die Überwindung jeglicher Ausschliessungsmechanismen so nahe zu sein. Vor diesem Hintergrund können jene Kriterien hilfreich sein, die Norbert Mette formuliert hat.

> «Insgesamt gesehen dürfte die Kirche mit ihrer Pastoral in dem Masse zukunftsfähig werden, wie sie beherzigt, dass
> nicht ihre herkömmlichen Räume, sondern die Lebensräume der Menschen als ausschlaggebend dafür genommen werden, wo sie zu sein hat,
> nicht ‹von oben her› neue und grössere pastorale Einheiten künstlich festgelegt und verordnet werden, sondern ‹von unten her› mit Blick auf die jeweils sozialwüchsig gegebenen Lebensräume die Kirche ihr gemeindlichen Orte findet,
> ernst genommen wird, dass Pastoral nicht ein Unternehmen allein der professionell dafür vorhandenen Kräfte ist, sondern dass es von dem Engagement aller getauften und gefirmten Gläubigen abhängt, ob und wie sich kirchliches bzw. gemeindliches Leben vor Ort gestaltet und es in seine Umgebung hinein ausstrahlt,
> durch die Ausbildung neuer Ämter gewährleistet ist, dass einzelne hauptamtliche Kräfte, wie derzeit insbesondere die Priester, nicht länger zwischen verschiedenen Orten zerrieben und schliesslich ortlos werden,

---

458 Ebd. 200. Vgl. auch *Hennecke*, Jordan.

alle Beteiligten sich gemeinsam auf einen Lernprozess einlassen, in dem sie Vertrauen zueinander gewinnen und vertiefen sowie Verantwortung füreinander und für andere wahrzunehmen lernen.»[459]

Abschliessend kann festgehalten werden: Die Zukunft einer «evangeliumsgemässeren Gestalt» der Kirche liegt wohl am ehesten in einer Vielfalt von Sozialformen, die es zu suchen und zu entwickelt gilt, damit die Kirche das Werk Christi weiterführt (vgl. GS 3) und das Reich Gottes in allen Völkern ankündigt und begründet (vgl. LG 5), indem sie sich «Freude und Hoffnung, Trauer und Angst der Menschen dieser Zeit, vor allem der Armen und Bedrängten aller Art» (GS 1) zu eigen macht.

6.5 Ein dem Reich Gottes verpflichtetes pastorales Arbeitsinstrument

Zum Schluss des Kapitels über die Praxeologie soll auf das pastorale Arbeitsinstrument hingewiesen werden, das im Bistum Basel unter dem programmatischen Titel «Suchet zuerst das Reich Gottes und seine Gerechtigkeit ...» (Mt 6,33) entwickelt worden und vom Diözesanbischof Otto Wüst im September 1993 in Kraft gesetzt worden ist.[460] Der Titel zeigt an, dass das Arbeitsinstrument nicht wie Konzepte der Kooperativen Pastoral einem institutionsbezogenen, sondern einem Reich-Gottes-orientierten Ansatz verpflichtet ist. Im Arbeitsinstrument wird die vom Zweiten Vatikanum empfohlene und später zur dreifachen sozial-analytischen, hermeneutischen und praktischen Vermittlung des Glaubens weiterentwickelte Methode so in Einzelschritte unterteilt und mit Fragen versehen, dass damit konkret gearbeitet werden kann. Da das Arbeitsinstrument recht ausführlich gehalten ist, wird hier eine Kurzfassung vorgelegt, die für den Gebrauch im pastoralen Alltag bei der Bearbeitung von Fragen, Problemen

---

459 *Mette*, Territorialprinzip 21.
460 Das vollständige Arbeitsinstrument ist abrufbar unter www.bistum-basel.ch/d/aktuell/dokumente/19930930_02.htm.

oder Phänomenen etwa in einem Seelsorgeteam, in Vereinsvorständen, im Pfarreirat usw. herangezogen werden kann.

Kurzfassung des Basler Arbeitsinstruments für pastorales Handeln[461]

Sehen

1. Frage/Problem/Phänomen umschreiben
Welche Frage soll geklärt, welches Problem gelöst oder welches Phänomen bearbeitet werden?
Die Umschreibung der Fragestellung schriftlich festhalten.

2. Interessen offenlegen
Weshalb beschäftigen wir uns mit der Frage, dem Problem oder Phänomen?
Wie sind wir darin involviert? Welches sind unsere Interessen?

3. Akteure erkennen
Wer (Einzelne, Gruppen, Institutionen) ist von der Frage, dem Problem oder Phänomen in welcher Weise betroffen?
Welche Interessen haben die verschiedenen Akteure?

4. Systemdynamik analysieren
Durch welche gesellschaftliche Systemdynamik (Zusammenwirken wirtschaftlicher Mechanismen, rechtlicher und politischer Ordnungen und kultureller und religiöser Verhältnisse) ist die Frage, das Problem oder Phänomen verursacht?

5. Fakten zusammentragen
Was wissen wir über die Frage, das Problem oder Phänomen?
Welche Informationen müssen wir noch beschaffen?

6. Erkenntnisse gewinnen und festhalten
Welche human- oder sozialwissenschaftlichen Instrumente bzw. Fachleute können uns helfen, die Frage, das Problem oder Phänomen besser zu verstehen und zu analysieren?
Die Ergebnisse schriftlich festhalten.

---

461 Vgl. *Eigenmann*, Kurzfassung. Diese ist abrufbar unter www.bistum-basel.ch/ressourcen/download/20071126151739.pdf.

Urteilen

7. Grundentscheidung klären
Von welcher Vision eines guten Lebens für alle Menschen lassen wir uns bei der Beurteilung der analysierten Frage, des analysierten Problems oder Phänomens leiten?

8. Akteure und deren Situation/Position qualifizieren
Welche von den involvierten Akteuren sind in welcher Weise benachteiligt, abhängig oder sonst negativ betroffen?

9. Systemdynamik beurteilen
Welche trennenden und/oder Ungleichheiten verursachenden ökonomischen, politischen und kulturellen Systemdynamiken stecken hinter der Frage, dem Problem oder Phänomen?

10. Analogien in der Bibel suchen
Gibt es in der Bibel Analogien zur Frage, zum Problem oder Phänomen?
Wie haben biblische Texte damalige Verhältnisse beurteilt und zu ihnen Stellung genommen?
Wie muss die Frage, das Problem oder Phänomen im Licht der Vision des Reiches Gottes als einem Fest offener, nichtdiskriminierender und nicht ausschliessender Tischgemeinschaft beurteilt werden?

11. Kriterien aus der kirchlichen Sozialverkündigung
Werden durch die Frage, das Problem oder Phänomen das Gemeinwohl-, das Solidaritäts- oder das Subsidiaritätsprinzip verletzt?
Stecken hinter der Frage, dem Problem oder Phänomen Strukturen der Sünde oder Formen der Vergötzung?

12. Beurteilung festhalten
Die Beurteilung der Frage, des Problems oder Phänomens schriftlich festhalten.

Handeln

13. Was ist zu tun?
Was soll zur Klärung der Frage, zur Lösung des Problems oder zur Bearbeitung des Phänomens getan werden?
Was wollen wir konkret tun?

14. Wer handelt?
Welche Möglichkeiten und Ressourcen haben wir? Wer kann was übernehmen?
Mit wem können oder sollten wir zusammenarbeiten?

15. Bis wann geschieht was?
Wer macht was bis wann?

16. Wer muss informiert werden?
Wer muss durch wen und in welcher Weise über unsere Aktivitäten informiert werden?

17. Evaluation des Unternehmens
Nach Abschluss des Unternehmens dieses evaluieren. Was war gut? Was kann verbessert werden?

18. Projekt abschliessen
Nach getaner Arbeit soll das Projekt bewusst und ev. in festlicher Weise abgeschlossen werden.

Zum Weiterlesen

Belok, Manfred (Hg.): Zwischen Vision und Planung. Auf dem Weg zu einer kooperativen und lebensweltorientierten Pastoral. Ansätze und Erfahrungen in 11 Bistümern in Deutschland, Paderborn 2002.

Eigenmann, Urs: Am Rand die Mitte suchen. Unterwegs zu einer diakonischen Gemeindekirche der Basis, Fribourg/Brig 1990, 122–140.

Feiter, Reinhard/Müller, Hadwig (Hg.): Was wird jetzt aus uns, Herr Bischof? Ermutigende Erfahrungen der Gemeindebildung in Poitiers, Ostfildern ³2009.

Haslinger Herbert: Lebensort für alle. Gemeinde neu verstehen, Düsseldorf 2005.

Haslinger Herbert (Hg.): Handbuch Praktische Theologie, Band 2: Durchführungen, Mainz 2000.

Hennecke, Christian: Kirche, die über den Jordan geht. Expeditionen ins Land der Verheissung, Münster 2006.

Kinzler, Joachim: Aufbruch ins Ungewisse. Die aktuelle Diskussion zur Zukunft der Territorialgemeinde, in: Herder Korrespondenz 59 (2005) 359–363.

Knobloch, Stefan: Potential Ortsgemeinde, in: Orientierung 72 (2008) 204–209.218–223.

Pohl-Patalong, Uta: Von der Ortskirche zu kirchlichen Orten. Ein Zukunftsmodell, Göttingen ²2006.
Rahner, Karl: Strukturwandel der Kirche als Chance und Aufgabe. Neuausgabe mit einer Einführung von J. B. Metz, Freiburg i. Br. 1989.

Ausblick – Die Macht der Schmetterlinge und der Osterglaube

7

Im letzten Kapitel dieser Einführung in die Praktische Theologie soll ein Ausblick formuliert werden, der sich aus einer ungewohnten Verknüpfung empirisch-wissenschaftlicher Erkenntnisse mit grundlegenden theologischen Einsichten ergibt. Beim Versuch, die Wettervorhersage rechnerisch zu vereinfachen, wurde im Jahre 1960 der so genannte Schmetterlingseffekt entdeckt, der über die physikalische Chaostheorie hinaus auch bedeutsam für das Handeln der Christinnen und Christen sein kann. Beim Experiment

> «ergab sich das Erstaunliche, dass der *Rechner* durch kleinste Änderungen der Daten – wie Ab- oder Aufrunden eines Temperaturwertes auf drei statt sechs Stellen hinter dem Komma – zu einer von der vorhergehenden völlig verschiedenen Wettervorhersage, das heisst zu einem Wetter*umschlag* kam. Der Verdacht, auf einen Sachverhalt von prinzipieller Bedeutung – das Verhalten sogenannter ‹chaotischer Systeme› – gestossen zu sein, wurde bald zur Gewissheit. Chaotische Systeme sind in der – belebten wie in der unbelebten – Natur allenthalben anzutreffen. Wie man jetzt erkannte, ist ihnen eigen, dass ihr Verhalten schon infolge minimaler Verschiebungen in den Anfangsbedingungen *unvorhersehbar* anders wird. Die ‹Definition› des *Schmetterlingseffektes* beruht auf den Erfahrungen mit Wetterumschlägen aus unscheinbaren Anlässen: ‹Wenn ein Schmetterling in Hongkong mit dem Flügel schlägt, kann er in New York ein Gewitter auslösen.› Den Theoretikern ist heute klar, dass auch die menschliche Gesellschaft ein *chaotisches System* ist: ‹Die Gesetzmässigkeiten der Unvorhersagbarkeit gelten in noch viel grösserem Masse für komplexe Systeme wie die Wirtschaft oder politische Systeme. Wir müssen uns damit abfinden, dass wir in derartigen Systemen – wie auch bei Wettervorhersagen – die Entwicklung nicht auf längere Zeit vorhersagen können.› Das heisst: auch hier können kleinste Veränderungen unvoraussagbar grosse Auswirkungen haben.»[462]

---

462 *Fischer*, Macht 157 f. Fischer rezensiert in diesem Artikel das Buch: *Zeyer, Albert:* Die Kühnheit, trotzdem JA zu sagen. Warum der einzelne mehr Macht hat, als wir glauben, Darmstadt ²1998.

Diese Unmöglichkeit, in chaotischen Systemen Entwicklungen auf längere Zeit voraussagen zu können, hat auch eine positive Kehrseite. Dass kleinste Ursachen nicht vorhersehbare Wirkungen auslösen können, ist ein Argument gegen die Resignation angesichts scheinbar unveränderbar übermächtiger Verhältnisse. Das Wissen darum ist in der volkstümlichen Redensart ausgedrückt, die vom Tropfen spricht, der das Fass zum Überlaufen bringt. Es

> «zeigt sich der mögliche (freilich weder vorherwissbare noch erzwingbare) Einfluss des einzelnen oder einer kleinen Gruppe auf den Gang der Entwicklung: ihr Tun oder Lassen – also ihr ‹Flügelschlag› – kann entscheidend sein für das Schicksal von vielen.»[463]

Die Wirkweise des Schmetterlingseffekts beruht darauf, dass chaotische Systeme nicht linear sind, also nicht nach dem Schema funktionieren: kleine Ursache hat kleine Wirkung bzw. grosse Ursache hat grosse Wirkung. In ihnen laufen vielmehr

> «*iterative* (sich wiederholende) Prozesse [ab], deren Merkmal die *Schleifenbildung* ist: ‹Sie führt nämlich dazu, dass die Veränderung einer Variablen auf diese selber zurückwirkt und damit verstärkt wird. Diese Verstärkung wirkt wieder auf sich selber zurück und wird nochmals verstärkt und so fort. So kann eine kleine Veränderung gewaltige Dimensionen annehmen und das ganze System beherrschen: der Schmetterlingseffekt.›»[464]

Der Schmetterlingseffekt beinhaltet eine bedrohlich-kritische Dimension für linear denkende Systeme.

> «Hierarchisches Denken kann nicht dulden, dass kleine Ursachen grosse Wirkungen entfalten, weil (so das typische Argument) die Welt, die Gesellschaft sonst unregierbar, das heisst chaotisch wird. Nur kontrollierbare, hierarchietreue Wirkungen können zugelassen werden. In pat-

---

463 *Fischer*, Macht 158.
464 Ebd. «Iteration – Rückkoppelung durch stetige Wiederaufnahme und Wiedereinbeziehung von allem, was vorher war – begegnet uns fast überall: in sich dahinwälzenden Wettersystemen, bei der künstlichen Intelligenz, in der periodischen Erneuerung unserer Körperzellen» (*Briggs/Peat*, Entdeckung 92).

Ausblick – Die Macht der Schmetterlinge und der Osterglaube

riarchalen Systemen (Zeyer nennt als ‹Paradebeispiele› Militär, Katholische Kirche, Leistungssport, Krankenhäuser) können nur solche Menschen Karriere machen, die ihre ganze Persönlichkeit in die Waagschale werfen und gleichzeitig sich selbst verleugnen – mit allen schlimmen Folgen für Gesundheit und persönliche Identität. [...] Chaotische Systeme aber sind antihierarchisch, der *Schmetterlingseffekt* respektiert keine Hierarchie. Wer sein Handeln auf ihn baut, muss allerdings akzeptieren, dass dieser Weg nicht zu Ruhm und Verdienst führt; ja, dass der Handelnde nicht einmal wissen kann, *ob* sein Tun Wirkung – und *welche* Wirkung – auf das Ganze hat. Seine Sache selbst muss ihm genügende Motivation sein.»[465]

Einige konkrete Beispiele illustrieren den Schmetterlingseffekt:

«Da sind im zwanzigsten Jahrhundert jene zwei *irischen Frauen,* die sich gegen den Bürgerkrieg zusammenschlossen und ihn tatsächlich (für einige Zeit) zum Ruhen brachten. Da ist *Rosa Parks,* jene schwarze Matrone, die sich eines Tages im Bus auf einen ‹weissen› Platz setzte und damit, ohne es zu ahnen, die schwarze Bürgerrechtsbewegung auslöste. Und eine jener aus kleinen Anfängen entstandenen Bürgerbewegungen, die zum *Ende der DDR* führten, edierte damals gar eine Zeitung mit dem *Schmetterlingssymbol* als Kopf. Auch die *Befreiung Indiens* von britischer Herrschaft lässt sich so lesen. In der Gegenwart muss die Ausstrahlung, die von *Greenpeace, Amnesty International, Ärzte ohne Grenzen* und anderen NGOs (Non Government Organizations) ausgeht, auf jeweils winzige Schmetterlinge zurückgeführt werden.»[466]

Die Chaostheorie stellt für Fischer eine Herausforderung für das Glaubensverständnis und die Theologie dar. Er sieht in ihr ein neues Paradigma für die Hermeneutik religiöser Prozesse:

«So lässt sich etwa die Entstehung und rasche Ausbreitung des Christentums mit Hilfe der dargelegten Koordinaten ohne grosse Mühe verstehen: Jesus selbst als ‹Schmetterling› in einer weitab vom Machtzentrum des römischen Imperiums gelegenen Nische; die Menschen des damaligen Reiches in einem stark angeregten Zustand, teils apokalyp-

---

465 *Fischer,* Macht 158.
466 Ebd.

tisch auf die Endzeit gestimmt, teils friedenspolitisch die Epiphanie eines Heilbringers ersehnend.»[467]

Mit dem Schmetterlingseffekt verbindet Fischer Hoffnungen für die Kirche:

«Der Blick auf die beeindruckende Menge von Einzel- und Kleingruppeninitiativen, die unberühmt, gewissenhaft und geduldig tun, was an der Zeit ist, lehrt [...] auch hier, dass in der ‹vollkommenen Gesellschaft› *Kirche* – auch ein Glaubensverband von einer Milliarde Menschen ist ein ‹chaotisches System› – irgendwann, irgendwo, unberechenbar und doch naturgesetzlich, ein *Flügelschlag* einen totalen Wetterumschwung und Klimawechsel (wie schon beim Vaticanum II) bewirken wird, der das christliche Leben im Sinne des Fälligen, des *Zu-Fälligen* voranbringt, auch wenn Rückschläge, Martyrien, Sackgassen sozusagen in der Natur der Sache liegen. Dem *Schmetterlingseffekt* mit seiner Unbekümmertheit um Hierarchie ist der Konservativismus ängstlicher ‹Selbstausbürgerer› aus der Kirche der Zukunft nicht gewachsen, weil das Leben – das heisst auch, der ‹Gott des Lebens und der Lebenden› – ein Liebhaber *neuer* Formen und Gedanken ist; die alten verfallen ja dem Tod.»[468]

Seinen Artikel schliesst Fischer mit der Forderung an die Theologen, der geistlichen Dimension des Schmetterlingseffekts nachzugehen.

«Jetzt wäre eigentlich der Theologe gefordert, die Physik des *Schmetterlingseffektes* nochmals aus seiner *geistlichen* Sicht zu betrachten und dem Parakleten, dem *pneuma* der Wahrheit (Joh 16,13), begegnen zu lassen.»[469]

Die Entdeckung des Schmetterlingseffekts und der Macht der Schmetterlinge im Rahmen der physikalischen Chaostheorie kann mit einer der ganz zentralen Dimensionen des Osterglaubens verknüpft werden. Der Auferstehungsglaube drückt nämlich aus, dass die Kreuzigung Jesu dessen Reich-Gottes-Zeugnis nicht widerlegt hat und dass sein Leben als gültig

---

467 Ebd. 160.
468 Ebd.
469 Ebd.

angesehen werden kann.[470] Zum Kern des Osterglaubens der Jüngerinnen und Jünger Jesu gehört, dass diese sich zu Jesus bekennen, obwohl er am Kreuz hingerichtet worden war. Sie folgen ihm nach, indem sie seine Reich-Gottes-Praxis weiterführen, obwohl er selbst damit gescheitert war. Sie bekennen, dass Gott auf seiner Seite steht und ihn bestätigt hat, obwohl er von der Welt verworfen worden war. Damit drücken die Jünger und Jüngerinnen aus: Was Jesus als Zeuge und Mittler des Reiches Gottes und dessen Gerechtigkeit gelebt und verkündet hat, bleibt sinnvoll, obwohl es sich in der Welt nicht durchsetzen konnte und Fragment geblieben ist. Sein Leben hat vor Gott und damit ganz und für immer Bestand, obwohl ihm die Welt am Kreuz ein schmachvolles Ende bereitet hat. Nicht am Erfolg hängt die Sinnhaftigkeit des Engagements, sondern daran, dass es im Sinne des Reiches Gottes ein Engagement im Dienst eines Lebens in Fülle für alle ist.

Das ist entlastend und ermutigend zugleich. Entlastend ist dies, indem es vom Zwang befreit, das Ganze – das *totum* – ganz und das Letzte – das *ultimum* – endgültig selbst herstellen zu müssen und damit Gefahr zu laufen, totalitär zu werden. Ermutigend ist dies, weil im Blick auf den Osterglauben der Jüngerinnen und Jünger Jesu all das sinnvoll ist und vor Gott und damit ganz und für immer Bestand hat, was im Sinne des Reiches Gottes unternommen und gewagt wird, so bruchstückhaft und so vorläufig es auch sein mag. Der Osterglaube an den vom Tod am Kreuz zum Leben auferstandenen Jesus Christus befreit zu einem fragmentarischen Leben, weil er den Mut zu einem solchen Leben dort als sinnvoll glauben lässt, wo dieses Fragment-Sein in den Dienst der Aufhebung von Leiden anderer gestellt ist und wo es etwas von der heilend-befreienden Wirklichkeit des Reiches Gottes bezeugt.

Aus der Verknüpfung des Glaubens an den gekreuzigtauferstandenen Jesus Christus mit der physikalischen Chaostheorie ergibt sich eine bestimmte Spiritualität. Diese ermutigt dazu, das Reich Gottes und dessen Lebenslogik inmitten der und gegen die Anti-Reiche des Todes zu bezeugen, auch wenn dies negative Folgen für einen selbst zeitigt. Sie geht

---

470 Vgl. *Schupp*, Vermittlung 144.

davon aus, dass all das, was Leiden abbauen oder überwinden hilft und was im Dienst eines Lebens in Fülle aller steht, sinnvoll ist, auch wenn es bruchstückhaft und vorläufig bleibt. Sie meint jenen langen Atem, der darauf setzt, dass im Sinn des Schmetterlingseffekts ein Leben im Dienst am Reich Gottes zusammen mit dem, was Menschen guten Willens für ein gutes Leben aller unternehmen, in nicht vorherwissbarer und letztlich nicht überschaubarer Weise einmal dazu führt, dass die Verhältnisse in Gesellschaft und Kirche zumindest Reich-Gottes-verträglich werden.

Benutzte Literatur

Adam, Adolf/Berger Rupert: Pastoralliturgisches Handlexikon, Freiburg i. Br. 1980 u. ö.
Aguirre, Rafael/Cormenzana, Javier Vitoria: Gerechtigkeit, in: *Ellacuría, Ignacio/Sobrino, Jon (Hg.),* Mysterium Liberationis. Grundbegriffe der Theologie der Befreiung, Band 2, Luzern 1996, 1181–1219.
Alberigo, Giuseppe (Hg.): Geschichte des Zweiten Vatikanischen Konzils (1959–1965), Band II, Mainz/Leuven 2000.
Altermatt, Urs: Katholizismus und Moderne. Zur Sozial- und Mentalitätsgeschichte der Schweizer Katholiken im 19. und 20. Jahrhundert, Zürich 1990.
Altermatt, Urs: Konfession, Nation und Rom. Metamorphosen im schweizerischen und europäischen Katholizismus des 19. und 20. Jahrhunderts, Frauenfeld 2009.
Arnold, Franz Xaver/Rahner, Karl/Schurr, Viktor/Weber, Leonhard M. (Hg.): Handbuch der Pastoraltheologie. Praktische Theologie der Kirche in ihrer Gegenwart, Bände I–IV, Freiburg i. Br. 1964–1969.
Assmann, Hugo/Hinkelammert, Franz J.: Götze Markt, Düsseldorf 1992.
Baecker, Dirk (Hg.): Kapitalismus als Religion, Berlin 2003.
Bauer, Christian: Gott im Milieu? Ein zweiter Blick auf die Sinus-Milieu-Studie, in: Diakonia 39 (2008) 123–129.
Beck, Ulrich: Risikogesellschaft. Auf dem Weg in eine andere Moderne, Frankfurt a. M. 1986.
Beck, Ulrich: Was ist Globalisierung? Irrtümer des Globalismus – Antworten auf Globalisierung, Frankfurt a. M. ³1997.
Becker, Jürgen: Jesus von Nazaret, Berlin/New York 1996.
Belo, Fernando: Das Markusevangelium materialistisch gelesen, Stuttgart 1980.
Belok, Manfred (Hg.): Zwischen Vision und Planung. Auf dem Weg zu einer kooperativen und lebensweltorientierten Pastoral. Ansätze und Erfahrungen in 11 Bistümern in Deutschland, Paderborn 2002.
Benjamin, Walter: Gesammelte Schriften, Band VI, Frankfurt a. M. 1991.
Binswanger, Hans Christoph/Geissberger, Werner/Ginsburg, Theo: Wege aus der Wohlstandsfalle. Der NAWU-Report: Strategien gegen Arbeitslosigkeit und Umweltkrise, Frankfurt a. M. 1980.
Blasberg-Kuhnke, Martina/Mette, Norbert: Reich Gottes, in: Pastoraltheologische Informationen 25 (2005) 88–91.
Boff, Clodovis: Die Befreiung der Armen. Reflexionen zum Grundanliegen der lateinamerikanischen Befreiungstheologie, Freiburg/Schweiz 1986.
Boff, Clodovis: Theologie und Praxis. Die erkenntnistheoretischen Grundlagen der Theologie der Befreiung, München/Mainz 1983.
Boff, Clodovis: Wissenschaftstheorie und Methode der Theologie der Befreiung, in: *Ellacuría, Ignacio/ Sobrino, Jon (Hg.):* Mysterium Liberationis.

Grundbegriffe der Theologie der Befreiung, Band 1, Luzern 1995, 63–97.

Boff, Leonardo/Boff, Clodovis: Wie treibt man Theologie der Befreiung?, Düsseldorf 1986.

Bolz, Norbert/Bosshart, David: KULT-Marketing. Die neuen Götter des Marktes, Düsseldorf 1995.

Bolz, Norbert: Das konsumistische Manifest, München 2002.

Bonhoeffer, Dietrich: Nachfolge, [*Kuske, Martin/Tödt, Ilse (Hg.):* Dietrich Bonhoeffer. Werke; 4] München 1989.

Borgman, Erik: «Gaudium et spes»: Die vergessene Zukunft eines revolutionären Dokuments, in: Concilium 41 (2005) 388–397.

Briggs, John/Peat, David F.: Die Entdeckung des Chaos. Eine Reise durch die Chaos-Theorie, München 1990.

Brox, Norbert: Kirchengeschichte des Altertums, Düsseldorf 1983.

Bucher, Rainer: Die Provokation annehmen. Welche Konsequenzen sind aus der Sinusstudie zu ziehen?, in: Herder Korrespondenz 60 (2006) 450–454.

Camara, Helder Dom: Spirale der Gewalt, Graz/Wien/Köln ²1971.

Camara, Helder Dom: Lettres conciliaires (1962–1965) I und II, Paris 2006.

Cardijn, Josef: Laien im Apostolat, Kevelaer 1964.

Castillo, Fernando: Befreiende Praxis und theologische Reflexion, in: *ders. (Hg.):* Theologie aus der Praxis des Volkes. Neuere Studien zum lateinamerikanischen Christentum und zur Theologie der Befreiung, München/Mainz 1978, 13–60.

Chenu, Marie-Dominque: Kirchliche Sozialehre im Wandel. Das Ringen der Kirche um das Verständnis der gesellschaftlichen Wirklichkeit, Fribourg/Luzern 1991.

Codina, Victor: Sakramente, in: *Ellacuría, Ignacio/Sobrino, Jon (Hg.):* Mysterium Liberationis. Grundbegriffe der Theologie der Befreiung, Band 2, Luzern 1996, 901–928.

Comblin, Josef: Die Zeichen der Zeit, in: Concilium 41 (2005) 412–424.

Crossan, John Dominic: Jesus. Ein revolutionäres Leben, München 1996.

Deile, Volkmar: Von Stirling nach Basel, in: Frieden in Gerechtigkeit. Dokumente der Europäischen Ökumenischen Versammlung, Zürich/Basel 1989, 9–32.

Dörre, Klaus: Entsicherte Arbeitsgesellschaft. Politik der Entprekarisierung, in: Widerspruch 25 (2/2005) 5–18.

Dubach, Alfred/Campiche, Roland J. (Hg.): Jede(r) ein Sonderfall? Religion in der Schweiz. Ergebnisse einer Repräsentativbefragung, Zürich/Basel 1993.

Dubach, Alfred/Fuchs, Brigitte: Ein neues Modell von Religion. Zweite Schweizer Sonderfallstudie – Herausforderung für die Kirchen, Zürich 2005.

Duquoc, Christian: Von der Frage «Wer ist Gott?» zur Frage «Wo ist Gott?», in: Concilium 28 (1992) 282–288.

Dussel, Enrique: Das Exodus-Paradigma in der Theologie der Befreiung, in: Concilium 23 (1987) 54–60.

Dussel, Enrique: Der Markt aus der ethischen Perspektive der Theologie der Befreiung, in: Concilium 33 (1997) 217–232.
Ebertz, Michael N.: Anschlüsse gesucht. Ergebnisse einer neuen Milieu-Studie zu den Katholiken in Deutschland, in: Herder Korrespondenz 60 (2006) 173–177.
Ebertz, Michael N.: Kirche im Gegenwind. Zum Umbruch der religiösen Landschaft, Freiburg i. Br. 1997.
Ebertz, Michael N.: Was sind soziale Milieus?, in: Lebendige Seelsorge 57 (2006) 258–264.
Eigenmann, Urs: «Das Reich Gottes und seine Gerechtigkeit für die Erde.» Die andere Vision vom Leben, Luzern 1998.
Eigenmann, Urs: Am Rand die Mitte suchen. Unterwegs zu einer diakonischen Gemeindekirche der Basis, Fribourg/Brig 1990.
Eigenmann, Urs: Die Feier der Eucharistie als subversive Symbolhandlung, in: *ders. (Hg.):* Hochgebete. Texte zum Teilen von Brot und Wein, Luzern 1996, 7–14.
Eigenmann, Urs: Dom Helder Camara (1909–1999) – Erinnerungen an einen Kirchenvater Lateinamerikas und Bischof für das 3. Jahrtausend, in: Zeitschrift für Missionswissenschaft und Religionswissenschaft 94 (2010) 69–82.
Eigenmann, Urs: Ein biblischer Grundkurs des Glaubens. Zum Nachdruck von Leonhard Ragaz' Bibelwerk, in: Orientierung 55 (1991) 68–71.
Eigenmann, Urs: Eine andere Kirche und Theologie sind möglich. Erinnerungen an und im Zusammenhang mit 1968, in: *Füssel, Kuno/Ramminger, Michael (Hg.):* Zwischen Medellín und Paris. 1968 und die Theologie, Luzern/Münster 2009, 59–76.
Eigenmann, Urs: Kurzfassung des Basler Arbeitsinstruments für pastorales Handeln (1993), abrufbar unter www.bistum-basel.ch/ressourcen/download/20071126151739.pdf.
Ellacuría, Ignacio: Die Kirche der Armen, geschichtliches Befreiungssakrament, in: *Ellacuría, Ignacio/Sobrino, Jon (Hg.):* Mysterium Liberationis. Grundbegriffe der Theologie der Befreiung, Band 2, Luzern 1996, 761–787.
Feil, Ernst: Die Theologie Dietrich Bonhoeffers. Hermeneutik – Christologie – Weltverständnis, München/Mainz 1971.
Feiter, Reinhard/Müller, Hadwig (Hg.): Was wird jetzt aus uns Herr Bischof? Ermutigende Erfahrungen der Gemeindebildung in Poitiers, Ostfildern ³2009.
Frank, Isnard Wilhelm: Kirchengeschichte des Mittelalters, Düsseldorf ²1990.
Frick, Robert: Die Geschichte des Reich-Gottes-Gedankens in der alten Kirche bis zu Origenes und Augustinus, Gießen 1928.
Frostin, Per: Materialismus – Ideologie – Religion. Die materialistische Religionskritik bei Karl Marx, München 1978.
Fuchs, Ottmar/Hünermann, Peter: Theologischer Kommentar zum Dekret über den Dienst und das Leben der Presbyter (Presbyterorum ordinis), in: *Hünermann, Peter/Hilberath, Bernd Jochen (Hg.):* Herders Theologi-

scher Kommentar zum Zweiten Vatikanischen Konzil, Band 4, Freiburg i. Br. 2009, 337–580.

Fuchs, Ottmar: Die Zeichen der Zeit deuten, in: *Fürst, Walter (Hg.):* Pastoralästhetik. Die Kunst der Wahrnehmung und Gestaltung in Glaube und Kirche, Freiburg i. Br. 2002, 103–118.

Fuchs, Ottmar: Kirche für andere: Identität der Kirche durch Diakonie, in: Concilium 24 (1988) 281–289.

Furrer, Walter: Psychoanalyse und Seelsorge, München 1970.

Fürst, Walter (Hg.): Pastoralästhetik. Die Kunst der Wahrnehmung und Gestaltung in Glaube und Kirche, Freiburg i. Br. 2002.

Füssel, Kuno/Füssel, Eva: Der verschwundene Körper. Neuzugänge zum Markusevangelium, Luzern 2001.

Füssel, Kuno: Die Bedingtheit der Kirche durch die sozioökonomische Situation, in: Concilium 17 (1981) 279–285.

Füssel, Kuno: Die Zeichen der Zeit als locus theologicus, in: Freiburger Zeitschrift für Philosophie und Theologie 30 (1983) 259–274.

Füssel, Kuno: Perspektiven einer theologischen Kapitalismuskritik, in: Orientierung 55 (1991) 169–175.

Füssel, Kuno: Sprache, Religion, Ideologie. Von einer sprachanalytischen zu einer materialistischen Theologie, Frankfurt a. M./Bern 1982.

Gabriel, Karl: Die neuzeitliche Gesellschaftsentwicklung und der Katholizismus als Sozialform der Christentumsgeschichte, in: *Gabriel, Karl/Kaufmann, Franz-Xaver (Hg.):* Zur Soziologie des Katholizismus, Mainz 1980, 201–225.

Gabriel, Karl: Alles Gold was glänzt? Die Sinus-Milieu-Studie – und warum eine Langzeitstudie über die katholische Kirche in Deutschland notwendiger denn je ist, in: Lebendige Seelsorge 57 (2006) 210–215.

Gabriel, Karl: Christentum zwischen Tradition und Postmoderne, Freiburg i. Br. 1992.

Goffman, Erving: Asyle. Über die soziale Situation psychiatrischer Patienten und anderer Insassen, Frankfurt a. M. [4]1981.

Görres, Albert: Pathologie des katholischen Christentums, in: *Arnold, Franz Xaver u. a. (Hg.):* Handbuch der Pastoraltheologie, Band II/1, Freiburg i. Br. 1966, 277–343.

Gregor der Grosse: Regula pastoralis: Wie der Seelsorger, der ein untadeliges Leben führt, die ihm anvertrauten Gläubigen belehren und anleiten soll, Hg.: Kubis, Georg, Leipzig 1986.

Greinacher, Norbert: Der geschichtliche Weg zur Praktischen Theologie, in: *Haslinger, Herbert u. a. (Hg.):* Handbuch Praktische Theologie, Band 1, Mainz 1999, 46–52.

Grosse, Heinrich W.: Kirchgemeinden können etwas gegen Armut und Ausgrenzung tun! Ergebnisse einer empirischen Untersuchung, in: Pastoraltheologie 99 (2010) 18–38.

Gutiérrez Gustavo: Theologie der Befreiung. Mit der neuen Einleitung des Autors und einem neuen Vorwort von Johann Baptist Metz, Mainz [10]1992.

Gutiérrez, Gustavo: Das Konzil und die Kirche in der Welt der Armen, in: *Fuchs, Gotthard/Lienkamp, Andreas (Hg.):* Visionen des Konzils. 30 Jahre Pastoralkonstitution «Die Kirche in der Welt von heute», Münster 1997, 159–173.

Hahne, Werner: De arte celebrandi oder Von der Kunst, Gottesdienst zu feiern. Entwurf einer Fundamentalliturgik, Freiburg i. Br. 1989.

Haslinger Herbert u. a.: Ouvertüre: Zu Selbstverständnis und Konzept dieser Praktischen Theologie, in: *Haslinger, Herbert u. a. (Hg.):* Handbuch Praktische Theologie, Band 1 Grundlegungen, Mainz 1999, 19–36.

Haslinger, Herbert: Diakonie zwischen Mensch, Kirche und Gesellschaft. Eine praktisch-theologische Untersuchung der diakonischen Praxis unter dem Kriterium des Subjektseins des Menschen, Würzburg 1996.

Haslinger, Herbert: Wie grundlegend sind die Grundvollzüge? Zur Notwendigkeit einer pastoraltheologischen Formel, in: Lebendige Seelsorge 57 (2006) 76–82.

Hengsbach, Friedhelm/Emunds, Bernhard/Möhring-Hesse, Matthias: Ethische Reflexion politischer Glaubenspraxis. Ein Diskussionsbeitrag, in: *dies. (Hg.):* Jenseits Katholischer Soziallehre. Neue Entwürfe christlicher Gesellschaftsethik, Düsseldorf 1993, 215–291.

Hennecke, Christian: Ist die Kirche noch zu retten? Für einen fundamentalen ekklesiologischen Paradigmenwechsel, in: Diakonia 40 (2009) 195–201.

Hennecke, Christian: Kirche, die über den Jordan geht. Expeditionen ins Land der Verheissung, Münster 2006.

Hinkelammert, Franz J.: Der Schrei des Subjekts. Vom Welttheater des Johannesevangeliums zu den Hundejahren der Globalisierung, Luzern 2001.

Hinkelammert, Franz J.: Kultur der Hoffnung. Für eine Gesellschaft ohne Ausgrenzung und Naturzerstörung, Mainz/Luzern 1999.

Hinkelammert, Franz J.: Die Politik des totalen Marktes, ihre Theologisierung und unsere Antwort, in: Neue Wege 78 (1984) 301–310.

Hinkelammert, Franz J.: Eine utopielose Welt des totalen Marktes? Dritte-Welt-Perspektiven im auslaufenden Jahrtausend, in: Neue Wege 89 (1995) 200–207.

Hinkelammert, Franz J.: Kapitalismus ohne Alternative?, in: Neue Wege 87 (1993) 218–259.

Hinkelammert, Franz J.: Kritik der utopischen Vernunft. Eine Auseinandersetzung mit den Hauptströmungen der modernen Gesellschaftstheorie, Luzern/Mainz 1994.

Hinkelammert, Franz J.: Das Subjekt und das Gesetz. Die Rückkehr des verdrängten Subjekts, Münster 2007.

Hochstaffl, Josef: Die Aufgaben der Seelsorge. Handreichung zu einem Plan pastoraler Tätigkeitsfelder, München 1979.

Hochstaffl, Josef: Die Konzeption von Praxis, in: *Haslinger, Herbert (Hg.):* Handbuch Praktische Theologie, Band 1 Grundlegungen, Mainz 1999, 318–332.

Hoornaert, Eduardo: Die Anfänge der Kirche in der Erinnerung des christlichen Volkes, Düsseldorf 1987.

Jeremias, Joachim: Neutestamentliche Theologie. Erster Teil: Die Verkündigung Jesu, Gütersloh 1971.

Johannes XXIII.: Ansprache Papst Johannes' XXIII. zur Eröffnung des Zweiten Vatikanischen Konzils (11. Oktober 1962), in: *Kaufmann, Ludwig/ Klein, Nikolaus:* Johannes XXIII. Prophetie im Vermächtnis, Freiburg i. Ue./Brig 1990, 116–150.

Johannes XXIII.: Die Ankündigung der Diözesansynode für Rom und des Ökumenischen Konzils, in: Herder Korrespondenz 13 (1958/59) 387 f.

Johannes XXIII.: Die Apostolische Konstitution «Humanae salutis», in: Herder Korrespondenz 16 (1961/62) 225–228.

Johannes XXIII.: Rundfunkbotschaft an die Katholiken der Welt, in: Herder Korrespondenz 17 (1962/63) 43–46.

Kaufmann, Franz-Xaver: Kirche begreifen. Analysen und Thesen zur gesellschaftlichen Verfassung des Christentums, Freiburg i. Br. 1979.

Kaufmann, Franz-Xaver: Religion und Modernität. Sozialwissenschaftliche Perspektiven, Tübingen 1989.

Kehrli, Christin/Knöpfel, Carlo: Handbuch Armut in der Schweiz, Luzern 2006.

Kinzler, Joachim: Aufbruch ins Ungewisse. Die aktuelle Diskussion zur Zukunft der Territorialgemeinde, in: Herder Korrespondenz 59 (2005) 359–363.

Klein, Stephanie: Erkenntnis und Methode in der Praktischen Theologie, Stuttgart 2005.

Klinger, Elmar: Armut. Eine Herausforderung Gottes. Der Glaube des Konzils und die Befreiung des Menschen, Zürich 1990.

Klinger, Elmar: Kirche – die Praxis des Volkes Gottes, in: *Fuchs, Gotthard/ Lienkamp, Andreas (Hg.):* Visionen des Konzils. 30 Jahre Pastoralkonstitution «Die Kirche in der Welt von heute», Münster 1997, 73–83.

Knobloch, Stefan: Praktische Theologie. Ein Lehrbuch für Studium und Praxis, Freiburg i. Br. 1996.

Könemann, Judith: Religiöse und kirchliche Orientierungen heute, in: Schweizerische Kirchenzeitung 174 (2006) 700–704.

Kongregation für den Klerus, Päpstlicher Rat für die Laien, Kongregation für die Glaubenslehre, Kongregation für den Gottesdienst und die Sakramentenordnung, Kongregation für die Bischöfe, Kongregation für die Evangelisierung der Völker, Kongregation für die Institute des geweihten Lebens und für die Gesellschaften des apostolischen Lebens, Päpstlicher Rat für die Interpretation von Gesetzestexten: Instruktion zu einigen Fragen über die Mitarbeit der Laien am Dienst der Priester, Rom 15. August 1997.

Kongregation für die Glaubenslehre: Erklärung «Dominus Iesus» über die Einzigkeit und Heilsuniversalität Jesu Christi und der Kirche, Rom 2. August 2000.

Lehner, Markus: Das Bett des Prokrustes. Systematisierungsversuche in der Pastoraltheologie, in: Orientierung 58 (1994) 41–45.

Lutz, Ulrich: Das Evangelium nach Matthäus, Band 3, Zürich/Düsseldorf/ Neukirchen-Vluyn 1997.

Madörin, Mascha: Zur neuen Welt(un)ordnungspolitik. Fünf Thesen aus feministischer Sicht, in: Neue Wege 87 (1993) 104–111.
Marx, Karl: Das Kapital. Kritik der politischen Ökonomie, Erster Band, Berlin 1981.
Mette, Norbert/Steinkamp, Hermann: Sozialwissenschaften und Praktische Theologie, Düsseldorf 1983.
Mette, Norbert: Einführung in die katholische Praktische Theologie, Darmstadt 2005.
Mette, Norbert: Praktische Theologie – Ästhetische Theorie oder Handlungstheorie?, in: *ders.*: Praktisch-theologische Erkundungen 2, Berlin 2007, 367–376.
Mette, Norbert: Theorie der Praxis. Wissenschaftsgeschichtliche und methodologische Untersuchungen zur Theorie-Praxis-Problematik innerhalb der praktischen Theologie, Düsseldorf 1978.
Mette, Norbert: Trends in der Gesamtgesellschaft, in: *Haslinger, Herbert u. a. (Hg.)*: Handbuch Praktische Theologie, Band 1 Grundlegung, Mainz 1999, 75–90.
Mette, Norbert: Vom pfarrlichen Territorialprinzip zur Option für ortsbezogene Gemeinden, in: Pastoraltheologische Informationen 26 (2006) 8–21.
Metz, Johann Baptist: Das Christentum im Pluralismus der Religionen und Kulturen. Festvortrag anlässlich der Thomas-Akademie an der Theologischen Fakultät der Universität Luzern am 25. Januar 2001, Luzern 2001.
Metz, Johann Baptist: Jenseits bürgerlicher Religion. Reden über die Zukunft des Christentums, München/Mainz 1980.
Milieuhandbuch «Religiöse und kirchliche Orientierungen in den Sinus-Milieus® 2005», München/Heidelberg 2005.
Moeller, Charles: Die Geschichte der Pastoralkonstitution, in: *von Brechter, Heinrich Suso u. a. (Hg.)*: Das Zweite Vatikanische Konzil. Dokumente und Kommentare, Band 3, Freiburg i. Br. 1968, 242–278.
Moingt, Joseph: Leidenschaft für die Einheit, in: Concilium 33 (1997) 416–423.
Müller, Josef: Die Pastoraltheologie innerhalb des theologischen Gesamtkonzepts von Stephan Rautenstrauch (1774), in: *Klostermann, Ferdinand/Zerfaß, Rolf (Hg.)*: Praktische Theologie heute, München und Mainz 1974, 42–51.
Nauer, Doris: Seelsorgekonzepte im Widerstreit. Ein Kompendium, Stuttgart 2001.
Ostheimer, Jochen: Die Zeichen der Zeit lesen. Erkenntnistheoretische Bedingungen einer praktisch-theologischen Gegenwartsanalyse, Stuttgart 2008.
Pastoralamt des Bistums Basel (Hg.): «Suchet zuerst das Reich Gottes und seine Gerechtigkeit ...» Ein Arbeitsinstrument für pastorales Handeln im Bistum Basel, Solothurn ³1995 (¹1993), abrufbar unter www.bistum-basel.ch/d/aktuell/dokumente/19930930_08.htm.

Pastoralplanungskommission der Schweizer Bischofskonferenz (ppk) (Hg.): Restrukturierung der (Pfarrei-)Seelsorge in den Schweizer Diözesen. Bestandesaufnahme und pastorale Perspektiven, St. Gallen 2010.

Peukert, Helmut: Was ist eine praktische Wissenschaft? Handlungstheorie als Basistheorie der Humanwissenschaften: Anfragen an die Praktische Theologie, in: *Fuchs, Ottmar (Hg.):* Theologie und Handeln. Beiträge zur Fundierung der Praktischen Theologie als Handlungstheorie, Düsseldorf 1984, 64–79.

Pfister, Christian (Hg.): Das 1950er Syndrom. Der Weg in die Konsumgesellschaft, Bern/Stuttgart/Wien 1995.

Quiroz Magaña, Alvaro: Ekklesiologie in der Theologie der Befreiung, in: *Ellacuría, Ignacio/Sobrino, Jon (Hg.):* Mysterium Liberationis. Grundbegriffe der Theologie der Befreiung, Band 1, Luzern 1995, 243–261.

Ragaz, Leonhard: Das Evangelium und der soziale Kampf der Gegenwart, Zürich ²1907.

Ragaz, Leonhard: Die Bergpredigt Jesu, Bern 1945.

Ragaz, Leonhard: Die Bibel – eine Deutung, Neuauflage der siebenbändigen Originalausgabe in vier Bänden, Fribourg/Brig 1990.

Ragaz, Leonhard: Die Botschaft vom Reiche Gottes. Ein Katechismus für Erwachsene, Bern 1942.

Rahner, Karl: Ekklesiologische Grundlegung, in: *Arnold, Franz Xaver u. a. (Hg.):* Handbuch der Pastoraltheologie, Band. 1, Freiburg i. Br. 1964, 117–148.

Rahner, Karl: Grundfunktionen der Kirche, in: *Arnold, Franz Xaver u. a. (Hg.):* Handbuch der Pastoraltheologie, Band 1, Freiburg i. Br. 1964, 216–219.

Rahner, Karl: Strukturwandel der Kirche als Aufgabe und Chance. Neuausgabe mit einer Einführung von J. B. Metz, Freiburg i. Br. 1989.

Ramminger, Michael: Die neoliberale Umwertung der Werte, in: Orientierung 61 (1997) 201–205.

Reformierter Weltbund: Bund für wirtschaftliche und ökologische Gerechtigkeit. Schlusserklärung des Reformierten Weltbundes an der 24. Generalversammlung in Accra vom 30. Juli – 13. August 2004, abrufbar unter http://warc.jalb.de.

Richard, Pablo: Unser Kampf richtet sich gegen die Götzen. Biblische Theologie, in: *Assmann, Hugo u. a.:* Die Götzen der Unterdrückung und der befreiende Gott, Münster 1984, 11–38.

Ross, Murray G.: Gemeinwesenarbeit. Theorie, Prinzipien, Praxis, Freiburg i. Br. 1968.

Sander, Hans-Joachim: Theologischer Kommentar zur Pastoralkonstitution über die Kirche in der Welt von heute *Gaudium et spes*, in: *Hünermann, Peter/Hilberath, Bernd Jochen (Hg.):* Herders Theologischer Kommentar zum Zweiten Vatikanischen Konzil, Band 4, Freiburg i. Br. 2009, 581–886.

Sander, Hans-Joachim: Die Kirchenkonstitution Gaudium et spes. Die pastorale Ortsbestimmung kirchlicher Identität, in: Lebendige Seelsorge 56 (2005) 190–194.

Schillebeeckx, Eduard: Das kirchliche Amt, Düsseldorf 1981.
Schillebeeckx, Edward: Menschen. Die Geschichte von Gott, Freiburg i. Br. 1990.
Schillebeeckx, Edward: Tradition und Erfahrung: Von der Korrelation zur kritischen Interrelation, in: Katechetische Blätter 119 (1994) 756–762.
Schneider, Theodor: Zeichen der Nähe Gottes. Grundriss der Sakramententheologie, Mainz 1979.
Schottroff Luise: Lydias ungeduldige Schwestern. Feministische Sozialgeschichte des frühen Christentums, Gütersloh 1994.
Schulze, Gerhard: Die Erlebnisgesellschaft. Kultursoziologie der Gegenwart, Frankfurt a. M. ^{8}2000.
Schupp, Franz: Glaube – Kultur – Symbol. Versuch einer kritischen Theorie sakramentaler Praxis, Düsseldorf 1974.
Schupp, Franz: Vermittlung im Fragment – Überlegungen zur Christologie, in: *Raberger, Walter/Sauer, Hanjo (Hg.):* Vermittlung im Fragment. Franz Schupp als Lehrer der Theologie, Regensburg 2003, 118–159.
Schüssler Fiorenza, Francis: Fundamentale Theologie. Zur Kritik theologischer Begründungsverfahren, Mainz 1992.
Schuster, Heinz: Die Geschichte der Pastoraltheologie, in: *Arnold, Franz Xaver u. a. (Hg.):* Handbuch der Pastoraltheologie, Band. 1, Freiburg i. Br. 1964, 40–92.
Schwingel, Markus: Bourdieu zur Einführung, Hamburg 1995.
Segbers, Franz: «Ich will grössere Scheunen bauen» (Lk 12,18). Genug durch Gerechtigkeit und die Sorge um Gerechtigkeit, in: *Füssel, Kuno/Segbers, Franz (Hg.):* «... So lernen die Völker des Erdkreises Gerechtigkeit.» Ein Arbeitsbuch zu Bibel und Ökonomie, Luzern/Salzburg 1995, 105–114.
Sobrino, Jon: Christologie der Befreiung. Band 1, Mainz 1998 (Ostfildern ^{2}2008).
Sobrino, Jon: Der Glaube an Jesus Christus. Eine Christologie aus der Perspektive der Opfer, Ostfildern 2008.
Sobrino, Jon: Die Grundlage eines jeden Amtes. Dienst an den Armen und Opfern in einer geteilten Welt, in: Concilium 46 (2010) 4–15.
Sobrino, Jon: Die zentrale Stellung des Reiches Gottes in der Theologie der Befreiung, in: *Ellacuría, Ignacio/Sobrino, Jon (Hg.):* Mysterium Liberationis. Grundbegriffe der Theologie der Befreiung, Band 1, Luzern 1995, 461–504.
Sobrino, Jon: Theologisches Erkennen in der europäischen und der lateinamerikanischen Theologie, in: *Rahner, Karl u. a. (Hg.):* Befreiende Theologie. Der Beitrag Lateinamerikas zur Theologie der Gegenwart, Stuttgart 1977, 123–143.
Spieler, Willy: Die Überwindung des Kapitalismus – ein «Processus confessionis» für den Reformierten Weltbund, in: Neue Wege 91 (1997) 366–369.
Staubli, Thomas: Das Dritte Testament. Die Kirchen, die die Bibel in der Welt verkünden, in: *ders.:* Erinnerung stiften. Begleiter zu den Sonntagslesungen aus dem Ersten Testament, Luzern 2002, 15–34.

Steimer, Bruno: Art. Kirchenordnungen II. Alte Kirche, in: *Kasper, Walter u. a. (Hg.):* LThK, Band 6, Freiburg i. Br. ³2006, 34–36.

Steinkamp, Hermann: Diakonie Kennzeichen der Gemeinde. Entwurf einer praktisch-theologischen Theorie, Freiburg i. Br. 1985.

Steinkamp, Hermann: Solidarität und Parteilichkeit. Für eine neue Praxis in Kirche und Gemeinde, Mainz 1994.

Taborda, Francisco: Sakramente: Praxis und Fest, Düsseldorf 1988.

van der Ven, Johannes A.: Der Modus der Kooperation, in: *Haslinger, Herbert u. a. (Hg.):* Handbuch Praktische Theologie, Band 1 Grundlegungen, Mainz 1999, 267–278.

Venetz, Hermann-Josef: Jesus von Nazaret: Prophet der angebrochenen Gottesherrschaft. Grundlegende Reich-Gottes-Texte der synoptischen Evangelien, in: Bibel und Kirche 62 (2007) 78–84.

Visser 't Hooft, Willem A. (Hg.): Neu-Delhi 1961. Dokumentarbericht über die Dritte Vollversammlung des Ökumenischen Rates der Kirchen, Stuttgart 1962.

Walpen, Bernhard: Die offenen Feinde und ihre Gesellschaft. Eine hegemonietheoretische Studie zur Mont Pèlerin Society, Hamburg 2004.

Watzlawick, Paul u. a.: Menschliche Kommunikation. Formen, Störungen, Paradoxien, Bern ⁴1974.

Weiss, Johannes: Die Predigt Jesu vom Reiche Gottes, hg. von Ferdinand Hahn. Mit einem Geleitwort von Rudolf Bultmann; durchgesehener Nachdruck der 2., neubearb. Aufl. von 1900, erweitert und um einen Anhang mit wichtigen Stücken aus der 1. Aufl. von 1892, Göttingen ³1964.

Zingel, Heribert: Arme Menschen, in: *Haslinger, Herbert u. a. (Hg.):* Handbuch Praktische Theologie, Band 2 Durchführungen, Mainz 2000, 126–139.

Zulehner, Paul M.: Pastoraltheologie, Band 1 Fundamentalpastoral, Düsseldorf 1989.

Abkürzungen

GS	Pastoralkonstitution über die Kirche in der Welt dieser Zeit «Gaudium et spes» (7. Dezember 1965)
LE	Enzyklika über die menschliche Arbeit «Laborem exercens» (14. September 1981)
LG	Dogmatische Konstitution über die Kirche «Lumen Gentium» (21. November 1964)
PT	Enzyklika über den Frieden unter allen Völkern in Wahrheit, Gerechtigkeit, Liebe und Freiheit «Pacem in terris» (11. April 1963)
SRS	Enzyklika zwanzig Jahre nach der Enzyklika *Populorum progressio* «Sollicitudo rei socialis» (30. Dezember 1987)

Detailliertes Inhaltsverzeichnis

Geleitwort zur Reihe 5
Inhaltsübersicht 7
Vorwort 9

1 Geschichte der Pastoraltheologie bzw. Praktischen Theologie 13
1.1 Die Anfänge als Universitätsdisziplin 13
1.2 Ansätze im 18. und 19. Jahrhundert 15
1.3 Vom Handbuch der Pastoraltheologie zur Praktischen Theologie als Handlungstheorie ... 16

2 Wissenschaftstheoretische Begründung der Praktischen Theologie 21
2.1 Praktische Theologie – Klärung der Begriffe 21
   2.1.1 Praxis in der Praktischen Theologie 21
      2.1.1.1 Praxis der Gesellschaft 21
      2.1.1.2 Praxis der Kirche 25
      2.1.1.3 Kirche in Gesellschaft 26
   2.1.2 Theologie in der Praktischen Theologie 27
   2.1.3 Verhältnis von Praxis und Theorie bzw. Theologie 29
   2.1.4 Primat der Praxis 30
2.2 Das Zweite Vatikanische Konzil und seine Impulse für die Kirche und die Praktische Theologie 31
   2.2.1 Zur epochalen Bedeutung des Zweiten Vatikanums 31
      2.2.1.1 Zum Gesamtprogramm des Konzils ... 32
      2.2.1.2 Die Pastoralkonstitution als Wendepunkt in der Kirche 34
   2.2.2 Drei zentrale Impulse des Konzils 39
      2.2.2.1 Option für die «Armen und Bedrängten aller Art» 39

		2.2.2.2 Der methodische Dreischritt als hermeneutische Revolution	42

        2.2.2.2 Der methodische Dreischritt als hermeneutische Revolution 42
            2.2.2.2.1 Zeichen der Zeit erforschen – Sehen als sozialanalytische Vermittlung des Glaubens 48
            2.2.2.2.2 Im Licht des Evangeliums deuten – Urteilen als hermeneutische Vermittlung des Glaubens 55
            2.2.2.2.3 Das Werk Christi weiterführen – Handeln als praktische Vermittlung des Glaubens 61
            2.2.2.2.4 Dreifache Vermittlung des Glaubens als Formen theoretischer Praxis . . . 62
            2.2.2.2.5 Raster von dreifacher Vermittlung des Glaubens und Gesellschaftsformation 65
        2.2.2.3 Reich Gottes als Grund und Bestimmung der Kirche 66
            2.2.2.3.1 Das Reich Gottes in Äußerungen von Johannes XXIII. 66
            2.2.2.3.2 Die Aussagen des Konzils über den Zusammenhang von Kirche und Reich Gottes 70
2.3 Praktische Theologie und Human- und Sozialwissenschaften 72
2.4 Die Praktische Theologie als Reich-Gottes-Theologie 76
2.5 Die zentralen Dimensionen der Praktischen Theologie 78

3 Pastoralkonzeption zwischen Weltsituation und Glaubenstradition 83
3.1 Elemente einer pastoralen Konzeption 83
      3.1.1 Kirche zwischen herausfordernder Weltsituation und verpflichtender Glaubenstradition 83
      3.1.2 Bisherige Praxis analysieren und beurteilen 85
      3.1.3 Künftige Praxis entwerfen und Prioritäten neu setzen 87

	3.1.4	Praxis der Kirche	88
	3.1.5	Struktur und Sozialform der Kirche	88
	3.1.6	Subjekte und Personalpolitik	89
	3.1.7	Das Reich Gottes als Bestimmung der Kirche und Kriterium für deren Struktur, Praxis und Selbstverständnis ...	90
3.2	Zwei idealtypische Ansätze und deren Zuordnung im Rahmen der Konzeption		90
	3.2.1	Die leitende Hauptdifferenz	92
	3.2.2	Die beiden Ansätze und das ekklesiale Paradox	94
		3.2.2.1 Der institutionsbezogene Ansatz	94
		3.2.2.2 Der Reich-Gottes-orientierte Ansatz ..	95
		3.2.2.3 Zur Unterscheidung der Ansätze	95
		3.2.2.4 Das ekklesiale Paradox	96
	3.2.3	Gegenüberstellung der beiden idealtypischen Ansätze	97
		3.2.3.1 Option und erkenntnisleitendes Interesse	97
		3.2.3.2 Stellung und Verständnis des Reiches Gottes	98
		3.2.3.3 Gottesverständnis	99
		3.2.3.4 Glaube und Spiritualität	101
		3.2.3.5 Theologische Reflexion	103
		3.2.3.6 Kirche und Pastoralkonzept	105
		3.2.3.7 Ökumene	108
	3.2.4	Schematische Zusammenstellung der beiden Ansätze	110
4	**Kairologie – Erforschung der Zeichen der Zeit und der Lage der Kirche**		**113**
4.1	Quellen zur Erforschung der Zeichen der Zeit ..		114
4.2	Aspekte der gesellschaftlichen und globalen Verhältnisse		115
	4.2.1	Individualisierung im Übergang von der Industrie- zur Risikogesellschaft	115
		4.2.1.1 Bruch in der Moderne	115
		4.2.1.2 Entzauberung von Wissenschaft und Technik	116
		4.2.1.3 Destruktivkräfte werden freigesetzt ...	116

4.2.1.4	Ethik ist neu gefragt	117
4.2.1.5	Von der Klassen- zur Risikogesellschaft	117
4.2.1.6	Prekarität und Prekarisierung als Kennzeichnungen neuer Verhältnisse	118
4.2.1.7	Mehrfache Individualisierung	118
4.2.1.8	Individualisierung bei gleichzeitiger Nivellierung	119
4.2.2	Die Erlebnisgesellschaft	120
4.2.2.1	Charakteristik und Aporien der Erlebnisgesellschaft	120
4.2.2.2	Milieubildungen in der Erlebnisgesellschaft	122
4.2.3	Globalisierung und deren Dimensionen als Zeichen der Zeit	124
4.2.3.1	Globalisierung als zunehmende Verantwortung für den Globus	124
4.2.3.2	Unterscheidungen in der mehrdeutigen «Globalisierung»	128
4.2.4	Der neoliberale und nihilistische Kapitalismus	130
4.2.4.1	Der «totale Markt» im «totalen Kapitalismus»	130
4.2.4.2	Der Eigennutz als beste ökonomische Form der Nächstenliebe	132
4.2.4.3	Verantwortungs-los kollektivsuizidale Effizienz	133
4.2.4.4	Die idolatrische Theologisierung des totalen Marktes	135
4.2.4.5	Der nihilistische Kapitalismus als «ultimativ letzte Religion»	136
4.2.5	Totalisierende Austestung aller Grenzen als Kennzeichen der Moderne	139
4.3	Die Kirche im Rahmen der sozio-historischen Entwicklungen	142
4.3.1	Von der verrandeten Sondergruppe über die gesamtkulturelle zur territorialstaatlichen Verfassung	143
4.3.2	Sondergesellschaftliche Formierung des Katholizismus im Milieukatholizismus	148

4.3.2.1	Aufbau einer zentralistisch-bürokratischen Grossorganisation	148
4.3.2.2	Ausbildung des neuscholastischen Deutungssystems	149
4.3.2.3	Strukturelle Modernisierung durch zentrale Bürokratisierung	150
4.3.2.4	Sakralisierung der Organisationsformen	151
4.3.2.5	Aufbau eines katholischen Milieus	152
4.3.2.5.1	Weltanschauung des katholischen Milieus	153
4.3.2.5.2	Organisationen des Milieus	153
4.3.2.5.3	Ritualisierung des Alltags	154
4.3.2.5.4	Höhepunkt des katholischen Milieus in den 1950er Jahren	154
4.3.3	Auflösung und Pluralisierung des Katholizismus	155
4.3.3.1	Auflösungsprozesse nach dem Zweiten Weltkrieg	155
4.3.3.2	Auflösung der Grossmilieus	156
4.3.3.3	Auflösung des Katholizismus als Sozialform	156
4.3.3.4	Der grosse Einbruch zwischen 1968 und 1973	157
4.3.3.5	Kirche als Spezialistin für das Unspezialisierte	159
4.3.3.6	Pluralisierung des Katholizismus	159
4.3.3.6.1	Der fundamentalistische Sektor ...	159
4.3.3.6.2	Der explizite und interaktive Sektor	160
4.3.3.6.3	Der Sektor diffuser Katholizität ...	161
4.3.3.6.4	Der Sektor formaler Organisation ..	161
4.3.3.6.5	Der «Bewegungs»-Sektor	162
4.3.3.7	Charakterisierung der volkskirchlichen Sozialform	164
4.3.3.7.1	Grosser Teil der Bevölkerung gehört dazu	164
4.3.3.7.2	Privilegierte Stellung	164
4.3.3.7.3	Mitgliedschaft praktisch durch Geburt	164

4.3.3.7.4 Für alle da durch Spiritualisierung und Privatisierung des Glaubens .. 165
4.3.3.7.5 Auswahlchristentum 165
4.3.3.7.6 Bürokratische Organisation 166
4.3.3.7.7 Institutionelle Fixierung 166
4.3.3.8 Die Sinus-Milieu-Studie 166
4.3.4 Relativierung der soziologischen Erhebung der Lage der Kirche 168

5 Kriteriologie – Auslegung der Zeichen der Zeit im Licht des Evangeliums vom Reich Gottes .. 171

5.1 Das Reich Gottes und seine Gerechtigkeit als zentrale kriteriologische Bezugsgrösse 173
  5.1.1 Zentrale Stellung des Reiches Gottes 173
  5.1.2 Inhaltliche Fülle des Reiches Gottes 177
    5.1.2.1 Das Reich Gottes als Fest offener Tischgemeinschaft 177
    5.1.2.2 Sicherung des physischen Lebens – ökonomische Aspekte des Reiches Gottes 182
    5.1.2.3 Regelung des Zusammenlebens – politische Aspekte des Reiches Gottes .. 185
    5.1.2.4 Orientierung für ein sinnvolles Leben – religiöse Aspekte des Reiches Gottes .. 189
  5.1.3 Komplexe Struktur des Reiches Gottes ... 193
    5.1.3.1 Gottes Gabe als verpflichtende Aufgabe 193
    5.1.3.2 In Jesus gegenwärtig, aber noch nicht vollendet 193
    5.1.3.3 In der Welt und für sie, aber nicht von ihr 194
    5.1.3.4 Persönlich-existentiell und politisch-strukturell 195
    5.1.3.5 Symbolisch präsent und praktisch bezeugt 195
  5.1.4 Die historisch-utopische Doppeldimension des Reiches Gottes 196
    5.1.4.1 Zur Differenz zwischen historischem Projekt und utopischem Horizont 196

5.1.4.2	Zur Kategorie «Reich-Gottes-Verträglichkeitsprüfung»	197
5.1.4.3	Thesen zur Reich-Gottes-Verträglichkeit gesellschaftlicher Verhältnisse	199
5.1.4.3.1	Option für das Leben und die natürlichen Lebensgrundlagen	199
5.1.4.3.2	Eine Gesellschaft und Welt, in der alle Platz haben	200
5.1.4.3.3	Gleichberechtigung der Frauen	200
5.1.4.3.4	Verzicht auf Utopisierung universaler Gesellschaftsprinzipien	201
5.1.4.3.5	Primat der Politik gegen Berufung auf Sachzwänge	201
5.1.4.3.6	Assoziativ-symmetrische Systemdynamik gegen die Spaltung von Gesellschaft und Welt	202
5.1.4.3.7	Sinnvolle Arbeit bzw. garantiertes Mindesteinkommen für alle	202
5.1.5	Die transzendentale Dimension des Reiches Gottes als himmlischer Kern des Irdischen	203

5.2 Kriterien aus der kirchlichen Sozialverkündigung 206
   5.2.1 Zur Hermeneutik der kirchlichen Sozialverkündigung 206
   5.2.2 Ordnungsprinzipien der Gesellschaft 208
      5.2.2.1 Das Gemeinwohlprinzip 208
      5.2.2.2 Das Solidaritätsprinzip 208
      5.2.2.3 Das Subsidiaritätsprinzip 209
   5.2.3 Einzelne Grundsätze in der kirchlichen Sozialverkündigung 209
      5.2.3.1 Der Mensch als Mittelpunkt 209
      5.2.3.2 Universale Bestimmung der Güter 210
      5.2.3.3 Arbeit als zentrale Frage 211
   5.2.4 Theologische Beurteilungskategorien in kirchlichen Dokumenten 211
      5.2.4.1 Soziale Sünde und Strukturen der Sünde 211
      5.2.4.2 Götzendienst und Vergötzung 212

5.3 Beurteilung des neoliberalen Anti-Reichs als Beispiel hermeneutischer Vermittlung 213
5.4 Die unausweichliche Entscheidung zwischen Gottes- und Götzendienst als Kernfrage der Kriteriologie 216

6 Praxeologie – Handeln im Dienst am Reich Gottes 221
6.1 Kirchliche Praxis im Dienst am Reich Gottes ... 222
6.2 Im Dienst am Reich Gottes durch die Wahrnehmung der Grundfunktionen im Sinne des Reiches Gottes 225
    6.2.1 Von der Drei-Ämter-Lehre zur Konzeption der Grundvollzüge oder -funktionen 225
    6.2.2 Begründung und Verständnis der Grundfunktionen 228
    6.2.3 Koinonie – Stiftung von Gemeinschaft und Aufbau von Gemeinde im Geist des Reiches Gottes 229
        6.2.3.1 Der Gemeinschaftscharakter des Glaubens 229
        6.2.3.2 Offen-solidarische Gemeinschaft entsprechend dem Reich Gottes 231
        6.2.3.3 Prioritäten im Sinne des Reiches Gottes setzen 233
        6.2.3.4 Herrschaftsfreie Leitung unter Einbezug verschiedener Charismen 234
    6.2.4 Liturgie und Verkündigung – symbolische Feier des Reiches Gottes 236
        6.2.4.1 Pascha- und Christusmysterium vom Reich Gottes her verstehen und feiern 236
        6.2.4.2 Feier der Liturgie als Symbolhandlung 237
        6.2.4.3 Die Sakramente als prophetische Symbole des Reiches Gottes 240
        6.2.4.4 Zum Verständnis der einzelnen Sakramente 241
        6.2.4.5 Kritische Funktion von Liturgie und Verkündigung 245

6.2.5 Katechese und Bildung – Vermittlung des
Glaubens im Dienst am Reich Gottes 246
    6.2.5.1 Notwendigkeit und Bedingtheit religionspädagogischer Bemühungen 246
    6.2.5.2 Verantwortung für die Gewissensbildung angesichts neuer Problemstellungen .. 247
    6.2.5.3 Den Glauben verantworten 249
    6.2.5.4 Bildung als Befähigung zur dreifachen Vermittlung des Glauben 249
6.2.6 Diakonie – Einsatz für Reich-Gottes-verträgliche Lebensbedingungen 252
    6.2.6.1 Theologische Begründung der Diakonie 252
    6.2.6.2 Ebenen, Formen und Dimensionen der Diakonie 253
6.2.7 Zum Verhältnis der Grundfunktionen und deren Gewichtung 256

6.3 Reich-Gottes-Verträglichkeitsprüfung für die Kirche 258
  6.3.1 Teure statt billige Zugehörigkeit der Kirche zum Reich Gottes 258
  6.3.2 Thesen für eine Reich-Gottes-Verträglichkeitsprüfung der Kirche 260
    6.3.2.1 Option klären und für das Leben eintreten 260
    6.3.2.2 Aus der Sicht der «Armen und Bedrängten» von den Zeichen der Zeit ausgehen 260
    6.3.2.3 Gottesfrage in praktischer Absicht als Frage nach dem Gott des Lebens und den Götzen des Todes neu stellen 261
    6.3.2.4 Glaubwürdigkeit anstreben 261
    6.3.2.5 Die Taufe ernst(er) nehmen 262
    6.3.2.6 Evangeliumsgemässere Gestalt suchen 263
    6.3.2.7 Aufgrund sachlicher Gemeinsamkeiten kooperieren 263

6.4 Zum Umgang mit aktuellen Herausforderungen 264

		6.4.1 Von der kulturell-sozialen über die pädagogische zur missionarischen Tradierung	264
		6.4.2 Versuchungen und Chancen im Umgang mit der kirchlichen Milieuverengung	266
		6.4.3 Zum Bemühen um eine evangeliumsgemässere Gestalt der Kirche	268
	6.5	Ein dem Reich Gottes verpflichtetes pastorales Arbeitsinstrument	272
7		**Ausblick – Die Macht der Schmetterlinge und der Osterglaube**	277

Benutzte Literatur 283
Abkürzungen 293
Detailliertes Inhaltsverzeichnis 295